Jürgen Luh

Der Große

Jürgen Luh

Der Große

FRIEDRICH II. VON PREUSSEN

Siedler

Verlagsgruppe Random House FSC-DEU-0100
Das für dieses Buch verwendete
FSC®-zertifizierte Papier *Munken Premium* liefert
Arctic Paper Munkedals AB, Schweden.

Erste Auflage

Copyright © 2011 by Siedler Verlag, München,
in der Verlagsgruppe Random House GmbH

Umschlaggestaltung: Rothfos + Gabler, Hamburg
Lektorat und Satz: Ditta Ahmadi, Berlin
Register: Nadja Geißler, Strausberg
Druck und Bindung: GGP Media GmbH, Pößneck
Printed in Germany 2011
ISBN 978-3-88680-984-4

www.siedler-verlag.de

Für Franziska und Hans-Joachim

INHALT

Tapfrer, deines Ruhmes Schimmer
Wird unsterblich sein im Lied;
Denn das ird'sche Leben flieht,
Und die Toten dauern immer.

FRIEDRICH SCHILLER,
Das Siegesfest

RUHMSUCHT

*D*as Kapitel über den Ruhm ist das erste und das längste in diesem Buch, denn Ruhm zu erlangen war Friedrichs wesentliche Antriebskraft. Das ist keine neue Erkenntnis. Fast alle Schriftsteller, die sich mit seiner Person auseinandersetzten, haben dies festgestellt – wenn auch nicht mit der Unbedingtheit und Ausschließlichkeit, mit der es hier geschieht. Oft und gern wurde seine Sucht nach Ruhm als Ausdruck jugendlichen Leichtsinns und ersten Überschwangs gedeutet, dagegen war man nur widerwillig bereit, darin ein Zeichen seiner Rationalität zu sehen. Denn mit seinem Streben nach *gloire*, wie er selbst, französisch sprechend und schreibend, es nannte, verbindet man allein Friedrichs Reputation als Feldherr, was für ihn ob seiner Erfolge schmeichelhaft ist, aufgrund des dafür in Kauf genommenen Blutzolls aber wenig vorteilhaft. Friedrich schrieb an den Berater und Vertrauten Charles Etienne Jordan am 3. März 1741, also nach dem Einfall in Schlesien und einen Monat vor seiner erster Feldschlacht: »Meine Jugend, die Glut der Leidenschaft, der Ruhmesdurst, ja selbst die Neugier, um Dir nichts zu verhehlen, kurz ein geheimer Instinkt hat mich den Freuden der Ruhe entrissen, die ich genoß. Die Genugtuung, meinen Namen in den Zeitungen und später in der Geschichte zu sehen, hat mich verführt.« Das wird gern zitiert, doch man nimmt die Worte gar nicht ernst. Auch seine Sätze aus den *Denkwürdigkeiten*, der *Geschichte meiner Zeit* in der Version von 1742 werden immer wieder angeführt: »Der Ehrgeiz, mein Vorteil, der Wunsch, mir einen Namen zu machen, gaben den Ausschlag, und der Krieg ward beschlossen.« Selbst Sebastian Haffner, der »den historischen Blick [und] einen Sinn für die Pfade abseits des akademischen Zunfttrotts« besaß, wie Joachim Fest hervorhob, wollte alles »das nicht ganz ernst nehmen. Selbstironie und Selbstverspottung«, meinte Haffner, »gehörten zu Friedrichs Eigenarten.«

Das ist nur zum Teil richtig. Denn Friedrich karikierte oder verspottete nicht zweckfrei, sich selbst schon gar nicht und erst recht nicht öffentlich. Die gelegentliche Ironisierung seiner selbst sollte die Wahrheit nur verschleiern; sie sollte verdecken, wie bitter ernst er nahm, was er dachte und sagte – gerade über *gloire*. Weisheiten wie Ruhm sei »eitel« und »nur schöner Schein«, die er bald verkündete und später immer wieder zum besten gab, dienten dazu, ebenso sein Ausspruch, den uns Kaiser Joseph II. überliefert hat: In seiner Jugend hätte er Ehrgeiz besessen und sogar schlecht gehandelt, aber die Zeiten seien vorüber, und er dächte jetzt viel ernster. All dies hat eine Sichtweise bestärkt, die Ruhm als ständiges und bestimmendes Motiv von Friedrichs Handlungen ausblendet – obgleich gerade auch solche Sätze, wie wir sehen werden, ihm Ruhm sichern sollten: den des Philosophen. Man hat dabei übersehen – oder nicht wahrhaben wollen –, daß Friedrich sein Leben lang zielstrebig, verbissen fast, an seinem Ansehen arbeitete – und zwar nicht nur am Ansehen des Feldherrn. »Ich glaube, seine größte Leidenschaft ist Ruhm und guter Ruf«, hat Ulrich Friedrich von Suhm 1740 geschrieben, ein Mann, der Friedrich von Jugend an kannte. Suhm hat recht gehabt, muß man sagen. Ruhm zu erlangen und diesen dann zu bewahren, war Friedrichs persönlichstes, höchstes Ziel, war der Kitt seines Seins – zeitlebens.

Es ist ja durchaus nicht verwerflich, Ruhm zu erstreben und seinen Namen ins Buch der Geschichte eintragen zu wollen, auch wenn manche das sehr skeptisch sehen. Dieses Streben ist heute wie damals sehr weit verbreitet. Es ist ein wichtiger Antrieb des Menschen für Veränderung und Entwicklung – zum Positiven wie zum Negativen. Ohne dieses Streben des Menschen nach Veränderung gäbe es keine Entwicklung – das eine ist ohne das andere kaum möglich. Friedrich jedenfalls wird man ohne seinen Willen zum Ruhm, gar ohne seinen Willen zur Größe nicht verstehen können. Beides, Ruhm und Größe, zu erreichen und sich zu erhalten, hat seinen Charakter geprägt und sein Leben gestaltet, so wie er es gewollt und gelebt hat.

Der Jugend Traum und Ziel

*B*ereits Friedrichs Jugendjahre zeugen von seiner Sehnsucht nach Ruhm, spiegeln den Wunsch des Heranwachsenden, »sich einen Namen zu machen«. Wann genau dieses Verlangen den Knaben erfaßte, läßt sich allerdings nur schwer bestimmen. Mit Sicherheit geschah das weit vor dem Fluchtversuch von 1730, mit wohl dreizehn, vierzehn, fünfzehn Jahren schon, zu einer Zeit also, da er – wider den Willen des Vaters und als Ausgleich zu dessen dumpfer Erziehung – die Abenteuerromane und Epen Fénelons, Tassos und Cervantes' las und durch diese seine Phantasie und Vorstellung anreicherte: den *Telemach*, den *Rinaldo* und den *Don Quichote*. Heimlich mußte er das tun, aus Vorsicht vor dem Vater, wie wir von Friedrichs Gesellschafter Henri de Catt wissen, der die Unterhaltungen, die er mit Friedrich führte, in einem Tagebuch aufzeichnete. Dieses hat de Catt später leider – bis auf das Jahr 1758 – sehr stark bearbeitet, so daß man den daraus entstandenen *Gesprächen* nicht uneingeschränkt glauben kann. In diesen findet sich die Anekdote des heimlichen Lesens ausführlich ausgemalt. Friedrichs Äußerungen über seine nächtliche Lektüre stehen zwar auch in dem ursprünglichen Tagebuchtext de Catts, allerdings in einem ebenfalls redigierten Teil, wie man von dem Schweizer selbst weiß. So ist auch nicht ersichtlich, wann zwischen dem 14. und 19. November 1759 Friedrich diese Sätze gesagt haben soll: »Ich fing an zu lesen«, und: »Ich schlief zwischen meinem Gouverneur, dem Grafen Finckenstein, und meinem Kammerdiener. Wenn sie fest eingeschlafen waren, stieg ich über das Bett des Dieners hinweg und stahl mich ins Nebenzimmer, wo mir der Kamin als Lampe diente. Dort kauerte ich mich nieder und las. Aber eines Abends wird der Marquis von einem Husten geweckt; er hört mich nicht atmen, tastet nach mir, und da er mich nicht findet, beginnt er zu rufen. Ich komme schnell zurückgelaufen und sage, daß ich ein Bedürfnis verrichten mußte.«

Wortwörtlich hat Friedrich vielleicht nicht so gesprochen; aber sinngemäß sind solche Sätze wohl denkbar. Die in ihnen bezeichneten Umstände mögen dazu beigetragen haben, daß gerade der *Tele-*

mach auf den Minderjährigen eine starke Wirkung ausübte. »Das Bild des jugendlichen Helden« – Odysseus' Sohn Telemach – »den Minerva selbst zur Weisheit leitet, versetzte ihn in eine neue, schönere Welt«, bemerkte Ernst Bratuscheck dazu in seiner grundlegenden Studie über *Die Erziehung Friedrichs des Großen.* Und er vermutete: »Als er die weisen Lehren seiner Ahnfrau las« – diejenigen Sophie Charlottes in ihrer Handreichung zum *Telemach* für Friedrichs Vater – »schien ihm die preußische Minerva selbst den Weg zum Tempel des Ruhms zu weisen.« Diese Aussage mag in ihrer Deutlichkeit übertrieben sein; sie beruht wohl wesentlich auf Friedrichs späteren Schriftzeugnissen über sein Streben nach Ruhm. Daß die Lektüre des *Telemach* und anderer, ähnlicher Werke bei dem Knaben durchaus den Wunsch beförderte, *gloire* gleich den Helden der Romane zu erlangen, und offenbar seine Vorstellung verfestigte, etwas Besonderes zu sein, davon werden wir gleich erfahren.

Zunächst muß aber noch vermerkt werden, daß nicht nur die Romanlektüre, sondern auch das Studium der alten Geschichte Friedrich früh mit dem Ruhm und dessen Bedeutung in Berührung brachte; Geschichte, die der Alten vor allem, verstärkt später durch die Lektüre von Rollins *Römischer Geschichte*, machte einen Gutteil seines Stundenplans aus. Seine Lesefrüchte führten ihn zu der Erkenntnis, daß allein der Ruhm eine Persönlichkeit dauerhaft in der Erinnerung der Menschheit hält. Sie offenbarten Friedrich zudem, welche Taten in den Augen der Nachwelt als ruhmwürdig galten: zuerst diejenigen, die man auf dem »Feld der Ehre« vollbrachte, nämlich Schlachtensiege, Belagerungen, Eroberungen, und darunter vor allem jene Triumphe, die politischen Gewinn abwarfen. Vorbilder als ruhmreiche Feldherren waren ihm Alexander, Cäsar und Scipio africanus. Ihre Namen kann man immer wieder finden in Friedrichs Schriften, von früher Jugend an bis ins hohe Alter.

Das große Ansehen, das diese historischen Heroen allgemein genossen, wirkte stark auf das Selbstverständnis des Jugendlichen. Dies läßt sich zwar aus nachmaligen Äußerungen nur schließen, da Zeugnisse aus jener frühen Zeit fehlen. Aber man kann dies mit gutem Recht tun, denn in den Briefen des jungen Mannes an seine

Vertrauten der 1730er und 1740er Jahre ist von den genannten Männern immer wieder die Rede. »Ich schreite von Land zu Land, von Eroberung zu Eroberung und nehme mir wie Alexander stets neue Welten zu erobern vor«, heißt es in einem Schreiben des Kronprinzen an den Kammerjunker Natzmer 1731, und in einem Brief an den Minister von Grumbkow 1732: »Bisweilen kommen Marius, Sulla, Cinna, Cäsar, Pompejus, Crassus, Augustus, Antonius und Lepidus, um sich mit mir zu unterhalten.« Dann: »Man müßte so viel Geist haben wie Du, um aus mir einen Alexander zu machen«, in einer Antwort auf Wilhelmines Lob seiner Eigenschaften 1734. »Sei mein Cicero, was das Recht meiner Sache anbetrifft, ich werde Dein Cäsar sein, was die Ausführung angeht«, schrieb er an Jordan 1741 aus Schlesien. »Ein Regiment soll sich nicht durch eitle Prunk- und Prachtentfaltung, nicht durch äußeren Glanz hervortun. Die Truppen, mit denen Alexander Griechenland unterwarf und den größten Teil Asiens eroberte, waren ganz anders beschaffen. Das Eisen bildete ihren einzigen Schmuck. Durch lange, mühselige Gewöhnung waren sie zu Anstrengungen abgehärtet; sie wußten Hunger, Durst und alle Leiden zu ertragen, die der rauhe Zwang eines Krieges nach sich zieht. Eine kernige und enge Manneszucht kettete sie aneinander, ließ sie alle dem gleichen Ziele zustreben und machte sie geeignet, mit Schnelligkeit und Tatkraft die umfassendsten Pläne ihrer Feldherren auszuführen.« So schrieb er, schon reif und überlegt, an Voltaire am 7. April 1737. An Themen und Komposition von Friedrichs Briefen offenbart sich: Handeln und Wirken dieser Großen haben ihn berührt und beeindruckt, sind ihm auch Vorbild geworden. Alexander, Scipio, Pompeius und Cäsar nacheifern, das darf man annehmen, wollte auch der Knabe schon. Der junge Mann jedenfalls ließ im Vorsaal zur kronprinzlichen Wohnung in Rheinsberg Reliefmedaillons von Hannibal, Cäsar, Scipio und Pompeius anbringen. Die Helden der Historie wie die des Romans hatten in dem Jugendlichen den – zunächst sicher sehr abstrakten – Wunsch geweckt, gleich ihnen unsterblichen Ruhm zu erlangen.

Den Weg, den seine Helden ihm wiesen, wollte er gehen. Dazu fühlte er sich berufen – und als ein Thronfolger mit Standesbewußtsein auch berechtigt. Wir erkennen das in den von verschiedener Seite überlieferten Aufzeichnungen über den Streit zwischen Kronprinz und König um die Prädestination, die Vorherbestimmung menschlichen Handelns und dessen Ergebnis durch einen zuvor feststehenden Willensentscheid Gottes. Durch Gottes Gnadenwahl, so die Lehre, seien einzelne Menschen zur Seligkeit oder Verdammnis bestimmt. Friedrich, dies läßt sich genau sagen, war mit der Prädestinationslehre am 30. Juni 1724 in Berührung gekommen, als seine Schwester Wilhelmine im Berliner Schloß ein ausführliches Glaubensbekenntnis ablegen mußte. »In demselben sprach die Prinzessin den Glauben an eine ewige, unveränderliche Gnadenwahl aus, doch mit der Erklärung, daß Gott dadurch nicht zum Urheber der Sünde gemacht wird, weil er die Sünde nur zuläßt, aber ihr Maß und Ziel setzt, sie zu einem guten Ende führt, bei der That die Bewegung, aber nicht die Bosheit giebt.« Daß der Zwölfjährige sich der theologischen Hintergründe der Prädestinationslehre, wie Wilhelmine sie vorgetragen hatte, bewußt war, darf man mit Fug bezweifeln. Ihm fehlten dafür schlicht Wissen und Verständnis. Doch war, wie Ernst Bratuscheck in seiner Studie vermutet, »Friedrichs Aufmerksamkeit ... von nun ab auf dieselbe [Lehre] gerichtet, und er forschte der Sache weiter nach«.

Leider läßt sich darüber mehr kaum sagen; nicht wo er nachforschte, nicht wie lange er es tat. Aus den Quellen wissen wir nur, daß die Prädestination Friedrich wohl während der nächsten zehn Jahre seines Lebens beschäftigte, das scheint immer wieder einmal auf; im Grunde wissen wir sogar nur, daß er gegen die Auffassung des Vaters an der Idee der Vorherbestimmung festhielt. In welchem Zusammenhang er das tat und wie intensiv, das wissen wir nicht. Eduard Zeller, der Friedrich als Philosoph vorstellte, vertrat die Ansicht, die Prädestinationslehre habe »wenigstens ihrer allgemeinen Tendenz nach seinen Beifall gefunden«; dies erhelle »aus der Mühe, die sein Vater sich gab, den Achtzehn- und Neunzehnjährigen durch Ermahnungen im Befehlston und durch seelsorgerische Einwirkung von ihr zurückzubringen«. Zeller »vermutete« zudem in der Absicht, wie er selbst sagte, schon in dem Jungen und Jugendlichen einen großen

Philosophen zu erkennen, »daß Friedrich bei der Selbständigkeit, mit der er schon frühe der positiven Dogmatik gegenüberstand, nur ihre allgemeinen Voraussetzungen über die unbedingte Abhängigkeit aller Dinge von der Gottheit, nicht die Lehre von der ewigen Vorherbestimmung zur Seligkeit und zur Verdammniß sich angeeignet, oder wenigstens nur an jenen festgehalten habe«. Das wurde von der Geschichtsschreibung gern aufgegriffen. Doch Zellers Mutmaßung ist kaum abgesichert. Für gewiß nehmen darf man wohl nur dies: Den Zwölfjährigen interessierten die Fragen der Gnadenwahl, die mit seiner und Calvins Konfession verbunden waren, mit Sicherheit nicht. Den euphorisch-phantasievollen Knaben, der gerade den *Telemach* und andere Abenteuergeschichten gelesen und sich in das Leben der antiken Helden vertieft hatte, faszinierte nur die Idee der Vorherbestimmung – jedoch in seiner eigenen Auslegung derselben, nämlich in der Vorstellung, selbst für Großes bestimmt und zum Helden erwählt zu sein, ja einer werden zu wollen. Er stellte sich damit gegen seinen Vater, um gegen diesen »seine Individualität … zu behaupten«. Aus diesem Grund zuallererst hielt Friedrich wohl an der Prädestination fest, als Friedrich Wilhelm I. ihn unter allen Umständen davon abbringen wollte, und nicht etwa aus frühreifer theologischer Überzeugung. Eine solche fehlte ihm, und es ist fraglich, jedenfalls nicht belegbar, ob er sich zu diesem Thema je eine angeeignet hat. Wie wir wissen, hatte Friedrichs Religionslehrer, der Hofprediger Andreä, »dem Prinzen die verpönte Lehre gar nicht vorgetragen«, ihm stattdessen erklärt, »daß sie für sein Alter noch zu hoch sei«. Und Andreäs Nachfolger, der allen Gedanken an die Gnadenwahl abholde Hofprediger Noltenius, war von Friedrich Wilhelm I. eigens beauftragt worden, Friedrich von der Prädestinationslehre fernzuhalten. Ob der jugendliche Kronprinz also wirklich »der Sache weiter nachforschte« und »sich tiefgehender mit ihr beschäftigte«, wie Bratuscheck meinte und nach ihm noch viele, muß ungewiß bleiben.

Viel später erst, 1730, nach seinem Fluchtversuch, las Friedrich während der Haftzeit in Küstrin die Werke von Bossuet und Basnage, die *Histoire des variations des églises protestantes* sowie die *Histoire de la religion des églises réformées*; beides scharfe Kampfschriften für – Bossuet – und wider – Basnage – die antiprotestantische Politik Ludwigs XIV. von Frankreich. Beide berührten die Prädestination. Doch hatte diese Lektüre mehr mit der wachsenden Freude Friedrichs an Polemik zu tun und weniger mit irgendeinem Interesse an der Frage der Gnadenwahl.

Der Wille des jungen Mannes

Was der Achtzehnjährige unter Prädestination verstand, hat er weder während der Verhöre nach seinem Fluchtversuch noch in der Küstriner Haft gesagt; wir können es nur erschließen. So aus einem Schreiben Friedrich Wilhelms I. an den Geheimen Rat Gerhard Heinrich von Wolden, Potsdam, 12. Dezember 1730, in dem es heißt: »Er« – der Kronprinz – »wäre von Gott dazu prädestiniret, Mir ungehorsam zu sein, dieses wäre seine verdammliche Lehre.« Ferner aus den dazu einzig überlieferten Worten Friedrichs: Er halte »die Frage vom Particularismo vor speculativ und mehr vor philosophisch als theologisch«. Beide Zeugnisse unterstützen die Vermutung, er habe in der Jugend sich seine eigene »Lehre« von der Vorbestimmtheit aufgestellt, eine, in deren Mittelpunkt er selbst stand.

Aus der Küstriner Zeit erfahren wir auch weiter nur indirekt, durch Exegese, von Friedrichs Überzeugung, etwa durch einen Brief des Kammerdirektors Christoph Werner Hille an den Minister Friedrich Wilhelm von Grumbkow, Küstrin, 18. Dezember 1730, in dem es über Friedrich heißt: »Er stellt sich so, als wolle er vom Heiraten nichts wissen, und er spricht sich darüber in einer Weise aus, die uns samt und sonders zum Lachen gebracht hat. Mein Vater, erklärte er, hat mir selbst geraten, ich solle nicht jung heiraten, und bei meiner Natur wäre ich bald eines Frauenzimmers überdrüssig, das mir alljährlich ein Kind beschert und bald häßlich würde. Dann würde ich blindlings in den Ehebruch hineinrennen, der nach meiner Ansicht etwas Verwerfliches ist. Ich will in vierzig Jahren heiraten, und zwar eine fünfzehnjährige Prinzessin, so schön, als ich sie finden kann.« – »Solche eigenartigen Ansichten«, so Hille, »mache ich mir zunutze, um sein System der Prädestination zu bekämpfen, an das er noch heute mit dem Fatalismus eines Türken glaubt.«

Man erkennt aus diesen Zeilen sofort: Friedrichs »System« war irdisch und kein bißchen göttlich, zudem bar jedweder Theologie, Hilles Bericht offenbart, daß Friedrich bei Prädestination an sich selbst dachte, daß es ihm darum ging, was er in der Welt sein wollte und wie er sein wollte; er deutet auch an, daß der Kronprinz gedachte, eigene Interessen zu verfolgen. Hilles Brief zeigt zudem: Um sein Ziel zu erreichen, nahm Friedrich weder Rücksicht auf die Dynastie noch auf das preußische Staatsinteresse. Andernfalls hätte er die Problematik der Thronfolge bedacht, denn nicht heiraten zu wollen bedeutete ja, keinen legitimen leiblichen Erben zu haben. Er wußte dies, und es war seine Absicht: Er wollte seinen eigenen, den ihm bestimmten und vor allem von ihm bestimmten Weg gehen – und seinen Neigungen folgen.

Als es ihm opportun erschien, ließ Friedrich von der Prädestination ab und dem Vater seine Unterwerfung unter »die königliche Willensmeinung« melden, ein letzter Hinweis darauf, daß ihm die theologische Bedeutung der Gnadenwahl nicht naheging. Im Grunde war die Unterwerfung eine Verstellung, denn die Gewißheit, zu etwas Großem, Ruhmreichem bestimmt zu sein, gab Friedrich dadurch nicht auf. Unsterblichen Ruhm wollte er unbedingt erringen; dahin ging sein Sehnen. Diesem Ziel, das darf man mit Recht vermuten, denn dafür gibt es einige Anhaltspunkte, diente auch sein Fluchtversuch. Der war eine Reaktion auf den Vater, auf dessen dumpfe Art – ja!, das ist längst allbekannt. Die Aktion war aber auch angelegt, Aufsehen zu erregen – was sie dann weithin tat. Das sollte man ebenfalls bedenken.

Friedrich hatte gut kalkuliert. Er hatte berechnet, daß er durch eine Flucht an Achtung nur gewinnen konnte – durch eine gescheiterte sogar noch mehr als durch eine geglückte, weshalb man schließen darf, daß er gar nicht fliehen wollte. Dies mag überraschen, scheint kaum glaublich – wahr ist es dennoch. Friedrich wollte nicht fliehen, sondern ein Zeichen setzen, nämlich dieses: Ich bin! Ich bin ein eigener Kopf, der Entscheidungen trifft, weittragende und auch folgenschwere. Das wollte er signalisieren. Daß er gar nicht fort-wollte, dafür sprechen die dilettantische Vorbereitung und der Her-gang des Fluchtversuchs, auch die Aussage eines Eingeweihten, er habe »geglaubt, der Kronprinz würde gewiß wieder hierher« – zu-rück, nach Berlin – »kommen«. Zunächst war nicht einmal aufge-fallen, daß der Kronprinz fliehen wollte, dabei hatte er durchaus versucht, durch auffälliges Benehmen Verdacht zu erregen; daß er entweichen wollte, mußte schließlich verkündet werden, und zwar laut und nicht aus Bedrängnis heraus – der Page Keith übernahm dies gegenüber Friedrich Wilhelm I. einen Tag später, nach einem Kirchgang in Mannheim, angeblich seines schlechten Gewissens wegen.

Was sich damals zutrug, ist sehr gut erforscht. Dies die Ein-zelheiten von Friedrichs Beginnen: Der Kronprinz hatte sich am 4. August 1730 um 3 Uhr morgens von seinem Nachtlager auf einem Steinsfurter Scheunenboden sehr laut erhoben, sich dann ange-kleidet und sein Geld eingesteckt, schön geräuschvoll, denn es sind Münzen gewesen, die er in seine Rocktasche fallen ließ. Der Kam-merdiener neben ihm hatte dies nicht überhören können. Er sah nun den Kronprinzen in einem leuchtend roten Rock (!) stehen, den die-ser sich eigens für die Flucht hatte anfertigen lassen. So ausstaffiert verließ Friedrich sein Lager und wartete, an das Rad einer Kutsche gelehnt. Worauf? Allem Anschein nach darauf, daß ihn sein beigege-bener Begleitoffizier bemerkte; der Kammerdiener hatte ihn rufen lassen. Von Vorsicht oder Eile, die geboten gewesen wären, beim Kronprinzen jedenfalls keine Spur! Schließlich kam der Offizier, wünschte Friedrich »in aller Ruhe guten Morgen und zog ihn in ein Gespräch, … sie gingen vor der Scheune auf und ab«.

Soweit Friedrichs Fluchtversuch! Reinhold Koser, der große Biograph des Königs, hat ihn rekonstruiert, die Situation in Steins-furt auch etwas dramatisiert. Er hat alle Details zusammengetragen und den Kronprinzen auch gebührend bedauert. Indessen: Das Drama für Friedrich war lediglich, daß man sein Ziel nicht erkannte. Erst anderntags verriet sein Page Keith – vielleicht vom Kronprin-zen beauftragt? – dem König das Vorhaben. Die Folgen sind aller

Welt geläufig: Prozeß und Haft in Küstrin. Daß sein dilettantischer Fluchtversuch seinen Freund Hans Hermann von Katte das Leben kosten würde, konnte Friedrich nicht voraussehen; gewollt hat er es nicht. Sein Ziel hat er trotzdem erreicht. In Europa zuvor kaum bekannt, war sein Name nun – nach versuchter Flucht und Verurteilung – in aller Munde. Erfreut hat er dies registriert. Es hat ihn in seinem Streben bestärkt.

Daß Ruhm in Friedrichs Küstriner Zeit die erste Kategorie seines Denkens war, läßt sich auch aus der Reaktion auf seiner Schwester Hochzeit mit dem Bayreuther Markgrafen herauslesen. Friedrich habe Wilhelmine, so Hille in einem Schreiben an Grumbkow vom 5. Juni 1731, den glänzendsten Thron Europas gewünscht, den englischen. Doch da die Briten sich so hochmütig verhielten, hätte der Vater recht getan, die Prinzessin mit einem deutschen Fürsten zu vermählen. Der Ruhm des Königs und des Hauses habe das erfordert. Am Londoner Hof um eine Hochzeit zu betteln, empfand der Kronprinz als unwürdig. Hätte Berlin das getan, hätte dies der Dynastie Schande gemacht – und von solcher wäre auch der Thronfolger nicht unbefleckt geblieben. Daher das Einverständnis des Kronprinzen mit der Anordnung des Königs; vielleicht tat ihm leid, daß Wilhelmine nicht hochrangig heiratete, doch der Dynastie Ansehen – und sein eigenes – ging ihm näher als der Schwester Glück oder Unglück.

Der Kronprinz blieb während der Monate seiner Haft in Küstrin also der Überzeugung treu, zu Besonderem berufen zu sein, und seine Vorstellung von *gloire* wurde wohl konkreter: kein Schatten dürfe auf einen Ruhmreichen fallen. Weil aber sicheres Zeugnis fehlt, läßt sich darüber nicht mehr sagen. Erst für die Jahre danach, die der Freiheit, sprudeln die Quellen reichlicher.

Gut faßbar wird das Trachten des Kronprinzen in der Ruppiner und Rheinsberger Zeit, als Friedrich fernab von Vater und Hof seine Ambitionen freier verfolgen konnte. In dieser Zeit wird sein Begriff von Ruhm, daß er ihn erstrebt, was er ihm ist und wie man ihn erwirbt, stofflich. Ganz deutlich formuliert er seine Idee 1734 in einer Ode *Sur la Gloire*, selbstverständlich auf französisch. Ludwig Fulda hat sie 1914 verdeutscht. Die Zeilen entstanden unter den Eindrücken, die der junge Kronprinz als Volontär – als freiwillig Dienender, ohne Kommandogewalt – im Feldlager des Prinzen Eugen an Rhein und Neckar empfing.

Der Odem eines Gottes entfachte
Die Seele mir zu hehrem Glühn:
O Ruhm, im tiefsten Herzensschachte
Fühl' ich dein himmlisch Feuer sprühn.
Berauscht von deinem starken Zwange,
Will ich mit holdem Leierklange
Besingen deine Segenskraft:
Du reichst dem wahren Wert die Krone;
Dein Lorbeer wird dem Erdensohne
Zum Sporn für alles, was er schafft.
...
Schon bei den Thermopylen schaue
Die Kämpfer ich, die kühn ihr Blut
Hinopfern, um die Heimatgaue
Zu schützen vor der Sieger Wut;
Ist deren Macht auch ohnegleichen,
Ihr Mut will vor der Zahl nicht weichen,
Steht unerschütterlich im Streit;
Derweil sie sterbend niedersinken,
Sehn sie, vom Ruhm getröstet, winken
Als stolzen Preis Unsterblichkeit.
...
Ihr denen Kunst und Dichtung eigen,
Minervas und Apollos Brut,
Wer flößt, auf den Parnaß zu steigen,
Euch ein die Sehnsucht und die Glut?
Homer, Vergil, ja laßt euch fragen,
Horaz, Voltaire, ihr sollt mir sagen:
Welch einem Gott singt ihr zu Dank?
Ihr alle seid dem Ruhm ergeben;

Um für die Nachwelt fortzuleben,
Feilt Ehrgeiz euch die Verse blank.

...

O Ruhm, dem ich zum Opfer bringe
All meine Kurzweil und Begier;
O Ruhm, du meines Glaubens Schwinge,
Gönn' meinen Taten deine Zier!
Du kannst, wenn ich ins Grab gesunken,
Bewahren einen schwachen Funken
Vom Geiste, der in mir geloht:
Die Schranken tu mir auf zum Siege,
Damit ich deine Bahn durchfliege,
Dir treu im Leben und im Tod.

Man hat solcher Dichtung Friedrichs nur wenig Aussagekraft über seine Persönlichkeit beimessen wollen. Hille hatte ja schon seine »allzu starke Lust zum Reimeschmieden« bemängelt und empfohlen, »sie etwas lächerlich zu machen«; er hatte Friedrichs Verse als Ausdruck von dessen Innerem nicht ernst nehmen mögen. Im 19. Jahrhundert stellte man den Musiker Friedrich dann weit über den Dichter, denn letzterer beherrsche seine Form nicht. »Er ist der Schüler eines fremden Geistes« – derjenige Voltaires war gemeint – »und ihm tributpflichtig, wogegen der Musiker den unmittelbaren Ausdruck der Stimmung findet«, resümierte der französische Historiker Ernest Lavisse. »Seine außerpolitische Literatur, zumal seine metrische, fängt weniger als seine Briefe seine jeweiligen Lebensstimmungen ein, sondern verformelt mehr seine aufklärerischen oder stoischen Gemeinplätze, bestenfalls seine Dauerlehren«, hat in unserer Zeit der Literaturhistoriker Friedrich Gundolf geurteilt; vor ihm haben aber auch andere Autoren schon so gedacht und geschrieben – und nach ihm wieder. So als bedeutendster Eduard Spranger, der in *Der Philosoph von Sanssouci* die Frage stellte: »Darf man sie« – die dichterischen Zeugnisse – »als einen getreuen Abdruck von Friedrichs Seele betrachten?« Und selbst gleich die Antwort gab: »Niemand wird geneigt sein, mit Ja zu antworten. Dieser ganze geregelte rhetorische Dichtungsstil mit seinem Apparat von mythischen Gestalten und historischen Vergleichsfällen ... ist überhaupt nicht geeignet, Persönliches zum Ausdruck zu bringen.« Solcher Auffassung sollte man nicht beipflichten, denn Friedrich hat zeitlebens gern gereimt:»Ich liebe die Verse leidenschaftlich, und obgleich ich selbst schlechte mache, kann ich doch nicht darauf verzichten.« Das galt gerade und immer dann, wenn er in einer besonderen Stimmung war.

Die *Ode an den Ruhm* war jedenfalls nicht einfach dahingedichtet. Dies kann man schon daran erkennen, daß Friedrich sie, korrigiert und überarbeitet, Jahre später, 1750, in die *Œuvres du philosophe de Sans-souci* aufnahm, in jene drei Bände, die ihn über die Vertrauten, unter denen er sie verteilte, in der europäischen Öffentlichkeit endgültig zum Poeten machen sollten. Aber was sagt sie aus über Friedrich? Etwa dies im allgemeinen: Daß die Begierde nach Ruhm dem jungen Mann um 1734 innere Antriebskraft wurde, zwanghaft geradezu, eben »Sporn für alles, was er schafft«.

Für das, was er noch schaffen wollte, muß man sagen, denn zum Zeitpunkt der Dichtung umfaßten seine »Taten« ja lediglich eine einzige Handlung, nämlich den mißglückten Versuch, vor dem Vater zu fliehen – der ihn allerdings bekannt gemacht hatte.

> Gönn' meinen Taten deine Zier!
> Du kannst, wenn ich ins Grab gesunken,
> Bewahren einen schwachen Funken
> Vom Geiste, der in mir geloht.

Die Ode deutet also Zukünftiges an, Gewünschtes, Erhofftes. Man kann ihr den Grund seiner Ruhmsucht entnehmen, ersehen, daß Friedrich sich einen Namen machen und diesen der Nachwelt überliefert wissen wollte.

Wege zum Ruhm

*D*ie Dichtung offenbart, warum Friedrich nach Ruhm strebte, und offenbart auch, auf welche Weise der Kronprinz glaubte, zu Ruhm gelangen zu können. Zwei Wege, die zum Ziel führen, hat er ausgemacht, und nicht nur einen, wie viele denken. Es ist nicht allein jener, der »mit dem Streben nach militärischer Kompetenz verknüpft war«, wie man verklausuliert und vorsichtig formuliert hat; der mit dem Sieg auf dem Schlachtfeld verbundene, und sei er noch so teuer erkauft, wie man billigerweise sagen sollte. Diesen auch, natürlich! Es war der erste Weg und der sicherste zugleich. Ihn waren die Helden der Antike gegangen: Alexander, Scipio, Cäsar. Das wußte Friedrich längst. Ihn hatten auch die Großen der Gegenwart eingeschlagen, so der französische Marschall Villars und der Prinz Eugen, in dessen Heerlager Friedrich sich aufhielt. In der Nähe des berühmtesten Feldherrn der Zeit konnte er die Wirkmächtigkeit kriegerischer *gloire* gleich am eigenen Leib erspüren. Auf die Frage des Savoyers, was ihm denn Freude mache, antwortete Friedrich, nach den Aufzeichnungen in seinem Tagebuch aus dem Feldzug von 1734, 30. Juli: »Was früher Euch, Euer Hoheit, Vergnügen machte: Liebe und Ruhm.« Was auch weitere Verse seiner Ode bezeugen:

> Wer ist der Held in jedem Kriege
> Triumphgekrönt? Es ist Eugen;
> Die Ehren seiner stolzen Siege,
> Der Ruhm läßt nimmer sie vergehen.

Entnehmen kann man diesen die Überzeugung des Volontärs und Dichters, daß im Feld errungener Ruhm nie verblaßt, daß er ewig währt. Sie spiegeln sein Erleben wider. Der junge Mann hatte genau gesehen, wie wenig des Kaisers berühmter Feldherr noch handeln konnte, wie furchtsam und zaghaft er es tat, wenn er es konnte. Er hatte auch gesehen, wie sehr der Prinz dafür kritisiert wurde. »Prinz Eugen beginnt völlig, den Kopf zu verlieren«, informierte Friedrich seine Schwester in Bayreuth, »und der Rest der kaiserlichen Generale, Prinz Friedrich von Württemberg ausgenommen, hegt keine großen Erwartungen von ihm.« An seinen väterlichen Vertrauten Paul Heinrich von Camas schrieb er resümierend: Der Feldzug »verlief unrühmlich genug, und Männer, die zeitlebens gewohnt waren, Lorbeer zu pflücken, und zwar in siebzehn großen Schlachten, haben diesmal keinen gefunden«. Aber dem großen Ruf des Prinzen hatte die vorsichtige Feldzugführung nichts anhaben können. Der blieb ihm erhalten, ungeachtet der Verunglimpfungen einzelner. Man hoffe trotz allem auf ihn, schrieb Wilhelmine, man sehne sich im ganzen Reich nach der Vereinigung aller Truppen unter dem Prinzen: »Dann ist man fest überzeugt, daß nichts mehr zu fürchten sei.« Die ruhmreiche Vergangenheit überdeckte die weit weniger rühmliche Gegenwart Eugens.

Friedrich bemerkte das und kam wohl damals schon zu der Erkenntnis, daß man den Ruhm, wenn man ihn einmal erworben hat, nicht leichtfertig aufs Spiel setzen dürfe; daß man sich dann besser zurückhalten und nicht mehr exponieren sollte. Zwei Jahre später jedenfalls, 1736, schrieb er an Fürst Liechtenstein: »Die großen Menschen haben ihre Zeiten wie das übrige Geschehen. Sie wachsen, sie halten sich eine Zeitlang im Glanze ihres Ruhmes und sie vergehen schließlich, wie sie herangewachsen sind. Welche Erniedrigung für den menschlichen Stolz, denselben Mann, der durch den Siegeslauf seines Glückes unsterblichen Ruhm erworben hatte, scheitern zu sehen.« Ruhm zu erringen war das eine – und schon schwer genug; ihn zu bewahren das andere – und offenbar weitaus schwierigere. Dies galt es zu bedenken und dann beizeiten Vorsorge zu treffen.

Vielleicht weist die Ode auch deshalb jenen zweiten Weg zur Unsterblichkeit. Es ist die Spur der Dichter und der Dichtung, die Friedrich verfolgt. Homer, Vergil und Horaz sind ihm die klassischen Zeugen dafür, daß auch dieser Weg zum ersehnten Ziel führt. In der Gegenwart liefert ihm Voltaire das Beispiel. Es ist aber wohl der Weg des Schriftstellers überhaupt, an den Friedrich vielleicht dachte. Doch das ist offen; die Ode selbst gibt noch keinen Hinweis darauf. Sicher ist nur, daß der Kronprinz sich fortan, bis an das Ende seines Lebens, der Verskunst widmete und sich dem Vorbild der

24

Diener Kalliopes verschrieb; an der Decke seines Rheinsberger Arbeitskabinetts kann man dies ablesen, dort sind Voltaires Name und der von Horaz in ein Buch eingetragen, welches Minerva-Athene, Göttin der Weisheit, aufgeschlagen in Händen hält. Daß er die Kunstfertigkeit dieser Klassiker nicht erreichen würde, war ihm, dies darf man annehmen, wohl bewußt. Warum er dennoch diese Spur verfolgte? Seine Überlegung dürfte diese gewesen sein: Einen Kronprinzen und König als Poet im Reigen der großen Dichter, als Gleicher in ihrer Mitte, hatte die Welt noch nicht gesehen; niemand dachte auch nur entfernt daran, daß er diesen Weg einschlagen könnte, es geschah unvermittelt und ganz unerwartet – und war aus solchen Gründen auffällig. Das Auffallen aber war und ist die erste Sprosse auf der Leiter zum Ruhm. Das Verseschmieden bot ihm also eine schöne und sichere Möglichkeit, sich einen Namen zu machen – sofern solche Reime nur ein wenig Niveau hatten. Daran konnte man arbeiten, und Friedrich tat es.

Ernsthaft begonnen hat er damit, wie wir wissen, wohl mit sechzehn Jahren. »Ich habe der Poesie und dem Studium der Beredsamkeit vielleicht zu viel Zeit gewidmet, aber es entspannt mich, und wenn ich damit beschäftigt bin, langweile ich mich nie und habe an mir selbst genug«, so seine Stilisierung gegenüber de Catt, später, 1758, während des Siebenjährigen Krieges. Daß es ihm von Anfang an darum ging, sich einen Platz in der literarischen Welt zu erobern, zeigt ein Brief an Voltaire von 1766: »Ich liebe die Poesie immer noch. Mein Talent ist gering; da ich aber zu meinem eigenen Vergnügen Papier bekritzele, so kann dem Publikum ebenso gleichgültig sein, ob ich Whist spiele oder mit den Schwierigkeiten der Metrik kämpfe.« Friedrich reimte also keineswegs nur zu seinem »eigenen Vergnügen«, wie er vorgab, sondern dachte durchaus an den Geschmack des »Publikums«.

Es war »ein unbekümmertes, frisch-fröhliches Schaffen«, in dem er sich gefiel, meinte Gustav Berthold Volz, der Herausgeber von Friedrichs Werken. War es das wirklich? Vielleicht, hin und wieder. Zuallererst aber steckte hinter dieser Darstellung Kalkül: So sollte man ihn wahrnehmen, und so wurde er – zu seiner Freude – auch wahrgenommen, gerade von der Nachwelt, im 19. und 20. Jahrhundert, weniger im 18. Jahrhundert und gar nicht von Voltaire; der wußte um des Königs Anstrengung. »Er wäre ein großer Poet geworden, er könne in zwei Stunden hundert Verse machen«, hat Friedrich in frühen Jahren Friedrich Heinrich von Seckendorff, dem österreichischen Gesandten, erklärt. Das war jugendlich unbedarft und überschwenglich dahergesagt. Geglaubt hat er es wohl selber nicht. Denn aus den erhaltenen eigenhändigen Notizen und Briefentwürfen des Kronprinzen wie des Königs geht hervor, daß die in seine Briefe eingestreuten Verse »nicht von ihm hingeworfen sind, wie die Laune und der Augenblick sie ihm eingaben, sondern daß sie vielmehr das Produkt angestrengter künstlerischer Arbeit« waren. Er hatte sich eigens ein Reimlexikon zugelegt. Friedrich strich, erweiterte, stellte um und feilte am Ausdruck – bis er nach einem »mühsamen Läuterungsprozeß« Inhalt und Form der Verse gefunden hatte. Das belegen die Blätter eindeutig.

Helfen und raten ließ er sich zunächst von Charles Etienne Jordan, seinem Vertrauten und Sprachlehrer, danach von Voltaire. Dessen erhebliche Kritik »erstreckte sich auf alles, auf die elementaren Regeln der Formlehre, auf unfranzösische Vokabeln wie auf metrische Gesetze, auf Silbenzählung, Reime, Versbildung, auf dichterische Sprache«. Friedrich nahm das bemerkenswert gelassen hin, selbst später noch, nachdem sie sich zerstritten hatten. 1750 berichtete Voltaire dem Grafen d'Argental aus Berlin: »Ich benutze das Vertrauen, das er zu mir hat, um ihm die Wahrheit zu sagen, kühner, als ich sie Marmontel oder d'Arnaud« – zwei Dichter und Dramatiker, die er förderte – »oder meiner Nichte sagen würde. Er schickt mich nicht in die Steinbrüche für meine Kritik seiner Verse; er dankt mir, er korrigiert sie.« Solches offenbart, welch großen Ehrgeiz Friedrich entwickelte. Deshalb seine Geduld: Ein wohlwollendes Urteil Voltaires adelte ja den Poeten. Friedrichs Langmut erweist darüber hinaus, daß die poetische Arbeit ihm bei aller Anstrengung Vergnügen bereitete, daß er sie wollte und brauchte.

Ein begnadeter Dichter wurde dennoch nicht aus ihm. Er selbst bezeichnete sich als »Dilettanten«, hoffte und wünschte aber dennoch, als Poet geehrt zu werden. Deshalb die Veröffentlichung der *Œuvres du philosophe de Sans-souci* 1750; drei Bände, von denen zwei Friedrichs Verskunst enthalten. Er schenkte sie stolz den Vertrauten, wohl wissend, daß dadurch die Texte verbreitet würden. Wilhelmine, Bayreuth, 14. November 1755: »Ich verbrachte zwei Tage sehr angenehm in der Unterhaltung mit meinem lieben Philosophen. Ich hatte einen kleinen Kreis um mich; wir lasen seine Werke.« Und vierzehn Tage später: »Wir lasen Deine Dichtungen in Gesellschaft von zwei Franzosen, deren einer selbst Dichter ist; sie waren begeistert.« Der König selbst war es auch. »Ein jeder Dichter ist«, so Friedrich an seinen Sekretär Darget, der mit der Edition betraut war, »wenn er nur glaubt, daß es kein andrer merke, ja selbst, wenn er's versteckt mit aller List, doch ganz vernarrt in seine eignen Werke.«

Letztlich ist nur eine kleine Auswahl seiner Verse offiziell veröffentlicht worden. In den von Johann David Erdmann Preuß zwischen 1846 und 1857 herausgegebenen *Œuvres*, der umfänglichsten Edition von Friedrichs Werken, füllen des Königs Poesien fünf der dreißig Bände. Damit sind sie keineswegs vollständig verzeichnet. Die meisten seiner Dichtungen hat er selbst, indem er sie Briefen beigab, quasi ungedruckt publiziert. Diese königlichen Reime wurden natürlich ebenfalls vor Publikum verlesen, auch deklamiert. Sie belegen nicht nur Friedrichs geschickte Öffentlichkeitsarbeit in eigener Sache, sondern auch seine nie nachlassende Beschäftigung mit der Dichtkunst und ihren politisch-publizistischen Möglichkeiten.

Es blieb ihm zu dieser Zeit auch gar nichts übrig, als zu dichten, denn Ruhm auf dem Schlachtfeld zu erwerben, hatte er so bald keine Gelegenheit. »Dieser Feldzug ist die friedlichste Sache von der Welt. Man hört keinen Schuß fallen. Die Franzosen hüten sich wohl, uns anzugreifen, und die Unseren haben ebensowenig Angriffslust. Man führt hier Krieg wie auf der Berliner Generalrevue«, schrieb er an Wilhelmine am 12. Juli 1734. Und am 10. August: »Die Franzosen haben zehntausend Mann nach Italien geschickt, ein sicheres Zeichen, daß sie in diesem Feldzuge nichts mehr unternehmen … Wir bleiben mindestens noch drei bis vier Wochen im Lager.« Nur einmal erhielt er Gelegenheit, seinen Willen, für sich Ruhm zu erlangen, vorzuführen: »Als er mit einem ziemlich starken Gefolge die Philippsburger Linien erkundete und bei seiner Rückkehr durch ein sehr lichtes Gehölz ritt, begleitete das Geschützfeuer der Linien ihn immerfort und zerschoß Bäume dicht neben ihm, ohne daß er sein Pferd antraben ließ und ohne daß die Zügelfaust die geringste ungewöhnliche Bewegung machte, obwohl man scharf darauf aufpaßte. Vielmehr sprach er ununterbrochen sehr ruhig mit ein paar Generalen, die ihn begleiteten; sie bewunderten seine Haltung in einer Gefahr, an die er doch noch nicht gewöhnt sein konnte.« So Ulrich Friedrich von Suhm, der sächsische Gesandte in St. Petersburg, in seiner Charakterisierung des Kronprinzen von 1740. Es war ein kleines Ausrufezeichen, das Friedrich hier setzte. Vom Rhein mußte Friedrich dann Anfang Oktober zurückreisen – ohne eine echte Chance zur Bewährung erhalten zu haben.

Friedrich blieb daher nur die Hoffnung auf die Kampagne des nächsten Jahres. Doch der Vater verbot ihm, auch 1735 ins Feld zu ziehen. »Ich habe ihn viermal darum gebeten und ihn an das mir gegebene Versprechen erinnert«, klagte Friedrich der Schwester am 8. September 1735, »aber keine Sinnesänderung; er sagte mir, er habe sehr tiefe Gründe, die ihn daran hinderten … Um mich zu trösten, will er mich auf eine Reise nach Preußen schicken; das ist ein wenig ehrenvoller als eine Reise nach Sibirien, aber nicht viel.« Ehre und Ruhm im Feld würden ihm, das erkannte Friedrich, versagt bleiben, solange sein Vater lebte. An Wilhelmine, die ein Hilfskorps der Russen für Prinz Eugen wenigstens in Augenschein nehmen konnte, schrieb er resigniert: »Die Frauen werden zu Amazonen und die Männer bleiben daheim. Der König betrügt mich.«

So nutzte Friedrich die Zeit, so gut er konnte – nutzte sie »friedlich«, wie er sagte. »Ich lese und schreibe wie ein Besessener, und ich mache Musik für vier … Ich betätige mich auch in der Gärtnerei und beginne mir einen Garten anzulegen. Das Gartenhaus ist ein Tempel aus acht dorischen Säulen, die eine Kuppel tragen. Auf ihr steht die Statue Apollos«, meldete er Wilhelmine. Amalthea taufte er diesen Garten nach der Amme des Zeus-Herkules, die eine Ziege gewesen war. Ein Hinweis vielleicht, daß der Ort ihm Kraft geben sollte, große Dinge zu tun? Auch eine Villa des Atticus in Epeiros hatte einst so geheißen. Weitere Nachrichten, die uns einen Hinweis geben könnten auf sein Verlangen nach Ruhm, in Versform oder auch in Prosa, sind nicht überliefert aus jener Zeit. Von den der Schwester angezeigten Schriftstücken hat sich keines erhalten. Einem Brief an seinen väterlichen Vertrauten Paul Heinrich von Camas, geschrieben während der »wenig ehrenvollen« Reise nach Preußen, Wehlau, 8. Oktober 1735, können wir aber entnehmen, daß in des Kronprinzen Kopf die *gloire* des Feldherrn ihren festen Platz behielt: »... gestehe ich Ihnen, daß die vier Kavallerieregimenter, die ich gesehen habe, großartig sind. Ich bin begeistert von ihnen, und mehr als einmal war ich in Versuchung, mit ihnen aufzubrechen, um unsern Nachbarn« – den Kurfürsten von Sachsen –, »der sich als König von Sarmatien aufspielt, ein wenig zu ducken.«

Auch in Rheinsberg, wo er sich seit 1736 aufhielt, kreisten Friedrichs Gedanken um Kriegsruhm, nicht offensichtlich und vorrangig, aber im Hintergrund ständig. Johann Wilhelm Senning, ein in der Friedrich-Literatur kaum genannter bürgerlicher Offizier, Major im Ingenieurkorps, unterrichtete Friedrich dort in der Kriegswissenschaft, vor allem in Mathematik und Ingenieurwesen. Senning war unbestritten der Nestor der Rheinsberger Gesellschaft. 1677 geboren, hatte er noch die letzten Regierungsjahre von Friedrichs Urgroßvater Kurfürst Friedrich Wilhelm erlebt. Im Krieg in Flandern hatte er zur Zeit des ersten preußischen Königs ein Bein verloren, war wegen seiner großen mathematischen Kenntnisse aber nicht verabschiedet worden. Ein geschickter Mechaniker, so berichtet aus Rheinsberg Jakob Friedrich von Bielfeld, habe den Verlust des Beines, jenes »Unrecht des Mars«, wiedergutgemacht: »Sein mit einer weißen Gamasche bekleidetes Holzbein ist so kunstvoll hergestellt, daß es der Natur völlig gleichkommt; ja man merkt beim Gehen nicht einmal, daß das Bein des Majors künstlich ist.« Dem »alten Major«, wird überliefert, hörte Friedrich aufmerksam zu, wenn dieser von seinen Erfahrungen und Erlebnissen auf dem Schlachtfeld und Exerzierplatz erzählte. Von ihm erhielt er auch ersten militärisch-taktischen Unterricht, weiteren, soweit sich feststellen läßt, von

Camas und Friedrich Rudolf von Rothenburg. »Oberst Camas kam öfter aus seiner Garnison vertraulich zu ihm herüber und bemühte sich um seine wissenschaftliche Fortbildung zum Kriege.«

Das war auch nötig, denn Friedrichs Kenntnis des Kriegshandwerks war, trotz der Übungen in der Kindheit, kaum ausgeprägt. Er mußte sich erst dareinfinden und hat dies zunächst ohne große Neigung getan, einzig um des erträglichen Verhältnisses zum Vater wegen. Deshalb die Bitte des Kronprinzen um die Bewilligung des Offizier-Degenquasts 1730, deshalb der demutsvolle Dank für die Verleihung eines Infanterie-Regiments, des Goltzschen, Nr. 15 der Rang- und Stammliste, am 27. November 1731. Wie er die Kriegskunst erlernte, wollte er selbst bestimmen. Der ihm vom Vater beigegebene Aufpasser, der Oberstleutnant Kaspar Ludwig von Bredow, der »auf Ordnung und Haushaltung zu sehen« und Friedrich »durch vernünftige Vorstellungen und ein gutes Exempel gute Sentiments beizubringen« und darauf zu achten hatte, »daß die jungen Offiziers in Sprachen und Umgang mehr Menagements« – Mäßigung –»gebrauchen«, war deshalb dem Kronprinzen »höchst lästig«. Ebenso das tägliche Exerzieren. Er unterzog sich dieser Aufgabe auf eine ihm eigene und oft wenig ernsthafte, ironische Art und Weise. »Ich tummle mich hier herum, um mein Regiment zur gehörigen Vollkommenheit zu bringen«, und hoffe, daß es mir gelingen wird«, schrieb er 1732 an Grumbkow. Und weiter: »Morgen gehe ich nach Potsdam, um das Exercitium zu sehen und ob wir es hier richtig machen, wie es erforderlich ist.« Freude hatte er nicht daran. Sein Ehrgeiz richtete sich wohl damals schon auf Aktion. Die Eintönigkeit des Dienstes langweilte ihn. An seinen Vertrauten Ulrich Friedrich von Suhm meldete er aus Berlin, 1. Juni 1737: »Wir stecken hier bis über die Ohren in Revuen. Wir verschwenden unsere Tage (die niemals wiederkehren) an Nichtigkeiten.« Alles ging Friedrich zu langsam. Er wollte die Kriegskunst rascher erlernen, wollte schneller vorankommen, wollte handeln. Als er Planspiele bewerten sollte, die ihm Feldmarschall Fürst Dessau geschickt hatte, versicherte sich Friedrich deshalb bei Camas, ob seine Kritik denn zutreffe, bevor er antwortete. Er wollte keine Fehler machen.

Man darf annehmen, daß er zudem überlegte, auf welch andere Weise er sich einen Namen machen könnte; man darf es, weil seines Sinnens Ergebnis bekannt ist, nämlich etwas zu gelten in der Welt der Dichter und Denker. Wir wissen das aus den Briefen, die er nun mit Menschen zu wechseln begann, denen er vertraute, so mit Paul Heinrich von Camas, mit Ernst Christoph von Manteuffel und mit Ulrich Friedrich von Suhm. Diese Briefwechsel setzten im Grunde gleichzeitig ein, eben in jener zweiten Jahreshälfte 1735. Der mit Camas beginnt genau genommen zwar schon im Juni 1734, doch erhält er erst von Oktober 1735 an Tiefe. Seit Juni 1735 also wandte Friedrich sich »mehr und mehr der Beschäftigung mit der Philosophie zu«. Manteuffel und Suhm vor allen anderen wiesen ihm dabei den Weg. Ersterer, heißt es, »schrieb viel und gut, mit Vorliebe über Politik, war aber auch in der Literatur und Philosophie bewandert wie keiner«, und der andere galt als »Philosoph, der in die Politik sich verirrt hat«.

Die Korrespondenz mit Manteuffel, dem seit 1733 in Berlin lebenden einstigen Minister Sachsens, beginnt wohl im Oktober oder November 1735. Zwei Briefe schrieb Friedrich ihm da, wie aus Manteuffels Antwort hervorgeht. Manteuffels Schreiben vom 28. November des Jahres ist das erste erhaltene. Die beiden Briefe Friedrichs sind nicht überliefert, doch ungefähr deren Inhalt. Es geht um Voltaires *Lettres philosophiques* und wohl um die Frage, was von diesen zu halten sei; auch das offenbaren die Antwortschreiben. Bei Manteuffel holte Friedrich »für seine Studien und in seinen Zweifeln sich Rat und Belehrung«, lernte über Rollin und Wolff und Boileau. Das ging so etwa ein Jahr lang. Briefwechsel und Vertrauensverhältnis endeten wohl, weil Friedrich sich von Manteuffel innerlich entfernte und allmählich ein Jünger Voltaires wurde. Dies legt das *Journal secret* Christoph Ludwig von Seckendorffs nahe, österreichischer Gesandter am Berliner Hof, Nachfolger seines Onkels Heinrich: »… bemerkte M. zu seinem Ärger …, daß Junior« – so Friedrichs Bezeichnung im *Journal* – »während der preußischen Reise von neuem durch die Unterredungen mit Chétardie« – einem französischen Gesandten am Berliner Hof – »und die Schriften

Voltaires, die Chétardie ihm offenbar verschafft hat, sich sehr gewandelt hat.« Die erhaltene Korrespondenz mit Suhm setzt ein am 13. März 1736. Dieses Schreiben des sächsischen Gesandten ist sicher nicht das den Briefwechsel eröffnende, nur das erstüberkommene. Mit diesem übersandte Suhm dem Kronprinzen aus Christian Wolffs *Metaphysik* eine Übersetzung des ersten Kapitels, die er eigens angefertigt hatte, und faßte Friedrich auch dessen Inhalt zusammen, Wolffs Beweis nämlich, daß der Mensch sich sicher sein könne zu existieren. Friedrich darauf:»Sie verstehen oder Sie ahnen zweifellos, daß die Versicherung, die mir Wolff von der Unsterblichkeit meiner Seele gibt (eine Angelegenheit, die mich unendlich interessiert und deren Dolmetscher Sie sind), mir eine doppelte Freude verursachen muß, da sie von Ihnen kommt und mir einen Brief einbringt, in dem Sie alles erschöpfen, was Höflichkeit an Ehrenvollem und Verbindlichem hervorbringen kann. Es handelt sich jetzt für mich darum, darauf zu antworten. Ich könnte Ihnen nichts Besseres sagen, als daß dasjenige, was mir einen guten Begriff von meiner Seele geben könnte, die lebhafte Vorstellung ist, die sie sich von Ihrer Person macht, und das gute und vorteilhafte Bild, daß sie sich von Ihnen immer gegenwärtig hält.« Man merkt: Dies war noch sehr bemüht, war wenig intellektuell und weit entfernt von dem, was Friedrichs Verehrer und Biographen uns glauben machen wollen, die den jungen Mann schon als unerreichbares Genie preisen; es war ein Versuch immerhin.

Die Sätze stammen aus des Kronprinzen erstem erhaltenen Schreiben an Suhm. Diesem kann man entnehmen, wann Friedrich sich der Philosophie erstmals zuwandte, Ende 1735, Anfang 1736 nämlich. In dieser Phase seines Lebens, das zeigen die Korrespondenzen, hat er sich entschieden, Ansehen auch auf dem Gebiet der Philosophie zu erstreben, durch den Eintritt in die Welt der Denker und die Suche nach Wahrheit also. Es ist das eigentliche Debüt von *Fréderic le philosophe*. Das erste Wort davon, geschrieben in Dresden 1728 von dem Sechzehnjährigen an seine Schwester, war nur Schwärmerei. Wir wissen das von Friedrich selbst:»Mein lieber

Suhm, vergessen Sie nicht die Treue, die Sie einem Schüler zollen, den Sie der Schule der Philosophie noch nicht entwöhnt haben. Was würde aus mir werden! Denn ich fühle, daß ich Ihrer Augen bedarf, um zu sehen, und daß ich, wenn ich meinen Führer aus den Augen verliere, Gefahr laufe, in die Irre zu gehen.«

Suhm machte den Kronprinzen auf die Schriften Christian Wolffs aufmerksam, las zuerst dessen _Logik_ mit Friedrich, weil die als einziges Werk Wolffs 1736 in französischer Sprache vorlag. Noch im selben Jahr übersetzte er dem Kronprinzen die gesamte *Metaphysik*, das Hauptwerk des Philosophen: »... erwarte gegenwärtig von Ihrer sorgenden Geschäftigkeit das Ende der Übersetzung dieser bewundernswerten Metaphysik.« Jordan übersetzte ihm dann Wolffs *Moral*. Denn, so Friedrich: »Ich lese Wolffs Werk lieber französisch.« Er begründete dies damit, daß die französische Sprache angenehmer klinge als die deutsche. Die Wahrheit war, daß er sie besser beherrschte.

Suhm erklärte Friedrich auch die in den Schriften geäußerten Ideen, war »der liebenswürdige Dolmetscher« der *Metaphysik*. »Wenn die Philosophie mich aufklärt«, schrieb der Kronprinz am 1. Januar 1737 an seinen Lehrer, »so tut sie es durch Sie; Sie haben die Schranken niedergerissen, die mich von der Wahrheit trennten.«

> Mein Geist verkümmerte in dunkler Nacht,
> Bis Deine Hand die Fackel angefacht,
> Die lodernd in die Seele das Licht gebracht.

Suhm gab ihm die nötige Sicherheit, über Wolffs Gedanken an seine Schwester Wilhelmine zu schreiben. Ihr schwärmte der Kronprinz von dem Gelehrten vor und teilte euphorisch mit, daß dessen Philosophie »hoch über allem [stehe], was bisher auf diesem Gebiet geleistet wurde«. Schließlich war er sogar in der Lage, sich darüber mit Voltaire auszutauschen. An Suhm, 27. April 1736: »Ich studiere Wolff mit großem Fleiß, und ich gewöhne mich mehr und mehr an seine Art zu urteilen, die sehr tief und sehr gesetzmäßig ist. Der Satz vom zureichenden Grunde und der vom Unterschied der einfachen und zusammengesetzten Wesen sind, meiner Meinung nach, diejenigen, die man sich einprägen muß, wenn man den Gedankengang seiner Metaphysik richtig verstehen will. Diese beiden Sätze lese ich auch alle Tage mehr als einmal, um sie fest im Gedächtnis zu haben.« Und am 6. Juni desselben Jahres: »Ich fahre fort, Wolff mit größtem Eifer zu lesen, und ich versuche, mir seine Sätze so tief einzugraben, wie ich nur kann. Es ist gut, solche Dinge oft zu lesen, denn sie sind von doppeltem Nutzen: sie unterweisen und machen bescheiden. Ich fühle mich nie kleiner, als wenn ich den Satz von den einfachen Wesen gelesen habe.«

Was Friedrich an Wolff zu dieser Zeit reizte, war wohl dessen Definition des Determinismus. Über diesen hatte der Kronprinz sich seine Meinung ja gebildet; hier konnte er anknüpfen, konnte eine eigene Auslegung versuchen. Den Philosophen verstehen mußte er dazu nicht, tat es auch nicht so bald und wohl niemals vollständig: »Es war ein vergröberter und nicht der ganze Wolff, den der Kronprinz reflektierte.«

Friedrich lernte Wolffs Grund-Sätze auswendig, und dies vor allem, um sie bei passender Gelegenheit zitieren zu können. Tief durchdrungen hatte er sie nicht, wie er Wilhelmine gegenüber zugab: »Du bringst mich in die größte Verlegenheit, indem Du von mir eine Antwort über die Wolffsche Philosophie verlangst. Ich habe Dir einfach berichtet, was ich davon studiert habe, und weiß zur Genüge, wie unwissend ich bin und wie wenig es mir ansteht, den Lehrer zu spielen. Ich fühle mich Deinen Kenntnissen« – Wilhelmine hatte Wolff mittlerweile sehr gut studiert – »in keiner Weise gewachsen und würde nie wagen, meine Meinung zu äußern, wenn Du sie für maßgebend ansiehst.« Er tat es dann aber doch, gleich einem Studenten, noch ohne hohes Reflexionsniveau und nicht um es der Schwester zu erklären, sondern vielmehr, um sich selbst Rechenschaft über das Gelesene zu geben.

Wolffs Ideen zu begreifen, war für Friedrich 1736 auch nur nachrangig. Von Nutzen waren ihm allein die Leitsätze, die lernte er auswendig. Er brauchte sie, um mit den Geistesgrößen seiner Zeit in Kontakt zu kommen, um mit ihnen über ein philosophisches Thema zu sprechen – vor allen anderen mit dem bekanntesten Denker der Epoche, mit Voltaire. Dahin ging nun sein Streben. Das kann man den Quellen entnehmen, jenen fein komponierten Briefen, die Friedrich bald an diesen, bald an jenen nach Frankreich versandte, in das Land der Dichter und Denker damals.

Der erste dieser Briefe ging an eben jenen Voltaire. Er trägt das Datum Berlin, 8. August 1736. Es ist ein interessanter, sehr vielsagender Brief, denn er gewährt uns einen Einblick in des Kronprinzen Gedanken, in seine Vorstellungen und Vorhaben. Er tut dies nicht durch Form und Formulierung, beides entsprach ganz der Konvention, sondern vielmehr durch seine Konstruktion – Jordan hatte ihm dabei sehr geholfen – und durch die Dinge, die in ihm angesprochen werden: »Geist«, »Geschmack«, »Feinheit«, »Kunst« und »Schönheit«, »Kenntnis« auch und »Wissenschaft«, »Philosophie« ebenfalls, all jene Dinge also, die sämtlich Voraussetzung waren für »Ehre«, »Weihrauch«, »Bewunderung«, für »wahren Ruhm«, und selbstverständlich »Größe«. Friedrich an Voltaire: »Ihre Dichtungen haben Eigenschaften, welche sie verehrungswürdig und der Bewunderung und des Studiums rechtschaffener Menschen wert machen; sie bilden einen Lehrgang der Moral, bei dem man denken und handeln lernt. Die Tugend ist darin in den schönsten Farben gemalt. Die Idee des wahren Ruhmes ist darin dargestellt; und Sie bringen den Geschmack an den Wissenschaften auf eine so zartsinnige und feine Art bei, daß jeder, der Ihre Werke gelesen hat, von dem Ehrgeiz beseelt wird, Ihren Spuren zu folgen. Wie oft habe ich mir nicht gesagt: Unglücklicher! befaß dich nicht mit einer Bürde, die deine Kräfte übersteigt; man kann Voltaire nicht nachahmen, noch viel weniger Voltaire selbst sein. In solchen Augenblicken habe ich empfunden, daß die Vorzüge der Geburt und jener Dunst von Größe, in den die Eitelkeit uns einhüllt, nur zu wenigem oder, besser gesagt, zu nichts dienen.«

Man merkt es den Zeilen an: Wahr ist des Geschriebenen Gegenteil. Größe und Ruhm wie Voltaire zu besitzen, hatte Friedrich sich vorgenommen, und glaubte auch, beides mit Hilfe des französischen Philosophen erreichen zu können, denn er gibt in dem Schreiben auch seiner Hoffnung Ausdruck,»...daß Sie mich nicht ausschließen werden aus der Zahl derer, die Sie Ihrer Belehrung würdig finden«. Voltaire sollte also des Kronprinzen Lehrer werden und sein Wegbereiter in die Welt und Gesellschaft der *hommes de lettres*. Das Band zu Voltaire sollte Wolff wohl knüpfen, genauer gesagt, die Gedanken des deutschen Philosophen:»Die Vorliebe für Philosophie, die Sie in Ihren Werken zeigen«, schrieb der Kronprinz dem Franzosen,»veranlaßt mich, Ihnen die auf meine Anregung angefertigte Übersetzung der Anklage und Rechtfertigung des Herrn Wolff zu senden, des größten Philosophen unserer Tage, welcher grausam der Irreligiosität und des Atheismus angeklagt ist, weil er in die dunkelsten Stellen der Metaphysik Licht gebracht und die schwierigen Gegenstände derselben in einer ebenso erhabenen wie bestimmten und klaren Weise behandelt hat. Das ist das Schicksal der großen Männer: ihr überlegener Geist setzt sie beständig den Verfolgungen der Verleumdung und des Neides aus.« Die letzten Worte zielen direkt auf Voltaire, der wegen seiner Schriften oft angegriffen wurde. Das war ein kluger Schachzug, wie sich bald erweisen sollte.

Friedrichs erster Brief, meinte Walter Mönch 1943 und befanden seither alle, die sich über Friedrich äußerten, zeige, daß dieser»mit den philosophischen, mehr noch mit einigen Dichtungen Voltaires wie den Theaterstücken ›La Mort de César‹, ›Alzire‹, dem ›Temple du Goût‹ und vor allem mit der ›Henriade‹ vertraut« gewesen sei, denn all die Werke werden darin genannt. Das aber scheint wenig wahrscheinlich. Zwar hat er ihre Titel genannt, aber das, was der Kronprinz dann über Voltaires Wirken schreibt, ist doch sehr oberflächlich, ohne tieferes Verständnis und ohne klaren Standpunkt. Beides, Verständnis wie Standpunkt, mußte Friedrich sich erst erarbeiten, und er tat das dann auch mit Hilfe seiner Vertrauten: Manteuffel, Suhm, nachher Dietrich von Keyserlingk, Jordan und Camas. Doch das geschah erst nach und nach seit Ende 1735. Daher seine angestrengten Studien in Rheinsberg, seit 1736, wo er hartnäckig versuchte, vordem Versäumtes aufzuholen, und sich bemühte, Tag für Tag und tropfenweise einen Vorrat an Wissen anzuhäufen. Wir werden noch hören davon.

Auf das Lob seiner Schriften ist Voltaire in seiner Antwort, Cirey, 26. August 1736, nicht mit einem einzigen Wort eingegangen. Dabei hat ihm dieser Beifall, soweit man weiß, sehr geschmeichelt. Auch über Wolff wollte Voltaire nicht diskutieren; der interessierte ihn nicht. »Für das Büchlein über den Philosophen Wolff danke ich sehr. Seine metaphysischen Ideen machen, wie ich glaube, dem Menschengeschlecht Ehre. Das sind Blitze in einer tiefen Nacht. Mehr dürfen wir, glaube ich, von der Metaphysik nicht erhoffen«, hieß es in dem Schreiben lapidar. Mehr erhoffte deswegen auch Friedrich nicht mehr: »Von der Metaphysik glaube ich nicht, daß sie jemals irgendwo sonst ihr Glück machen wird als in England«, meldete er bald. Nach seinem Regierungsantritt hat er Wolff nach Preußen zurückgeholt, aber nicht wegen dessen Gedankengebäude, sondern weil Friedrich Wilhelm I. ihn verbannt hatte und er selbst ein Zeichen dagegen setzen wollte.

Mit Komplimenten über seine Schriften war Voltaire nicht zu fassen. Aber mit der Verurteilung unbilliger Verfolgung und noch mehr mit dem Wunsch, daß er sein Lehrer werden möge, hatte Friedrich ihn gepackt, und dies sogar besser als erhofft. Dem Dichter, Historiker und Philosoph, Unternehmer und Spekulant winkte nun die Aussicht, auch noch Fürstenerzieher zu werden, und so bescheinigte er dem Kronprinzen: »Ein wahrhaft guter König wie Sie wird stets damit beginnen müssen, daß er sich selber bildet, die Menschen kennenlernt, die Wahrheit liebt und Verfolgung und Aberglauben verabscheut. Ein Fürst, der so denkt, ist berufen, das goldene Zeitalter in seinen Staaten heraufzuführen.« Solchermaßen zu handeln, sei ruhmreich. Die Anleitung zum Erwerb zivilen Ruhms lieferte Voltaire gleich mit: »Wenn Sie Ihre gute Anlage im Drang der Geschäfte und trotz der Schlechtigkeit der Menschen sich zu bewahren wissen, werden Sie einst von Ihrem Volk angebetet und von der ganzen Welt geliebt werden. Philosophen, die dieses Namens würdig sind, werden in Ihren Staat geflogen kommen und, wie die Künstler gerne dorthin strömen, wo sie am großzügigsten gefördert werden, so werden die besten Köpfe sich um Ihren Thron scharen.« Friedrich nahm diese Sätze genau auf; sie umrissen die

Ziele, auf die sein Streben gerichtet war. Doch davon an anderer Stelle mehr.

Auf Friedrichs zweiten Brief antwortete Voltaire:»... der tugendhafteste, liebenswerteste Fürst Europas öffnet mir sein Herz, vertraut mir seine Werke und seine Gedanken an und verbessert die meinigen. Was will ich mehr?« Was will ich mehr, dachte auch der Kronprinz, denn er hatte nun alles, was er wollte: Er war mit dem glanzvollsten Denker der Zeit in Dialog getreten, hatte eine enzyklopädische Autorität gefunden, an der er sein eigenes Urteil bilden und ausrichten konnte.

Später schrieb Friedrich in derselben Absicht an Fontenelle und an Rollin. Auch sie zählten zu den großen Geistern der Zeit, waren im Grunde Vorgänger Voltaires, vor allem der Philosoph Fontenelle. Wie Voltaire waren beide berühmt für ihre Wahrheitsliebe und ihre Art, angenehm und leicht zu schreiben. Auch ihnen wollte Friedrich sich vorstellen. Diese Episode soll gleich an dieser Stelle abgehandelt werden, denn beide Briefwechsel währten weniger lange als seine Korrespondenz mit Voltaire, von 1737 bis 1740 nur. Sie sind auch weniger ergiebig, denn eine Gedankenspielerei, gar ein Gedankenaustausch kam nicht zustande. Vier Briefe an Friedrich von Fontenelle sind erhalten, zwei an diesen vom Kronprinzen. Dessen erstes Schreiben trägt das Datum 29. Januar 1737. Friedrich präsentiert sich darin als Fürst und Philosoph und bat »lassen Sie es nicht bloß bei Komplimenten bewenden, und seien Sie nicht so karg mit einigen Gedanken und Federzügen, um die ich Sie inständig bitte. Ich habe nun einmal das Vorurtheil, daß zwei Worte von Ihnen mich über philosophische Gegenstände besser unterrichten werden, als das Lesen der fürchterlichsten Folianten. Seien Sie so gütig, Sich nach dieser Meinung zu richten und das Papier nicht zu schonen.« Fontenelle darauf am 20. März: Wie Alexander zu Diogenes sei Friedrich gekommen, was zumindest zweideutig war, denn jener hatte diesem die Sonne verdeckt. Fürsten, die der Philosophie Ehre erwiesen, seien die größten Fürsten: »Wenn die Könige Philosophen sind, dann ... bin [ich] sicher, sie werden Wunder vollbringen«, hatte es dort weiter geheißen. »Das war«, so Ernest Lavisse, der Biograph des jungen

Friedrich, »der rechte ›Federstrich‹ für das Album des Kronprinzen von Preußen.«

Ähnlich wie Fontanelle äußerte sich auch Rollin: »… ein Prinz von feinem Geschmack.« Friedrich hatte um dessen *Histoire ancienne* gebeten, die Geschichte des Altertums, später um dessen *Histoire romaine*, die Römische Geschichte. Noch im Alter hat er sich mit »dem wissenschaftlichen Verkehr, dessen er sich mit einigen der gelehrtesten Männer Frankreichs, wie Fontenelle und Rollin, befliß«, gebrüstet. Der Kronprinz wurde also, auf eigene Initiative hin, auch ihnen ein Name. Das befestigte, wie er wollte, sein Ansehen, und das genügte, denn beide und mittlerweile wohl alle Gelehrten, auch ganz Paris und wohl alle europäischen Höfe wußten ja um seine Korrespondenz mit Voltaire. Der hatte seine Briefe und Friedrichs Antworten bei Hofe vorlesen lassen.

Voltaire

*D*er Briefwechsel mit dem französischen Freigeist Voltaire hat Friedrich, mehr als sein »Fluchtversuch« dies vermocht hatte, in der Welt weithin bekannt gemacht und interessant ebenso. Das geschah allein schon deshalb, weil er mit Voltaire korrespondierte und weil dieser – sehr wohl auch im eigenen Interesse – dafür sorgte, daß jedermann davon erfuhr. »Einen Brief von Voltaire erhalten, das war für einen literarischen Anfänger eine Ehre und der Anfang des Ruhmes«, so ein späteres, aber schon damals zutreffendes Urteil. Friedrich hat dies über die intellektuelle Spielerei und den Austausch von Urteilen hinaus gewollt und erhofft, zunächst in erster Linie sogar. Er hat sich, zu seinem Ruhm, unbedingt mit Voltaire schmücken wollen. An Rothenburg schrieb er am 17. August 1743: »Ich schicke Ihnen ein Stück aus einem Brief Voltaires, das ich Sie bitte, auf geheimem Wege an den Bischof von Mirepoix« – einen geschworenen Feind Voltaires – »gelangen zu lassen, ohne daß wir beide, Sie und ich, uns dabei verraten. Meine Absicht ist, Voltaire in Frankreich soviel Zänkereien zu verschaffen, daß ihm nichts weiter übrig bleibt, als zu mir zu kommen.« Später bekannte er ganz offen: »Wir Fürsten haben alle eine interessierte Seele und machen niemals Bekanntschaften, ohne damit besondere Absichten zu verbinden, die geradewegs auf unseren Vorteil abzielen.«

Voltaire sollte sein Herold sein, sollte seinen Ruhm verkünden (und Friedrich denjenigen Voltaires, wie dieser kalkulierte), zuvörderst dazu war der Franzose ihm wertvoll, so der Plan zwischen den Zeilen. Voltaire hatte das rasch erfaßt, wie einem Brief, Berlin, 28. November 1740, zu entnehmen ist: »Ich müßte schurkisch wie ein Jesuit, almosenbedürftig wie ein Alchimist, dumm wie ein Kapuziner sein, wenn ich je etwas anderes als Ihren Ruhm im Auge gehabt hätte! Sire, ich habe Ihnen in meinem Herzen einen Altar errichtet; Ihre Reputation ist mir ebenso wichtig wie Ihnen.« Gut greifbar wird des Königs Intention in einem Schreiben an Jordan aus Ruppin vom selben Tage, in dem Friedrich, nun schon Regent und frei von Rücksichtnahmen, offenbart, was er von dem französischen Skeptiker dachte: Voltaire »soll dreizehnhundert Taler bekommen. Seine sechstägige Erscheinung wird mich täglich 550 Taler kosten. Das ist eine teure Bezahlung für einen Narren. Niemals hat der Hausnarr eines großen Herrn ein solches Gehalt bekommen.« Schonungslos äußert er sich auch in einem Brief an Algarotti, Potsdam, 12. September 1749: »Voltaire hat soeben einen unwürdigen Streich verübt … Dieser Mensch besitzt die Anmut und die Bosheit eines Affen … ich lasse mir nichts anmerken; denn ich bedarf seiner zum Studium des französischen Stils. Man kann wertvolle Dinge von einem Verbrecher lernen. Ich will sein Französisch kennen, was kümmert mich seine Moral?« Ein weiterer Ausspruch des Königs, gefallen wohl 1751, deutet ebenfalls auf Friedrichs »besondere, auf seinen Vorteil zielende Absichten«. Da soll er über Voltaire gesagt haben: »Ich brauche ihn noch ein Jahr, allerhöchstens; man preßt die Orange aus und wirft dann die Schale weg.« La Mettrie hatte das Voltaire berichtet, um ihn zu ärgern, und dieser hatte es nicht für unwahrscheinlich gehalten. So ist es gekommen und doch wieder nicht, denn der König brauchte den »Narren« ja weiter – und anders, als Korrektiv, Ideengeber, auch als Ratgeber, einfach als Verständigen und immer wieder als Propagandisten, weil Voltaire keineswegs ein Narr war. Ebenso brauchte Voltaire die Beziehung zu Friedrich, um seine Landsleute zu beeindrucken, die Regierenden vor allem, brauchte Friedrich auch als Rückversicherung. Ganz bestimmt muß man daher festhalten: Was den König und den Philosophen verband, war nicht, wie so oft beschworen und wie man es so gerne gesehen hätte, Freundschaft, sondern »Haßliebe«, meint Hans Pleschinski, der einen großen Teil ihres Briefwechsels neu übersetzt und herausgegeben hat. Vielleicht trifft das zu, obgleich von Liebe nicht viel zu spüren war, von gegenseitiger Faszination schon eher. Ganz sicher war es ein Zweckbündnis, gewollt von beiden Seiten. Zu Beginn und während des langen Endes ihrer engeren Beziehung, nach des Franzosen Abgang aus Berlin, wurde es fühlbar von Friedrich forciert, der diesen Austausch brauchte.

Wie im Detail er Voltaire einspannen wollte, welches der Plan war, was Friedrich tat, um ihn umzusetzen, das läßt sich gut verfolgen. Am Beispiel seiner Größe kann man es zeigen, daran genau, wie er erstmals Friedrich »der Große« genannt wurde über die Familie hinaus, in der sie ihn bewunderten, seine ältere Schwester und seine Gemahlin vor allem, die ihn früh einen großen Fürsten nannten. Denn Friedrich bekam diesen Beinamen nicht erst, wie gern gedacht, am 28. Dezember 1745, bei seiner Rückkehr aus dem Schlesischen Krieg nach Berlin, als man angeblich »Vivat Friedrich der Große!« – »Es lebe Friedrich der Große« – rief und auch »Vivat Fridericus Magnus!« während der abendlichen Illumination bald jede Hauswand zierte. »Groß« wurde er schon viel früher genannt, im März 1737, und zwar von Voltaire: »Fahren Sie fort, großer Prinz, großer Mann, das Ungeheuer des Aberglaubens und des Fanatismus zu bekämpfen, diesen wahrhaften Feind der Gottheit und der Vernunft, und seien Sie der König der Philosophen, denn andere Fürsten sind nur die Könige der gewöhnlichen Menschen«, schrieb dieser damals an Friedrich. Dann erstmals im Juli 1742 auch »Friedrich der Große«: »Der Herr Aderlasser der Nationen, Friedrich III.« – ein Schreibfehler dies –, »Friedrich der Große, hat mein Flehen erhört.« Und: »Es gibt Kleinigkeiten, die ein kleiner Bürger nur mit

Mühen bewältigt, während Friedrich der Große so Großes in einem Augenblick vollbringt.«

Ob diese Briefstellen ganz ursprünglich und unvermittelt geschrieben sind, Voltaire eingegeben nur von der »anonymen Macht der Geschichte«? Zahlreiche Historiker haben das so gesehen und alle Bewunderer des Königs ebenso. Doch man mag das nicht glauben, nicht bei genauem Studium des Briefwechsels. Da offenbart sich nämlich: Die Worte Voltaires, »großer Prinz«, »großer Mann«, fallen nicht ohne Anlaß! Man meint das nur, weil es in Friedrichs vorangehenden Briefen für sie keinen Anhaltspunkt gibt. Aber auf diese Schreiben, vier an der Zahl, eines aus dem März, vom Februar zwei und noch eines aus dem Januar, bezieht sich Voltaires Antwort auch nicht. Wegen der chronologischen Anordnung der Briefe in den Editionen der Korrespondenz ist das nicht leicht zu erkennen, man muß schon sehr genau schauen und stellt dann fest: Voltaires Text aus dem März 1737 repliziert auf einen Brief Friedrichs vom Dezember des Vorjahrs. Voltaire hat das Schreiben erst im März gelesen, nachdem er sich von Amsterdam, wo er während des Winters war, nach Cirey begeben hatte. In diesem Dezember-Brief hatte Friedrich am Beispiel König Ludwigs XIV. von Frankreich die Themen Größe, Ruhm und Glanz berührt: »Ludwig war ein durch zahllose treffliche Eigenschaften hervorragender Fürst; ein Sprachfehler, ein Versehen in der Orthographie« – beides widerfuhr Friedrich im Französischen– »konnte in nichts den Glanz seines Ruhmes trüben, welcher durch so viele Großtaten, die ihn unsterblich gemacht haben, fest begründet ist«, hatte der Kronprinz geschrieben und sich dann – vergleichend – selbst in den Mittelpunkt der Betrachtung gestellt: »Ich bin durch nichts hervorragend. Nur mein Fleiß wird mich dereinst vielleicht meinem Vaterlande nützlich machen können, und das ist auch der ganze Ruhm, nach dem ich strebe.«

Bescheiden sei das, mag man denken, und viele sehen das auch so. Doch es ist nur eine vermeintliche Bescheidenheit des Kronprinzen, die nichts anderes bezweckt, als von Voltaire eine schmeichelhafte Antwort zu fordern, ist *fishing for compliments*, wie die Briten das nennen. Voltaires Antwort an den Thronfolger konnte daher nur lauten: Sie sind ebenfalls hervorragend. Sie sind, weil Sie sich, anders als andere Ihresgleichen, für Vernunft und Wahrheit und der Menschheit Aufklärung einsetzen, ein »großer Prinz«, ein »großer Mann«. Die Antwort mußte so lauten, denn Friedrich hatte deutlich mit seinem dynastischen Rang kokettiert, kurz: Hatte durch das ganze Arrangement seines Briefes die Worte Voltaires provoziert.

Ebenso herausfordernd hat er dies 1742 getan, bevor der Franzose ihn erstmals »Friedrich der Große« nannte. Jener Brief Voltaires vom Juli des Jahres bildete nur den denkwürdigen Höhepunkt einer von Friedrich forcierten Steigerung. Begonnen hat es damit, 3. Februar 1742, daß Friedrich sein Licht unter den Scheffel stellte: »Was können Sie verlangen von einem Gehirn, worin sich nichts als Heu, Hafer und Häckerling befindet«, hatte er Voltaire gefragt und gleich darauf eine Verbindung zur historischen Größe hergestellt: »Ich lese jetzt, vielmehr ich verschlinge Ihr Siècle de Louis le Grand« – das Jahrhundert Ludwigs des Großen –, »wenn Sie mich lieb haben, schicken Sie mir, was Sie nach diesem Werk verfertigt haben.« In dem folgenden Brief dann, geschrieben am 23. März 1742, hatte Friedrich Voltaire gegenüber seinen Beistand für den bedrängten Kaiser und Kurfürsten von Bayern betont, für Karl VII., hatte unterstrichen, daß er dessen Land und Bevölkerung ganz uneigennützig militärischen Beistand gewähre, und in Voltaires Mund die Worte gelegt: »Das ist Großmut, werden Sie sagen, das ist heldisch – Voilà de la générosité, direz vous, voilà du héroisme.« Darauf hatte er wieder Ludwig den Großen ins Feld geführt: »Erlauben Sie, daß ich Sie an die l'Histoire de Louis XIV ermahne.«

Voltaire verstand sehr wohl, was der König wünschte. Seine Antwort im März 1742 auf Friedrichs Brief vom 3. Februar belegt das. »Während ich abwarte, Sire, daß der Rat der Reiche oder europäische Rat zusammentritt, um alle Monarchen maßvoll und zufrieden zu machen, befehlen Ew. Majestät mir abzuschicken, was ich derweil weniges am Siècle de Louis XIV getan habe … Sie werden vielleicht feststellen, daß ich ein zu umfangreiches Gebiet angehe; doch ich arbeite hauptsächlich für Sie, und ich war der Ansicht, daß in diesem Falle nicht einmal der Weltkreis zu umfänglich wäre ... Ich bin mir nicht sicher, ob Sie in all diesem Ruhmesgerassel glücklicher sind, als Sie in jener süßen Einsamkeit von Remusberg« – Rheinsberg – »waren.« Wie dem auch sei, dies der Beginn des nun eingeflochtenen Gedichts:

Großer König, lieb' ich Sie,
Ganz wie ich Sie liebte,
Als Sie eingeschlossen lebten
In Remusberg und in sich selbst.

Friedrich, so dürfen wir annehmen, hat das gern gehört. Drei Jahre später gab er, wie man einer Berliner Zeitung entnehmen kann, seine »allergnädigste Zufriedenheit mündlich zu erkennen«, als junge Kaufleute ihm »Vivat Friedrich der Große!« zuriefen. Nur: Ihm waren Voltaires Worte wohl noch zu wenig deutlich. Das mag der Grund gewesen sein für seine larmoyante Replik, Trübau, 12. April 1742, in der er mitteilte, daß er, ein tief Bedauernswerter, »un misérable«, zwar am Rad der Geschichte drehe, sich im Grunde aber nach Ruhe, Kunst und Philosophie sehne. Worauf Voltaire gar nichts anderes übrigblieb, als zu antworten:

»Kein so süßes Los ist das Regieren, wie man es oft vermeint; Was kostet's doch, ein Held zu sein! Sie, Sire, kostet das allerdings nichts; für Sie ist das alles natürlich; große gescheite Taten vollführen Sie mit derselben Leichtigkeit, mit der Sie komponieren und dichten und mit der Sie Briefe schreiben.« Und dann: »Mein Alexander!«

Damit war Friedrich fast am Ziel, mußte am 9. Juni 1742, ganz bescheiden, nur noch schreiben: »Sie bereiten mir ein großes Vergnügen, mir von Ihrer *Histoire de l'esprit humain* zu berichten. Ich fürchte, daß ich nicht der Moses dieses gelobten Landes sein und nie meinen Fuß auf seinen Boden setzen werde.« Da nun nannte Voltaire ihn »Friedrich der Große«, zweimal gleich in einem Brief, sprach von ihm auch gegenüber Dritten so; Voltaire wurde nun wirklich jener Herold vom Ruhme Friedrichs, den dieser sich erhofft hatte.

Voltaire war es – was Friedrich nicht wußte, nur hoffte – zuvor schon gewesen. Der Schriftsteller hatte bereits den Kronprinzen als guten Regenten gepriesen, und zwar einzig aufgrund der Tatsache, daß dieser sich zu Absichten bekannte, die Voltaire ihm empfohlen hatte, und zwar sich zu bilden, die Wahrheit zu lieben, Aberglaube und Verfolgung zu verabscheuen, Wissenschaften und Künste allerdings zu fördern. Friedrich gab in dieser Hinsicht zu großen Hoffnungen Anlaß und hat diese später nur selten enttäuscht. Über Wahrheit, Aberglaube Verfolgung schrieb er an Voltaire, Ruppin, 6. Juli 1737: »Wenn ich Katholik wäre, so wählte ich weder den heiligen Franziskus von Assisi noch den heiligen Bruno zu meinem Schutzpatron, sondern ginge geradewegs nach Cirey und fände da Tugenden und Talente, die in jeder Rücksicht weit größer sind, als man sie in einem härenen Gewande und unter einer Mönchskappe antreffen kann.« In Deutschland fehle es nicht an abergläubischen und fanatischen Menschen, wohl aber an solchen, die imstande seien, philosophisch zu denken. Jemand, von dem man glaube, er habe keine Religion, werde allgemein verschrien, möge er auch der rechtschaffenste Mensch der Welt sein. Ganz sicher zur Freude des Philosophen fügte er noch hinzu: Religion sei »das Götzenbild der Völker«. Über die Wissenschaften dann: Diese verfielen gegenwärtig. »Ich sehe mit Tränen in den Augen, daß die Gelehrsamkeit von uns flieht und daß arrogante Unwissenheit und Barbarei der Sitten an ihre Stelle treten.«

Gefeiert hat Voltaire Friedrich vor allem wegen dessen 1739 verfaßten *Anti-Machiavel, ou essai de critique sur le Prince de Machiavel*, deutsch *Anti-Machiavel oder Prüfung der Regeln Nic. Machiavells. Von der Regierungskunst eines Fürsten.* Der Kronprinz hatte diese willentliche Widerlegung des *Principe* von Machiavelli nicht nur als »Aufklärungsschrift« gesehen, sondern auch als ambitionierte Abschlußarbeit aufgefaßt, die er verfertigt hatte, um sich selbst und der Welt zu beweisen, wie viel er gelesen und gelernt hatte, und daß er imstande war, aus dem Gelernten große Gedanken zu entwickeln. Friedrichs vorangegangene *Betrachtungen über den gegenwärtigen politischen Zustand Europas* waren noch wenig tiefgründig, sehr phrasenhaft und keinesfalls originell. Sie spiegeln allein, was er sich angelesen hatte. Den »berüchtigten« *Natzmer-Brief* von 1731 muß man erst recht nicht ernst nehmen. Er ist eine Spielerei, die Friedrich unter Anleitung anfertigte, derjenigen Natzmers eben, eines »Plänemachers« und »Ränkeschmieders«. Sein Inhalt: Wie runde ich meinen Staat am günstigsten ab, welches Land kommt mir zupaß. Solche Gedanken haben wohl alle Dynasten verfolgt, nur sind die nachher weniger hochgespielt worden. Darin ein »außenpolitisches Programm« sehen zu wollen, heißt dem Neunzehnjährigen doch etwas zu viel zuzutrauen. So ist der Brief letztlich nur wichtig für die Kämpfe der Nachwelt um des Königs Charakter: Couragiert oder aggressiv lautet das Urteil, je nachdem, ob Feind oder Freund es fällt.

Der *Antimachiavell* war besser durchdacht und effektvoller formuliert als der *Natzmer-Brief* und die *Betrachtungen*: »Wer lehre, schrieb Friedrich [darin], man dürfe sein Wort brechen und Ungerechtigkeiten begehen, der möge noch so sehr durch Talente hervorragen, nie dürfe er den Platz einnehmen, der nur der Tugend und löblichen Gaben gebühre. Er ereiferte sich über die Machtgier und den zügellosen Ehrgeiz der Fürsten, die Vernachlässigung ihrer Pflichten, die darin bestehe, ihre Völker glücklich zu machen.« Dabei seien die Regenten dem Volk verantwortlich. Die wahre Politik erfordere Gerechtigkeit und Güte. Weit entfernt, die Herren ihrer Völker zu sein, seien die Fürsten selbst die ersten Diener des Staates. Machiavelli müsse dadurch überwunden werden, daß die Fürsten der Welt das Beispiel der Tugend geben. Auch in der äußeren Politik anderen Völkern gegenüber müsse Gerechtigkeit gewahrt werden. Der Ruhm sei ein Trugbild, große Taten nur bewundernswert, wenn sie sich in den Grenzen des Rechts hielten. Voltaire hatte Friedrich in dieser Gedankenführung bestärkt.

Durch seine Lektüre vertraut mit den scholastischen Theorien vom gerechten Krieg, zählte Friedrich mehrere solcher Konflikte auf: Verteidigungskriege und Kriege zur Aufrechterhaltung gewisser Ansprüche und Rechte könnten gerecht sein und ebenso Offensivkriege, wenn sie die Aufrichtung einer Universalmonarchie verhinderten.

»Damit«, so stellte schon Ricarda Huch fest, »hatte Friedrich den Eroberern so viele Lücken offengelassen, wie sie immer wünschen konnten; allein im Vergleich mit den [im Antimachiavell] vorangehenden Ergüssen über Gerechtigkeit und Humanität nahm dieses Zugeständnis an die Wirklichkeit nur einen geringen Platz ein und konnte leicht übersehen werden.« Und es wurde leicht – und gern – übersehen! Selbst von Voltaire! Für Friedrich war das ein Triumph. Der *Antimachiavell* sollte ja seine Eintrittskarte in die Welt der Philosophen und Intellektuellen sein. Und er war es!

Von Friedrichs Gesinnung beeindruckt, wandte Voltaire sich an die Welt, so am 12. Juli 1740 aus Brüssel an den Grafen d'Argental, einen guten Bekannten: »Ich weiß noch nicht, unter uns, ob er eine königliche Freigebigkeit mit seinen anderen Eigenschaften verbinden wird; dafür kann ich nicht bürgen. Philosophie, Einfachheit, unveränderliche Zärtlichkeit für die, welche er mit dem Namen Freunde beehrt, äußerste Festigkeit und reizende Sanftmut, unerschütterliche Gerechtigkeit, großer Fleiß, Liebe zu den Künsten, eigenartiges Talent: das besitzt er gewiß.« Und an den Reichsgrafen Matthias von der Schulenburg, den kunstliebenden Feldmarschall der Republik Venedig, schrieb er aus dem Haag am 15. September 1740, sinnend über historisch Große am Anfang des Jahrhunderts: »Hätte Karl der Zwölfte nach der Niederwerfung Dänemarks, nach dem Sieg über die Moskowiter, nach der Entthronung seines Feindes August und der Einsetzung eines neuen Königs in Polen mit dem Zaren Frieden geschlossen und es sich dann angelegen sein lassen, in seinem Heimatland die Künste und den Handel zur Blüte zu bringen, so wäre er in Wahrheit ein großer Mann gewesen und nicht nur ein großer Kriegsheld, der schließlich noch von einem Fürsten besiegt wurde« – von Peter dem Großen –, »den er nicht achtete.« Und er fuhr fort: »Ich ziehe diesen beiden einen anderen Fürsten vor, der Menschlichkeit als die erste der Tugenden erachtet, der sich auf Kriege nur im äußersten Notfall vorbereitet, der den Frieden liebt, weil er die Menschen liebt, der alle Künste fördert und der, mit einem Wort, als ein Weiser auf dem Thron sich zu bewähren gewillt ist. Das ists, was ich einen Helden nenne, mein Herr! Glauben Sie nicht, daß das ein erklügeltes Wesen sei. Vielleicht existiert ein solcher Held schon heute in der Person eines jungen Königs, dessen Ruhm bald auch zu Ihnen dringen wird. Sie werden ja sehen, ob er mich Lügen straft.« Zwar fiel sein Name nicht, doch war unverkennbar, wer gemeint war: der junge preußische König.

Friedrich aber strafte Voltaire Lügen, am schlimmsten, was die Vorbereitungen eines Krieges anging. Denn sobald sich die erste Gelegenheit ergab, nach dem Tod des Vaters, Ende Mai 1740, da suchte der neue König sicheren Ruhm zu erlangen, und zwar jenen, von dem er in der Jugend so viel gelesen hatte und den er auch hatte erleben können am Beispiel des Prinzen Eugen: den Ruhm des siegreichen Feldherrn. Dieser Ruhm war ihm so wichtig, daß er dafür sogar den *Antimachiavell*, seine eben erst entstandene Staatsschrift, die Eintrittskarte in die Welt des Geistes dem Vorwurf der Verschleierung, ja sogar dem der Verlogenheit aussetzte. Er selbst hat das freundlicher formuliert an Algarotti, Remusberg, den 28. Oktober 1740: »Sehr gern gebe ich zu, daß mein Macchiavel die Fehler hat, die Sie mir anzeigen; ich bin sogar sehr überzeugt, daß man eine Menge Dinge hinzufügen und weglassen könnte, wodurch das Buch um vieles gewinnen würde. Allein der Tod des Kaisers« – Karl VI. war am 20. Oktober 1740 verstorben – »ist für mich ein sehr schlechter Corrector. Diese Zeit ist verhängnisvoll für mein Buch und vielleicht ruhmvoll für meine Person.«

Aus dem alles überlagernden Antrieb heraus, seiner Sucht nach Ruhm, dem Verlangen, seinen Namen in den Geschichtsbüchern der Nachwelt zu wissen, beschritt Friedrich den Weg in den Krieg – den er in seiner Schrift eigentlich verdammt hatte. Denn im Krieg zuerst – und zumeist – ließ sich *gloire*, jener »Inbegriff des höchsten Ansehens in der europäischen Fürstengesellschaft« gewinnen.

Feldherrnruhm

Friedrich fand für die neue Wendung seines Werdens, wie fast immer in seinem Leben, eine einfache und überzeugende Formel: «L'homme est fait pour agir, non pour philosopher.« – Der Mensch ist geschaffen für Taten, nicht zum Philosophieren. Das war ehrgeizig gemeint und zugleich entschuldigend, weil er seinen vorgeblich friedlichen Weg, vom *Antimachiavell* markiert, nun verließ. Solchem Satz konnte man kaum widersprechen.

Dem Philosophen in Cirey schrieb Friedrich in Reimen, aber unmißverständlich, aus Charlottenburg, 12. Juni 1740:

> Lebt wohl, ihr Verse und ihr Melodien,
> leb wohl, Genuß, selbst Voltaire, lebe wohl!
> Die höchste Göttin ist die Pflicht fortan.
> Was hat die Pflicht für Sorgen im Gefolge!
> Wie schwer ist das Gewicht des Diadems!
> Hab' dieser Göttin ich genug getan,
> dann will sogleich ich schneller als ein Pfeil
> in Deine Arme, teurer Voltaire, fliegen
> und aus den Lehren des geliebten Freundes
> die heil'ge Pflicht des Königtums erfahren.

Zwei Wochen später teilte er ihm mit, was es war, das die »Pflicht« von ihm verlangte, nämlich fürs erste die Vermehrung der Staatsmacht um 16 Bataillone, 5 Schwadronen Husaren und eine Schwadron *Gardes du corps*. Das war wohl ein Hinweis auf seine kriegerischen Ideen und Pläne. Und fürs zweite? Um den friedliebenden Voltaire nicht zu verstimmen, setzte Friedrich hinzu, daß er den Grund zu der neuen Akademie gelegt habe, Wolff, Maupertuis und Algarotti seien schon da, von s'Gravesande, Vaucanson und Euler fehle noch Antwort. Damit war die Grundlage geschaffen, auch zivilen Ruhm zu erlangen – später. Am 26. Oktober 1740 schrieb er an Voltaire immer noch von friedfertigen Absichten. Die hätte er bestimmt gehabt! Doch der Tod des Kaisers habe all seine friedlichen

Gedanken zerstört. »Ich glaube, im Monat Juni wird es mehr auf Pulver, Soldaten und Trancheen ankommen als auf Schauspielerinnen, Balletts, Schauspiele; und so muß ich den Handel, den wir sonst geschlossen hätten, noch aussetzen.« Daß er sehnsüchtig auf die Nachricht von des Kaisers Tod gewartet hatte, daß er auch hingearbeitet hatte auf diese Situation seit Anbeginn seiner Regierung, daß endlich er Krieg führen wollte, das verschwieg er Voltaire.

Daß er es wollte, und zwar ganz allein seines Ruhmes wegen, das wissen wir vor allem aus seinen eigenen Briefen: an Francesco Algarotti, Remusberg, den 28. Oktober 1740, und Jordan, Ruppin, den 30. November, auch Milkau, den 19. Dezember 1740, als Friedrich die Maschinerie des Krieges bereits in Gang gesetzt hatte. Zitiert werden soll daraus, weil dieses Motiv gern belächelt, auch verdrängt und vergessen wird: »Eine Lumperei, wie der Tod des Kaisers verlangt keine großen Bewegungen. Alles war vorhergesehen, alles angeordnet. Es handelte sich nur darum, die Pläne, welche ich seit langer Zeit in meinem Kopf herumgetragen habe« – nämlich Schlesien zu erobern –, »auszuführen«, schrieb er an Algarotti. »Das Ganze ist von langer Hand her vorbereitet«, hieß es gegenüber Jordan, zudem: »Alles begünstigt meine Pläne; ich hoffe nach Berlin zurückzukommen, nachdem ich sie ruhmreicher und durchaus befriedigender Art ausgeführt habe. Laß die Neider und Unwissenden reden; nicht sie dienen meinen Plänen als Kompaß, sondern der Ruhm leitet mich. Ich bin mehr als jemals davon durchdrungen.« Und dann ließ er Jordan noch wissen: »Ich liebe den Krieg um des Ruhmes willen.«

Auch die Anweisung an Camas für den französischen Hof spiegelt Friedrichs Verlangen nach Ruhm: »Die Augmentation« – die Vermehrung –, »die während Ihres Aufenthalts in Versailles bei meinen Truppen vor sich gehen wird, wird Ihnen Gelegenheit geben, von meiner lebhaften und stürmischen Sinnesart zu sprechen. Sie können sagen, es sei zu fürchten, daß diese Augmentation ein Feuer entzünde, welches ganz Europa in Brand zu stecken vermöge; daß es in der Art der Jugend liegt, unternehmend zu sein, und daß die lockenden Bilder des Heldenruhms die Ruhe unzähliger Völker auf der Welt stören können und gestört haben.«

An Leopold von Anhalt-Dessau, den alten, erfahrenen Marschall der Armee, schrieb Friedrich ganz erfüllt von seiner Ambition: »Diese Expedition reserviere ich mir allein, auf daß die Welt nicht glaube, der König von Preußen marschiere mit einem Hofmeister zu Felde.«

Friedrich wollte den Krieg! Er wollte ihn, auch wenn er Ende 1740 noch verhandelte, Franz Stephan und Maria Theresia von Österreich seine Kurstimme und seine Truppen anbot für die Abtretung Schlesiens oder wenigstens eines Teils dieser Provinz. Doch die Offerte, vorgetragen von Graf Gotter am Wiener Hof, war nicht aufrichtig gemeint. Sie hätte, dort akzeptiert, Friedrich nicht jene *gloire* gebracht, die er sich von einem kriegerischen Triumph versprach. Man hätte das seinem *Antimachiavell* entnehmen können: »Mit einem Wort: Krieg führen, Schlachten schlagen, Festungen berennen oder verteidigen ist einzig und allein Sache großer Fürsten ... Welch ein Ruhm für einen Fürsten, der mit Gewandtheit, mit Klugheit und tapferem Herzen seine Staaten vor dem Einbruch der Feinde deckt, durch Kühnheit und Geschicklichkeit über alle machtvollen Anschläge der Gegner triumphiert und durch seine Festigkeit, Besonnenheit und durch seine kriegerische Überlegenheit sein gutes Recht glücklich behauptet, das ihm ungerechte Anmaßung bestreiten will.« Nichts anderes sagen die Worte, die er an die Offiziere seiner in den Krieg ausrückenden Berliner Regimenter richtete, während Gotter noch in Wien verhandelte: »Meine Herren, ich unternehme einen Krieg, für welchen ich keinen anderen Bundesgenossen habe als Ihre Tapferkeit und keine andere Hilfsquelle als mein Glück. Erinnern Sie sich stetig des unsterblichen Ruhms, den Ihre Vorfahren auf den Gefilden von Warschau und Fehrbellin erworben haben, und verleugnen Sie nie den Ruf der brandenburgischen Truppen. Leben Sie wohl, brechen Sie auf zum Rendezvous des Ruhms, wohin ich Ihnen ungesäumt folgen werde.«

Vielleicht ist hier nun ein Wort zu Friedrichs Recht notwendig. Er habe ein solches gehabt auf Schlesien, habe einen berechtigten Anspruch besessen, den er sich habe sichern wollen – auch müssen, so Friedrichs Verehrer im 19. und 20. Jahrhundert: »... der junge König machte seine altererbten, von Österreich bisher stets vereitelten Ansprüche auf Schlesien geltend.« Noch heute kann man das hören: Die habsburgischen Kaiser hätten gegenüber »dem Nordstaat Brandenburg-Preußen in Sachen der Erbfolge Jülichs und von Teilen Schlesiens rücksichtslose Politik« betrieben. Friedrichs Vorgehen sei deshalb gerechtfertigt gewesen; auch hätten Schlesiens Protestanten ihn »wie einen Befreier begrüßt«. Wahr ist all das nicht. Er selbst hat solche Begründung auch nicht ernsthaft vertreten; sie war ihm juristisches Spiel, Spiegelfechterei, um die sich sein auswärtiges Department kümmern sollte: »Die Rechtsfrage ist Sache der Minister …; es ist Zeit, im Geheimen daran zu arbeiten«, schrieb er an Podewils. »Weil ich … ersehe, daß Ihr nützliche Nachrichten von denen Prätensionen Meines Königlichen Hauses auf die vier benannten Fürstentümer« – Liegnitz, Brieg, Wohlau und Jägerndorf in Schlesien – »gesammelt habet, so sollet Ihr davon einen kurzen und deutlichen Auszug und Entwurf zu Papier bringen und Mir einsenden«, hieß es in einem Brief an Johann Peter Ludewig, den Kanzler der Universität Halle. Solche für sein Vorgehen nützliche Argumente suchte Friedrich erst, als alle Befehle bereits gegeben waren. Unwahr ist aber auch, daß es sich bei der Besetzung Schlesiens um eines der »sensationellen Verbrechen der Geschichte der Neuzeit« handelte. George Peabody Gooch, der britische Biograph des Königs, hat solches 1947 unter dem Eindruck des Zweiten Weltkriegs und seiner Vorgeschichte geschrieben. Doch das 18. Jahrhundert war eine andere Zeit, mit einem anderen Gesellschaftssystem. Ein König konnte so handeln, wie Friedrich es tat, rechtlos, rücksichtslos – und dies aus ganz persönlichem Grund, etwa seines Ruhms als Feldherr wegen, ja ganz allein deswegen. Und wenn er so handelte, war dies kein Verbrechen. Ludwig XIV. von Frankreich hatte das gezeigt. Daß es eins sei, entspricht einer jüngeren Moral. Eine »preußische Staatsraison«, wie wegen dieses angeblich großen, hehren Zieles ebenfalls entschuldigend gern behauptet wird, spielte bei dem Entschluß des Königs zum Krieg keine Rolle.

Appelle, Frieden zu halten, Einwände auch gegen die Furie des Krieges, die er im *Antimachiavell* soeben selbst noch verurteilt hatte, vorgetragen von Voltaire oder Jordan, wischte er einfach weg: Der

Krieg zerstöre die Künste und Wissenschaften nur dann, wenn er von Barbaren geführt werde, rechtfertigte der König sein Vorgehen in dem sicheren Selbstverständnis, selbst kein Barbar zu sein. An seinem Außenminister von Podewils richtete er die Frage, Rheinsberg, 1. November 1740: »Wenn man im Vorteil ist, soll man ihn benutzen oder nicht?« Es war eine rein rhetorische Frage, denn er fuhr fort: »Ich bin mit meinen Truppen und allem bereit; wenn ich mich des Vorteils nicht bediene, dann halte ich ein Gut in den Händen, dessen Gebrauch ich nicht kenne; wenn ich den Vorteil benutze, so wird man sagen, daß ich die Geschicklichkeit besitze, mich der Überlegenheit zu bedienen, die ich meinem Nachbarn gegenüber habe.« Daß er Geschicklichkeit besitze, sollte man sagen!

Wiederum an Podewils, Rheinsberg, 15. November 1740, wird er konket: »Ich denke meinen Schlag am achten Dezember auszuführen und damit das kühnste, schnellste und größte Unternehmen zu beginnen, dessen sich ein Fürst meines Hauses jemals unterfangen hat.« Dies ist auch eine Anspielung auf das Scheitern seines Vaters, Jülich und Berg in preußischen Besitz zu bringen; Friedrich, »empfindlich für den Ruhm«, hatte dessentwegen sehr gelitten. Zugleich war dies eine Abgrenzung zu seinem Großvater, der Preußen zum Königreich erhoben hatte, was Friedrich ihm neidete. Sein Haus dürfe erst »die Eroberung Schlesiens als die Epoche seiner Erhöhung betrachten«, schrieb er im Vorwort zu den Denkwürdigkeiten des Hauses Brandenburg von 1746. In solchem Sinn schrieb er, ebenfalls an Podewils, am 16. Dezember aus Schweidnitz in Schlesien: »Ich habe mit entfalteten Fahnen und klingendem Spiele den Rubicon überschritten« – habe gehandelt wie Cäsar, sollte das heißen –, »meine Truppen sind voll guten Willens, die Offiziere voll Ehrgeiz, und unsere Generale begierig nach Ruhm ... Ich habe Grund, alles mögliche Gute von diesem Unternehmen zu erhoffen ... Entweder will ich untergehen oder Ehre von diesem Unternehmen haben ... Ich werde nicht in Berlin erscheinen, ohne mich des Blutes würdig zu zeigen, aus dem ich entsprossen bin.« Das waren angelesene Worte antiker Autoren, und überschwengliche außerdem, das kann man zweifelsfrei sagen. Sicherlich waren es auch gut gewählte, absichtsvolle Worte, die ihn in den Rang Cäsars und anderer Heroen heben sollten, bestimmt nicht nur für Podewils, sondern auch für das Publikum, das wird man gewiß sagen dürfen.

Denn daß die Öffentlichkeit wußte, was er tat, auch wie sie von ihm dachte, von ihm sprach, war Friedrich von Anfang an wichtig. »Erzähle mir viel Torheiten«, hatte er schon vor Beginn seines Feldzugs, am 30. November 1740, an Jordan geschrieben, »gib an, was man spricht, was man denkt und was man tut. Berlin sagt man, sieht aus wie die Bellona in gesegneten Umständen« – was ihn offensichtlich erfreute –, »ich hoffe, daß es mit etwas Gutem niederkommen wird und ich das Vertrauen des Publikums durch einige kühne und glückliche Unternehmungen gewinnen werde. Kurz, ich befinde mich in einer sehr guten Lage, und die Zeitumstände können eine feste Grundlage für meinen Ruhm liefern.« Weiter bat er ihn, am 19. Dezember, nach seinem Einmarsch in Schlesien: »Lieber Jordan – Schreibe mir alles Schlechte, was das Publikum Dir über Deinen Freund sagt«, in der Hoffnung natürlich, nur Gutes zu hören, solche Dinge, die von des Königs Mut, Geschick und Erfolg erzählten, was zunächst aber nicht der Fall war. Schließlich, nach seiner zweiten Schlacht, der Schlacht bei Chotusitz: »Erzählen Sie mir, was man von dieser Bataille sagt, ob sie großes Aufsehen in der Welt erregt, ob die Bevölkerung sich für sie interessiert, ob man glaubt, daß das Heer imstande ist, die Feinde zu besiegen, ob man meint, daß ich etwas von Kriegführung verstehe, in einem Wort, berichten Sie alles, was sich auf diesen Gegenstand bezieht.« Nach der ersten Schlacht hatte er dagegen nichts wissen wollen. Sie hatte am 10. April 1741 bei Mollwitz stattgefunden und war wenig rühmlich für Friedrich verlaufen, da er vom Schlachtfeld geflohen war.

Jordans erste Antwort, 31. Dezember 1740, enthielt keinesfalls das, was Friedrich gerne hören wollte: »Berlin ist voll von der Einnahme Glogaus. Die Zeitungen sprechen davon, und die näheren Umstände sind so genau bekannt, daß behauptet wird, die Belagerung habe vier Stunden gedauert, eine jede Stunde habe hundert Mann das Leben gekostet.« Dies mochte, obwohl unwahr, noch hingehen, doch: »Mein Barbier kam eiligst an, um mir diese Nachricht mitzuteilen, bei dem Wort *Glogau* besann er sich und kündigte mir mit der leidenschaftlichsten Freude an, der König von Preußen habe den Groß-Mogul gefangengenommen.« Das war ernüchternd, war mehr komisch denn heroisch. Als die Festung dann wirklich fiel, im März 1741, gab Friedrich die Lesart des Ereignisses lieber selbst vor: »Jetzt ist Glogau im ersten Anlauf genommen worden. 28 Offiziere, 2 Generale und 1004 Mann wurden zu Kriegsgefangenen gemacht; wir haben auf unserer Seite nur einen Leutnant und 20 bis 30 Mann verloren. Das ist eine Tat, die einzigartig in der Geschichte dasteht.« Dies hörte sich ungleich heroischer an. Es war der Tenor, den Friedrich zu lesen wünschte. Und noch etwas: »Wer hätte gedacht, daß die Vorsehung einen Dichter auserwählte, um das System Europas umzustoßen und alle Berechnungen seiner Könige vollständig zunichte zu machen!« Das offenbarte Einzigartiges, niemals zuvor Dagewesenes – Persönliches. Darum schließlich: »Ich melde ..., daß Schlesien so gut als erobert ist.«

Friedrich hatte die Bedeutung von Öffentlichkeitsarbeit sehr früh erfaßt. Diese moderne Bezeichnung trifft sehr genau des Königs Umgang mit den Möglichkeiten, Meinung zu machen und diese auch zu beeinflussen. Ende 1736, Anfang 1737 spätestens hatte er über das Wie nachgedacht, vor allem darüber, wie Unliebsames zu unterbinden sei. Anlaß gegeben hatte ihm ein Pasquill, eine Schmähschrift, die seinen Vater verspottete, mithin auch die Dynastie und damit ihn selbst. Friedrich Wilhelm I. hatte diese Verunglimpfung einfach hingenommen, ohne den Verfasser, der nicht unbekannt war, verfolgen zu lassen. Der Sohn zeigte dafür keinerlei Verständnis, wie einem Brief vom 16. März 1737 an den Minister Grumbkow zu entnehmen ist. »Ich gestehe Ihnen«, schrieb Friedrich darin, »dass ich den Gleichmuth des Königs nicht genug zu bewundern weiß, der es sich geduldig gefallen läßt, daß man anderwärts ganz offen verläumderische Libelle druckt, welche seine Person angreifen und ihn bei denen, die ihn nicht kennen, in Verruf bringen. Ich gestehe, daß mir das Blut zu Kopfe gestiegen ist und daß ich es sehr wohl verstanden haben würde, die Unverschämtheiten des Poeten und die Infamie seines Auftraggebers zur Rechenschaft zu ziehen.« So hat er dann auch als König sofort gehandelt. Einen seiner Gesandten im Haag wies er am 4. Dezember 1741 an, »Acht zu geben, damit nichts in denen holländischen Zeitungen gesetzet werde, welches mir oder meiner Sache präjudicierlich sei oder mich bei dem Publico odieus« – verhaßt –»machen könne«. Sollte dies dennoch geschehen, drohte Friedrich über seine Vertreter vor Ort den Verlegern, daß sie dies »bis ans Ende ihrer Tage bereuen« würden. »Die Acten ergeben für zahlreiche Fälle, daß die Reclamationen oder selbständigen Maßregeln der Gesandtschaften gegen die Ausschreitungen der Presse des Auslands auf unmittelbare Weisungen aus dem Cabinet des Königs erfolgten.«

Allein, Unliebsames zu unterbinden, reichte nicht aus. Um des erwünschten Erfolges willen gab Friedrich deshalb die Sprachregelungen vor, schrieb solche an seine »Multiplikatoren«, an seine vertrauten Fürsprecher Voltaire, Jordan und Algarotti, an den Marquis d'Argens sowie an seine Schwester Wilhelmine – außerdem an seine untergebenen Minister und Gesandten, Podewils an erster Stelle. Ihnen teilte er »die Wahrheit« mit, wie er im Vorwort der *Denkwürdigkeiten* behauptete. Daß diese in Wirklichkeit seine subjektive Sicht der Dinge war, mochte man lange Zeit nicht zugeben. Man muß dies aber tun, denn Friedrich schrieb ja nicht objektiv, eben nicht nach Tacitus *sine ira et studio*, ohne Zorn und Eifer. In seiner Lage, bei dem Ziel, das er erreichen wollte, durfte und konnte er dies auch nicht tun. Er mußte seine Sicht der Dinge sogar nachdrücklich vortragen, denn das Publikum war, wie wir gehört haben, wenig verständig. Doch es war lenkbar, und es wollte gelenkt werden, das hatte der König bald feststellen können. So hieß es dann selbstbewußt an Algarotti, Selowitz, 20. März 1742: »Wir erwarten binnen kurzem eine Schlacht, welche die Interessen das gesamten getheilten Europa's zum Gegenstande hat. Der Sieg wird über das Schicksal des Kaisers, über das Glück des Hauses Oestreich, über die Vertheilung unter den Verbündeten und über den Vorrang zwischen Frankreich und den Seemächten entscheiden. Der Einfluß desselben« – des Sieges – »wird von den Eisschollen Finnlands bis zu den milden Sommerküsten Neapels gespürt werden.

An diesem, für die Weltgeschichte
Unsterblich-nievergeßnen Tag
Erfahrt ihr bald aus dem Schlachtberichte,
Was Mut und Liebe für den Ruhm vermag,
Wenn gegen Selbstsucht, mürben Hochmuth, Zwang,
Wut und Verzweiflung unser Schwert erklang.

Selbst zu schreiben, dadurch eine – seine – Sichtweise vorzugeben,
war weitsichtig und klug, eine von Friedrichs folgenreichsten Ideen
und Leistungen überhaupt.

Um sich und seine Sache bekannt zu machen, verfaßte der König
die Berichte von seinen Bewegungen und Schlachten also eigenhän-
dig und ließ sie in ganz Europa verbreiten. Der erste, dem viele weitere
folgten, ging an Podewils aus Breslau, 5. Januar 1741. Er ist die unmittelbare Reaktion auf Jordans Brief von dem »Großmogul«. Der Text
enthält alle Bewegungen des Königs (nicht die der Armee!) vom
13. Dezember 1740 bis zum 4. Januar 1741. Die reichten von »Der
König verließ Berlin und hat in Frankfurt geschlafen« bis »Diesen
Abend hat der König einen großen Ball für die Damen der Stadt gegeben.« Gedruckt wurde der Bericht am 14. Januar 1741 auf französisch im *Journal de Berlin*, deutsch in der *Haudeschen* und in der
Rüdigerschen Zeitung. In holländischen und französischen Gazetten
sollte er nach des Königs Willen ebenfalls erscheinen; ob er es tat, ist
unklar. Auch alle folgenden Berichte waren derart gehalten, zugeschnitten ganz auf den König. Zwanzig dieser rund dreißig Schreiben, stellte Johann Gustav Droysen fest, stammten aus Friedrichs
Feder, die übrigen waren von ihm korrigiert und autorisiert. Aus den
Korrespondenzen des Ministeriums mit den preußischen Gesandtschaften konnte Droysen auch ersehen, daß diesen »über die Vorgänge im Felde von Zeit zu Zeit Mittheilung gemacht worden ist; so
viel sich hat feststellen lassen, sind die ihnen zugesandten Berichte
keine anderen, als die dann in den Zeitungen und Einzeldrucken
veröffentlichten«. An Jordan schrieb Friedrich aus dem Lager von
Kuttenberg, 5. Juni 1742, stolz über die Schlacht bei Chotusitz: »Sie
werden jetzt sicher über die glücklichen Folgen unseres Sieges unter-

richtet sein. Der gedruckte Berliner Bericht, der ohne Zweifel zur Zeit alle Kaffeehäuser Europas durchläuft, stammt aus meiner Feder. Ich habe die ganze Handlung genau und wahrheitsgetreu dargestellt.« Auch Algarotti hat er dies mitgeteilt: »Der Bericht, welchen Sie darüber lesen werden, ist aus meiner Feder geflossen, genau und der strengsten Wahrheit gemäß«, und ihn feinsinnig, aber bestimmt aufgefordert, die Meldung glanzvoll zu verbreiten: »Melodischer Schwan, Sie wissen jedem Stoff, der durch Ihre Hände geht, ein solches Relief zu geben, daß ich mich nicht wundere, daß der Schlacht von Chotusitz diese Gunst ebenfalls zu Theil wird.«

Den Sieg bei Mollwitz, 10. April 1741, seinen ersten, hatte Friedrich ebenfalls beschrieben und den Text, Ohlau, 12. April 1741, nach Berlin an Podewils gesandt: »… sollet Ihr von diesem glücklichen Evenement Meinen an den auswärtigen Höfen subsistirenden Ministris Part geben, und werde ich Euch von dem ganzen Detail informiren.« Die Darstellung der Schlacht im »Lettre d'un officier prussien« (Schreiben eines preußischen Offiziers), datiert ebenfalls 12. April, ist denkwürdig vor allem, weil man nicht merkt, daß der König den Kampf gar nicht gelenkt hat, er am Ende nicht einmal mehr auf dem Schlachtfeld war. Er hatte es auf Anraten und aus Furcht vor Gefangennahme verlassen. Doch deutet er ehrlich an in seinem Schreiben, daß ein anderer den Sieg erzwungen hatte: »Dies wäre nicht so entschieden worden, wenn nicht der Feldmarschall Graf v. Schwerin an der Spitze unserer Infanterie die Österreicher völlig geschlagen hätte, die dann die Flucht ergriffen. Man hat sie durch zwei Dörfer hindurch vom Schlachtfeld getrieben.« Es war dies ein Zugeständnis an die preußischen Offiziere, die am Kampf teilgenommen hatten und um die Wirklichkeit wußten. Es war notwendig auch, um sich das Vertrauen der Armee zu erhalten.

In den Briefen an die Vertrauten aber spiegelt sich Friedrichs Flucht, allerdings nicht in Worten, sondern dadurch, daß diese fehlen: Angaben zum Verlauf der Schlacht und zu Friedrichs Rolle darin kommen nicht vor. »Obwohl man ihm Mangel an persönlichem Mut nicht zum Vorwurf machen kann, ist es bemerkenswert, daß er selbst diese wenig ehrenvolle Episode nie erwähnte«, bemerkte sein

Biograph Gooch. Jordan erzählte er nichts, nichts Algarotti; Wilhelmine schrieb er nur Allgemeines, Ohlau, 12. April 1741: »Zu meiner Genugtuung kann ich Dir melden, daß wir die österreichischen Truppen [vor]gestern völlig geschlagen haben. Ihr Verlust beträgt über 5000 Mann an Toten, Verwundeten und Gefangenen ... Unsere Truppen haben Wunder vollbracht; der Erfolg beweist es. Es war eine der heftigsten Schlachten seit Menschengedenken.« Standardisierte Sätze dies alles, zu lesen auch in jeder anderen Schlachtenchronik. Für Voltaire formulierte er vier Tage später noch vorsichtiger: »Man glaubt die Österreicher geschlagen, und ich glaube, das stimmt.« Daß er sich im Ungefähren hielt, ist verständlich; er mußte dies tun, seines Rufes wegen. Sein Rückzug vom Schlachtfeld, selbst wenn man ihm dazu geraten hatte, hatte ja offenbart: Er war nicht das Haupt der kriegerischen Handlung gewesen. Diese Wahrheit wollte er durch Unwahrheiten in seinen Äußerungen nicht herausfordern, lieber schwieg er. Auf diese Weise aus der Überlieferung verbannt, fiel sein Fehlen am Ende nicht auf.

Mollwitz begründete Friedrichs Feldherrnruhm. Dieser Sieg hätte das – als einziger Triumph – vielleicht nicht getan, doch es folgten ja noch weitere Siege, Chotusitz im ersten Krieg, Hohenfriedberg, Soor, Kesselsdorf im zweiten. Es waren überraschende, unverhoffte Erfolge vor den Augen Europas, denn über Preußens Monarchen und ihre Armee hatte man oft nur gelacht in der Zeit zuvor. Viele Jahre hatte man gelacht über Friedrich Wilhelm I. und dann auch gelächelt über Friedrich, den dichtenden Dynasten. »Das ist ein Narr, der Mensch ist verrückt«, hatte Ludwig XV. zu Beginn von Friedrichs Feldzug gerufen. Nun aber, nach den Triumphen der von Friedrich geführten Armee, lachte man nicht mehr; nun bewunderte man das preußische Heer – und den König an seiner Spitze.

Über Friedrichs Flucht von Mollwitz wurde nicht geredet, auch nicht über den gescheiterten Feldzug in Mähren 1741/42 und den katastrophalen 1744 in Böhmen. Zu diesen Abenteuern hat sich der König erfolgreich in Schweigen gehüllt. Die mährische Kampagne ist kaum einem Experten bekannt, die böhmische nur sehr wenigen. Sie ist es allein, weil Friedrich sie später als Lehrstück anführte, in der

Geschichte meiner Zeit, in dritter Person: »Wie der König selbst zugestehen mußte, hat er diesen Feldzug als seine Schule des Krieges und Traun« – den General der Gegner – »als seinen Lehrmeister angesehen.« So zu schreiben, war klug überlegt, denn es bewahrte ihn bis heute vor einer genauen Untersuchung seiner Handlung, die in jenem Fall wenig heroisch war. Auch wegen solcher Vertuschung hat er sein Ziel erreicht. 1745 kehrte Friedrich, zweimal zwar besiegt, auf dem Schlachtfeld aber ungeschlagen, als ruhmreicher Feldherr zurück aus dem Krieg. Ganz, wie er erhofft und gewollt und worauf er mit allen Mitteln und ganzer Kraft hingewirkt hatte.

Der »Große«

𝕯amit die Welt seine Taten auch bemerke und er in ihre Geschichte einginge, ließ der König sich »Friedrich der Große« nennen. Die Behauptung mag manchen Leser erstaunen, denn spätestens seit Theodor Schieders Ausführungen zur historischen Größe, seit 1983 also, ist man daran gewöhnt, daß der Beiname »der Große« von »keiner anderen nachweisbaren Instanz als der anonymen Macht der Geschichte« verliehen wird. Doch die Behauptung läßt sich beweisen. »Vivat Fridericus Magnus« schallte es 1745 durch die Straßen Berlins. Daß Friedrich selbst an dieser ersten öffentlichen Proklamation zum Magnus seine Hand im Spiel hatte, ist – anders als gern kolportiert – höchst wahrscheinlich, wenn nicht unzweifelhaft. Dies läßt sich zwar nicht durch Befehle an seine Vertrauten vor Ort belegen, denn diesbezüglich ist nichts Schriftliches aus den Archiven ans Licht gekommen. Wir besitzen aber gute Indizien, die es offenbaren und vermeintlich Tatsächliches in Frage stellen. Allein der Ablauf von Friedrichs Einzug in die Hauptstadt spricht dafür. Denn der Einzug von 1745 war ebenso wohlgeordnet, und das bedeutet: angeordnet, wie die Ankunft von 1742, nach dem ersten Schlesischen Krieg, von welcher wir genau wissen: Er war von Friedrich und seinen Ministern geplant. Wie damals war den Bürgern auch jetzt bekannt, wann Friedrich sich wo aufhalten würde, denn der König folgte einem Zeitplan, näherte sich auf einem vorbestimmten Weg. Es ist unmöglich, daß die Berliner beides, Zeitplan wie Weg, hätten erraten können. Spontan war also nichts. Die viel besprochenen, wohl wenig gelesenen Berichte von des Königs Ankunft erweisen dies:»… versamleten sich Vormittags um 11 Uhr die Bürgerschaften hiesiger Städte« – Berlin und Cölln –»vor den Wohnungen ihrer Capitains, und marschirten sodann von da mit fliegenden Fahnen und unter dem Klange eines völligen militärischen Spiels auf die ihnen angewiesene Posten.« Weiter heißt es darin:»… formirten von dem Königl. Schlosse ab bis an das äußerste Cottbusser-Thor eine doppelte Reihe, eine fast halbe Meile lang.« Auch:»Die vereinigten Deutschen und Frantzösichen Cadets hatten zur Bezeugung ihrer allerunterthänigsten Freude eine eigene wohl eingerichtete Compagnie zu Fuß formiret.« Dies wäre ohne ausdrücklichen Befehl von Vorgesetzten, ohne»allerhöchste«, also königliche Genehmigung unmöglich gewesen. Schließlich: Vor der Cöllnischen Schule hatten sich»auf Anordnung des Herrn Probsten, Süßmilchs, sowohl alle Prediger der Petri Kirche, als auch die Schul-Herrn und studirte Jugend des Cöllnischen Gymnasiums, alda versammlet«, und»mussten die Chor-Schüler, indem sich Se. Königl. Majestät näherten«, dreimal die Worte»Vivat, Vivat Fridericus Rex, Victor Augustus, Magnus, Felix Pater Patriae!« anstimmen, so die *Beschreibung des Triumphirenden Einzuges.* Nach der *Beschreibung … bey Ankunft aus Dresden* mußten sie dagegen rufen:»Vivat Vivat Vivat Fridericus – Rex Pius Augustus Pater Patriae!« Das ist ein auffälliger Unterschied. Einmal wird Friedrich zum Großen, einmal wird er es nicht. Sieht man sich diese Schriften genauer an, stellt man fest, ein»Magnus« wird Friedrich bei»A. Haude und Johann Carl Spener. Königl. und der Akademie der Wissenschaften privilegirten Buchhändlern«, bei dem Verlag also, den der König oder sein Ministerium anweisen konnte – und der offensichtlich angewiesen wurde. Denn Haude wurde schon am 31. Dezember 1740 befohlen:»… von Seiner Königl. Mt. Höchsten affairen und angelegenheiten von nun an seinen Gazetten weiter nicht das Geringste, es habe Nahmen, wie es immer wolle, einfließen zu lassen, wenn er vorher nicht dazu Erlaubnis erhalten.«In dem ohne Angabe von Verlag und Ort publizierten Druck erscheint Friedrich dagegen nur als frommer Vater des Vaterlandes; in diesem wird von den weniger Gebildeten lediglich »ein frohes Es-lebe-der-König« gerufen. Was uns zu der Frage verleiten könnte, ob der König bei seinem Einzug in Berlin tatsächlich als »Großer« angesprochen wurde oder ob dies einzig auf einen bestellten Bericht in der Zeitung zurückgeht. Von dem »Vivat Friedrich der Große« der »jungen Kaufleute zu Pferde« und einer Illumination *Vivat Fridericus Magnus!*»beinahe an allen Häusern« weiß der anonyme Druck nämlich nichts zu erzählen. Auch beim Breslauer »*Lob- und Danck-Tag*« für den am »25. December verstrichenen 1745. Jahres« geschlossenen Frieden war nur sehr allgemein und im Vergleich zu Albrecht Achilles von einem »großen König« und »glorreichen Monarchen« die Rede, von einem »Helden«, »Herren« oder dem »Perseus von Preußen«, nicht aber, wie in der Haudeschen Schrift, von »Friedrich dem Großen«. Indizien dies alles nur dafür, daß Friedrich seine Größe selbst fabriziert hat, doch zweifellos recht überzeugende Hinweise.

Wie dem auch sei, spätestens seit 1745, seit seinen Erfolgen als Feldherr, war Friedrich berühmt, wenn es auch noch dauerte, bis »der Große« als Beiname sich durchsetzte. Das war, wie man aus den Drucken der Zeit weiß, um 1755 der Fall; gang und gäbe wurde der Beiname erst während des Siebenjährigen Krieges. Dies dank Friedrichs Öffentlichkeitsarbeit, dank seines Sinns für *public relation*, wie man modern sagen würde, denn einen solchen hatte er wie vor und nach ihm wohl kaum einer. Solcher Sinn macht zuvörderst seine Größe aus. »Man muß diesen Salomo in seiner Glorie gesehen haben«, hieß es nun – Voltaire sei Dank – in Europa, diesen »Mann voller Geist, Anmut und Phantasie …, der das Band der Gesellschaft ist und kein anderes Unglück hat als ein großer und mächtiger König zu sein«, so der große Franzose an d'Argental. »… vielleicht ist es angenehmer, in Potsdam nach Friedrichs Fasson zu sterben als in Paris nach dem Ritus, der für die frommen Kirchenbesucher vorgesehen ist«, schrieb er an Madame Denis und an den Herzog von Richelieu schlicht: ein »großer König«.

Der Siebenjährige Krieg

*D*ie Zeit des Siebenjährigen Krieges ist keine zur Erlangung feldherrlichen Lorbeers mehr gewesen. Sie ist eine Episode in Friedrichs Leben, die davon handelt, sich die erworbene Reputation im Feld zu bewahren oder – dies aber nur nach außen hin, nur zu zwei, drei Gelegenheiten, und wohl nicht wirklich ernsthaft – glorreich unterzugehen, etwa nach den Niederlagen bei Kolin 1757 und Kunersdorf 1759. Denn als der König den Krieg in Europa begann, hatte er bereits die höchsten Höhen des militärischen Ruhms erklommen: Aus allen Schlachten, die er geschlagen hatte, war er siegreich hervorgegangen; dafür wurde er verehrt, so wie er es immer gewollt hatte. Mehr zu erreichen war ihm im Grunde unmöglich, es sei denn, er gewönne weiter. Seine Entscheidung für den neuerlichen Waffengang verdammte ihn also dazu. Daß er aber auch fernerhin immer siegen würde, war, das wußte er, wenig wahrscheinlich.

Er mußte, dies war die Crux seines Strebens und das Schwert, welches über ihm schwebte, zumindest den alten Erfolg wieder erreichen, um sich den Ruhm zu erhalten, und suchte deshalb sehr rasch neuen. Überdies hegte er wohl die Hoffnung, den Krieg durch seine aggressive Taktik alsbald beenden zu können. Damit hatte er nach wenigen Wochen Erfolg: Er zwang Sachsens Armee zu kapitulieren, bei Pirna 1756, kaum daß der Kampf begonnen hatte; auch eine österreichische Armee schlug er schnell aus dem Feld, am 1. Oktober des Jahres bei Lobositz, und tat es wieder am 6. Mai 1757 bei Prag. Doch dieses Mal gab es weder Waffenstillstand noch Friedensschluß wie nach seinen Siegen in den Jahren 1742 und 1745; dieses Mal wollte Wien nicht einlenken.

Friedrich versuchte deshalb, die österreichischen Heere in Böhmen »von den Enden der Provinz nach der Mitte« hin zusammenzutreiben, um durch eine einzige Schlacht »das Schicksal des ganzen Krieges [zu] entscheiden«, wie er später, sein Vorgehen verteidigend, schrieb. Doch dieses Vorhaben mißlang gründlich. Bei Kolin unterlag er dem Feldmarschall Daun, dem General der Gegner, und büßte den Ruf der Unbesiegbarkeit ein. Es war der 18. Juni 1757.

Die schwere Niederlage war der erste Rückschlag für den Feld-
herrn-König – und ein großer dazu. Er traf ihn hart und völlig un-
vorbereitet, trotz der Gedanken, die er sich in der Jugendzeit über
das Schicksal des Prinzen Eugen gemacht hatte. Wir können das an
Friedrichs Verhalten nach der Schlacht erkennen. Es offenbart uns
einen Heerführer, der mit solchen Situationen nur schlecht um-
zugehen wußte: Friedrich floh von und wohl auch vor seiner geschlagenen Armee. Er kehrte allein zurück in sein Hauptquartier
bei Prag, als ob er hoffte, durch die Trennung von den besiegten
Truppen seine Niederlage hinter sich zu lassen. »Er war«, so über-
liefern die Quellen, »sehr niedergeschlagen« nach der Schlacht und
»gegen früher nicht wieder zu erkennen. Der Mensch trat immer
mehr hervor und der Held verschwand.« Victor Amadäus Henckel
von Donnersmarck, der in Friedrichs Stab dabei gewesen war, hat
diese Äußerung getan und damit bekräftigt, daß Friedrich zu Recht
fürchtete, durch die Niederlage im Feld auch an Ansehen zu verlieren.

Unser Gewährsmann ist von Historikern, die dem König äußerst
gewogen waren und Kritik an diesem nur schwer ertragen konnten,
oft angegriffen worden: Er habe »im Lager des Prinzen Heinrich«
gestanden, der seinen Bruder häufig und stark kritisierte. Das macht
Henckel aber nicht unglaubwürdig, vor allem wenn man bedenkt,
daß er als Adjutant des Prinzen Heinrich 1757 auch in Friedrichs
Nähe war. Die Einträge in sein Tagebuch hat er jedenfalls unmittelbar in der jeweiligen Situation verfaßt. Sie tragen, so Karl Zabeler,
der Herausgeber des Henckelschen Nachlasses, »die frische Farbe
des Augenblicks«. Ein Grund, warum Henckel den König hätte
herabsetzen sollen, ist auch nicht ersichtlich. Er beschrieb, was er
sah, was die Armee empfand. Man darf diesen Beobachtungen deshalb trauen.

Nur allzu menschlich waren Friedrichs nächste Reaktionen in
seiner Sorge, an Ruhm zu verlieren. Ganz naheliegend und unver-
stellt seine erste Reaktion, verständlich wohl jedem, weil man ja
selbst so handeln würde: Friedrich wollte nicht wahrhaben, daß man
ihn besiegt hatte, wollte es etwa zwei Wochen lang nicht. In einem

Brief an Wilhelmine, Lager bei Nimburg, 21. Juni 1757, schrieb er von einem »Zwischenfall«, von einem »Mißgeschick« nur, das ihn ereilt habe. »Ich war gerade auf dem Marsch, um Daun anzugreifen; das ist am 18. geschehen. Trotz aller unserer Anstrengungen fanden wir ein so schwieriges Gelände, daß ich, um das Heer nicht zu verlieren, dies Unternehmen aufgeben mußte. Das hat mich gezwungen, die Belagerung von Prag aufzuheben ... Ich bin jetzt nur damit beschäftigt, diesem Mißgeschick abzuhelfen.« Von einer Niederlage im Kampf kein Wort, kein Hinweis darauf, daß eine Schlacht stattgefunden hatte! »Unsere Lage ist nicht verzweifelt, aber verwirrt. In drei Wochen kann ich wieder flott sein.« Auch in einem anderen Schreiben an seine Bayreuther Schwester, Leitmeritz, 1. Juli 1757, versuchte er, die Niederlage zu verdrängen: »Der 18. Juni war ein Unglückstag für uns, weniger durch das Ereignis selbst als durch seine Folgen.« Dann stellte er das Ergebnis sogar auf den Kopf: »Das österreichische Heer ist sehr zerrüttet. Es steht bei Prag, wo es sich nur mit Mühe wieder neu ordnen wird.« Es war der Versuch, durch die öffentliche Verneinung des Geschehenen sich beim Publikum den guten Ruf zu erhalten. Wilhelmine war ihm dazu das Medium, denn daß die Schwester seine Worte weitertragen würde, dessen war er sich sicher. Sie hatte dies bislang immer getan: »Nur Du, liebster Bruder, bist von Fehlern frei.« Aber seinem Ziel kam er auf diese Weise nur wenig näher.

Daß solches Verdrängen letztlich sinnlos war, sah Friedrich bald ein und versuchte nun auf andere Weise seine Reputation zu retten. Auch die kindlich-trotzige Reaktion auf Kolin, die zunächst folgte, ist leicht nachzuvollziehen: Friedrich dachte an Durchhalten, an ein Weiter-so-wie-bisher, auch dies ein Versuch, die Wirklichkeit zu leugnen. Er wollte sein Heer nicht aus Böhmen zurückziehen. Wir wissen von diesen Gedanken ebenfalls durch Henckel von Donnersmarck. Unter dem 15. Juli notierte Heinrichs Adjutant in sein Tagebuch: »Unser Aufenthalt allhier beruhete nur auf einer Grille und einem falschen Point d'Honneur« – des Königs –, »nur um sagen zu können, man habe nach einer verlorenen Schlacht das feindliche Land behauptet und eben so viel Fassung wie Türenne« – der berühmteste General des 17. Jahrhunderts – »gezeigt.« In Böhmen zu bleiben, das macht dieser Eintrag deutlich, hielt man im Heer für falsch, ja für unmöglich, eine Einschätzung, die sich schnell als richtig erwies.

Friedrich wollte sich dennoch dort halten. Es ist dieser Versuch des Königs keine schöne Etappe in seinem Streben nach Ruhm. Denn seine Handlung erweist: Sein Ruhm war ihm lieber als der eigene Bruder! Friedrich lastete nämlich die Schuld an seiner Niederlage nun seinem nächstjüngeren Bruder August Wilhelm an. Der Prinz in Preußen, so der Titel des Thronfolgers, habe bei der Führung der Armee in Böhmen versagt. Nur deshalb, nicht wegen Kolin, sei die Kampagne gescheitert. Klug war diese Propaganda, wenn wir sie mit Friedrichs Augen betrachten und sein Ziel und sein Streben bedenken, gut inszeniert und – weil vom König kommend – sehr wirkungsvoll, ehrabschneidend-vernichtend allerdings war sie für August Wilhelm: »Der König hat es auf meine Ehre abgesehen.« Schlimm für ihn zudem, daß er sich nicht rechtfertigen durfte; der König gab ihm keine Gelegenheit.

Ein Schlag war diese Handlungsweise Friedrichs auch gegen den preußischen Staat, weil sie den Thronfolger und seine Funktion stark beschädigte. »Ich weiß, daß man ihm allein die Schuld für die Mißerfolge in der Lausitz zuschreibt. Ich weiß, daß wird soweit gehen, daß man versuchen wird, seinen Ruf zu beflecken. Erfährt die Öffentlichkeit eines Tages, welche Weisungen er erhalten hat, so stehe ich dafür ein, daß er sie lediglich befolgt hat und daß ihm nichts vorzuwerfen ist. Mir blutet das Herz, wenn ich daran denke, und ich fürchte, diese Sache wird die übelsten Folgen nach sich ziehen«, schrieb Prinz Ferdinand, der jüngste der Brüder, nachdenklich.

Ob Friedrich von Anfang an aus war auf solches, läßt sich, nach dem, was bekannt ist, nicht sagen; man darf annehmen, daß es nicht so war. Auch sollte man ihm zugute halten, daß er wohl kaum alle Konsequenzen seines Handelns bedacht hatte. Das tat er, wie er selbst eingestand, eher selten. Er vor allem hatte von sich selbst ablenken wollen und dabei in Kauf genommen, des Bruders Leumund zu verderben. Das steht fest, das erweisen seine Taten.

Was genau war geschehen? Am 27. Juni hatte Friedrich sein Heer geteilt, eine Armee sollte Sachsen decken, Schlesien die andere. Den Befehl über die zu Sachsens Schutz bestimmte übernahm Friedrich selbst. Das Kommando über die andere, bei Kolin zuvor geschlagene Armee übertrug er August Wilhelm. Nur mündlich erteilte er ihm die Befehle. Welches die Aufträge waren, ist nicht genau zu bestimmen. Wir wissen lediglich, was August Wilhelm aufschrieb und Ferdinand bekräftigte. Danach sollte er »so lange als ... möglich die Posten von Jungbuntzlau behaupten«, mithin für Friedrichs Ruhm und Reputation tief in Böhmen verbleiben. Auch Verbindung nach Schlesien und zur Armee des Königs sollte August Wilhelm halten, was aber gleichzeitig und zudem bedrängt vom Feind zu tun unmöglich war. Ein Blick auf die Karte erweist dies noch heute. Deshalb zog sich der Prinz entgegen der Order zurück. Soviel ist richtig. Ihm blieb gar keine Wahl, wenn er die Armee nicht verlieren wollte, denn im Rücken stand schon der Feind. Sein Rückzug auf Nebenwegen verlief sehr langsam, und er mußte dabei ein wichtiges Magazin preisgeben. Das war unschön, doch nicht zu vermeiden. Aber am 27. Juli erreichte August Wilhelm mit seinem Heer Bautzen in Sachsen. Er hatte nicht mehr als einige Kanonen und Bagagewagen verloren sowie die üblichen Deserteure. Aber er hatte Böhmen entgegen dem Willen des Königs verlassen.

August Wilhelms Rückmarsch war keine Katastrophe gewesen; ein vorurteilsfreier Blick in die Quellen erweist dies. Er war, verglichen mit des Königs Rückzug 1744, sogar recht gelungen. Friedrich erst machte ein Unglück daraus, und zwar für sich selbst. »Die schlechte Kriegführung meines Bruders, des Prinzen von Preußen, nötigt mich, Leitmeritz zu verlassen«, schrieb er schon am 22. Juli, August Wilhelms Beschädigung vorbereitend, an Wilhelmine. »Ich hoffe, seine Torheiten wieder gut zu machen.« Und fünf Tage später: »Das alles hat mich gezwungen, Böhmen zu räumen und mich auf die Behauptung der sächsischen Pässe zu beschränken.« Am 30. Juli brüskierte er den Bruder in Bautzen auch öffentlich. Als dieser ihn begrüßen wollte, drehte der König ihm den Rücken zu. Er ließ ihm ausrichten, daß er wegen seiner schlechten Führung verdient hätte, den Kopf zu verlieren, dann, daß er nie mehr ein Heer kommandieren werde. Friedrich nahm August Wilhelm Ansehen und Ehre. Er tat dies, damit er selbst beides behielt. Er stilisierte sich zum Opfer seines Bruders und dessen angeblicher Unfähigkeit.

Am 30. Juli schrieb er an den unglücklichen August Wilhelm: »Sie haben durch Ihre üble Aufführung meine Sache in eine verzweifelte Lage gebracht; es sind nicht meine Feinde, die mich verderben, sondern die schlechten Maßregeln, die Sie getroffen haben. Meine Generale sind nicht zu entschuldigen, entweder haben sie Euch schlecht beraten oder zugegeben, daß Ihr schlechte Entscheidungen getroffen habt ... Für mich bleibt in dieser traurigen Lage nichts anderes übrig, als ganz verzweifelte Entschlüsse zu fassen. Ich werde kämpfen, und wir werden uns alle massakrieren lassen, wenn wir nicht siegen können. Ich klage nicht über Euer Herz, aber über Eure Unfähigkeit und über Euer geringes Vermögen, einen besseren Entschluß zu fassen. Ich sage Ihnen die Wahrheit. Wer nur noch einen Moment zu leben hat, der verbirgt nichts. Ich wünsche Ihnen mehr Glück, als ich gehabt habe, und daß Ihr, nach all den schändlichen Abenteuern, die Ihr verschuldet habt, in der Folge lernt, die großen Angelegenheiten gründlicher zu behandeln, mit mehr Urteilskraft und Entschlossenheit. Das Unglück, das ich voraussehe, geht zum Teil auf Eure Fehler zurück. Ihr und Eure Kinder werdet die Strafe dafür mehr als ich ertragen müssen. Seid trotzdem überzeugt, daß ich Euch immer geliebt habe und daß ich mit diesen Gefühlen sterben werde.« Fast gleichlautend äußerte er sich in anderen Schreiben. Friedrich war froh, »jemanden gefunden zu haben, dem er das ganze Unglück der königl[ichen] Familie« – Kolin und die Folgen – »in die Schuhe schieben konnte, um so mehr als dies gerade der Thronerbe war«, so die Ansicht in der Armee. Den Nachfolger zu beschädigen, ihm Ehre und Ruf zu nehmen, war so einzigartig wie unerhört und garantierte des Publikums Aufmerksamkeit: »... kann Dir nicht verhehlen, daß hier viel über diese Geschichte geredet wird ...« Doch es lenkte, wie gewünscht, ab von der eigenen Niederlage.

Übrigens suchte Friedrich für Fehler auch später die Schuld nie bei sich selbst, sondern sah sie immer bei anderen, so auch nach dem

Überfall der Österreicher bei Hochkirch, 14. Oktober 1758, bei dem Feldmarschall Keith und viele Soldaten ihr Leben verloren. Verantwortlich dafür machte der König den General von Retzow. Hätte der seine Befehle befolgt, wäre nichts passiert. Dabei war es Friedrich gewesen, der das gefährliche, den Gegner herausfordernde Lager gewählt hatte. »Wenn er früher Meldung erhalten hätte, so hätte er die Schlacht nicht verloren und sie wiederhergestellt«, behauptete er dennoch gegenüber Kaiser Joseph II., Neiße, 25. August 1769. Ähnlich schrieb er an den Marquis d'Argens nach der Niederlage bei Kunersdorf am 12. August 1759: »Wir haben Unglück gehabt, ... aber nicht durch meine Schuld. Der Sieg war unser; er wäre sogar vollständig gewesen, aber da verlor unsere Infanterie die Geduld und verließ zur Unzeit das Schlachtfeld.« Und weiter: »Ich schwöre Ihnen, ich habe in der letzten Schlacht alles Menschenmögliche getan, um zu siegen, aber meine Leute haben mich im Stich gelassen.« Natürlich schrieb er auch dies, damit es verbreitet werde.

»Sein Leben lang legte er seine eigenen Fehler seinen Alliierten oder seinen Generalen zur Last«, vermerkte der Bruder Heinrich. Den bei Kolin begangenen Schnitzer schob er, fünf, sechs Jahre vor seinem Tod, den Generalen Manstein und Moritz von Anhalt zu: 1781 bezeichnete Friedrich »die Schlacht bei Kolin als einen entscheidenden Schlag« und den »zur Unzeit und gegen seine Anordnung erfolgte[n] Angriff des rechten Flügels als »die Ursache ..., weshalb sie verloren ging«. General Manstein und Prinz Moritz von Anhalt hätten diesen Angriff veranlaßt. Das beinahe Scheitern bei Torgau, November 1760, kreidete Friedrich dem General Zieten an, dem Mann, der ihm die Schlacht gewonnen hatte, wie jedermann wußte. Doch Friedrich wollte das nicht wahrhaben: »Er ... stritt mir sofort ab, daß Zieten die Schlacht von Torgau gewonnen hätte, und versicherte mir, er selbst hätte mit drei Bataillonen die Höhen von Süpitz genommen«, überliefert uns Joseph II.

Wenn es um seinen Ruhm ging, handelte Friedrich ohne Rücksichtnahme und wahrte, wenn es ihm selbst förderlich war, nicht einmal das Ansehen der Dynastie. Darin unterschied er sich von anderen Regenten und Politikern. Schön war das nicht gerade. Er war ein Großer unter den Herrschern Europas, aber moralisch integer ohne menschlichen Makel war er nicht! Sein Verhalten gegenüber den Untergebenen und vor allem gegenüber dem Bruder beweist das. Aber wer ist schon frei von Makel? Friedrich hat sein Betragen später bereut, aber das tat er erst, als sein Stern wieder strahlte, heller fast als zuvor, nachdem er, Ende 1757, bei Roßbach und Leuthen über die Gegner gesiegt und dabei Frankreich gar gedemütigt hatte. In der Öffentlichkeit hieß es nun: »Nie hat ein Feldherr mehr Schlachten gewonnen«, und es hatte sich die Ansicht durchgesetzt: »Die Schlacht bei Kolin war unglücklich.« Für August Wilhelms Ehre war das zu spät.

Schon vor Roßbach und Leuthen hatte Friedrich eine weitere Möglichkeit gefunden, Nackenschläge auszuhalten, zu verarbeiten, aus ihnen gar Gewinn zu ziehen. Wilhelmine wohl hat ihn auf den Weg dorthin geleitet: »Die Menschheit ist mir verhaßter denn je, seit sie fähig ist, einen so großen Mann wie Dich zu verfolgen«, hatte sie am 11. Juli dem Bruder geschrieben. Und am 30. Juli: »Am meisten Mut flößt mir Dein Kopf ein. Der große Mann zeigt sich in allem. Unfaßlich ist es mir, daß Du die Bürde der Geschäfte tragen und zugleich die Geistesfreiheit bei soviel Kummer bewahren kannst.« Daß diese Standhaftigkeit ihn retten würde, glaubte sie fest, davon wären selbst seine Feinde überzeugt.

Instinktiv oder überlegt, man vermag es nicht mit Bestimmtheit zu sagen, veränderte Friedrich daraufhin seine Einstellung. Er versuchte nicht mehr, Niederlagen im Feld zu leugnen. Von nun an versuchte er, komme, was wolle, solche auszuhalten, auch Widriges zu erdulden, Drückendes zu erleiden. Nicht um seinet- oder seines Ruhmes willen, natürlich nicht, sondern für seine Untertanen und sein Land, für seine Vertrauten auch wollte er ausharren, für eine bessere Welt. Sein Leben habe einen höheren Zweck, gab er jetzt einmal ganz offen, ein andermal deutlich oder auch nur unterschwellig zu verstehen in bald jedem Brief, den er abschickte. Und er tat es auch diesmal, damit man darüber rede.

Als erstes wandte er sich an Wilhelmine. Durch seine klug gesetzten Worte über Schicksal und Schuldigkeit forderte er in einem

Schreiben vom 1. Juli ihre anteilnehmende Reaktion heraus: »Wer
dem Unglück nicht zu widerstehen vermag, verdient kein Glück.
Man muß sich über die Ereignisse erheben, seine Pflicht tun und
nicht über das Unglück klagen, das allen Menschen verhängt ist.«
Am 13. Juli berichtete er ihr von einer permanenten Gefahr, in der er
schwebe, und von seinem höheren Auftrag: »Ich schildere Dir meine
Kümmernisse eingehend, liebe Schwester. Beträfen sie nur meine Person, so wäre meine Seele nicht betrübt; aber ich habe über das Wohl
und Wehe eines Volkes zu wachen, das mir anvertraut ist. Das ist der
springende Punkt. Ich muß mir den kleinsten Fehler zum Vorwurf
machen, wenn ich durch Langsamkeit oder Übereilung Anlaß zu dem
geringsten Zwischenfall gebe, zumal in der jetzigen Zeit, wo alle Fehler Kapitalfehler sind. Die deutsche Freiheit und die Sache des Pro-
testantismus, für die so viel Blut geflossen ist – diese beiden großen
Interessen stehen auf dem Spiele, und die Krise ist so stark, daß eine
unglückliche Viertelstunde die tyrannische Herrschaft des Hauses
Österreich im Reiche für immer aufrichten kann.« Das war neu. Das
hatte man nach seinen Siegen im Ersten und Zweiten Schlesischen
Krieg, auch nach den Erfolgen bei Pirna und Prag im gegenwärtigen,
später Siebenjährigen genannten Krieg, nirgends lesen können. Friedrich als dem Gemeinwohl sich Opfernder und Friedrich als Vorkämp-
fer für Freiheit und Recht und Religion im Heiligen Römischen
Reich! Er griff hier klug eine Äußerung der Schwester auf, die ihm
Mitte Juni, noch vor Kolin, versichert hatte: »Während die Protestanten Dich als ihren Schutzgott ansehen, bezichtigen Dich die Katho-
liken eines Pakts mit dem Teufel, da Du solche Erfolge hast. Ich habe
geantwortet, das Gegenteil sei der Fall.«
    Wilhelmine trug seine Worte weiter, wie sie es immer tat, wenn
beide gut miteinander standen. Auch diese Sätze Friedrichs, geschrieben am 12. August 1757: »Meine Aufgabe ist hart; lieber wäre
ich hundertmal tot, als daß ich noch ein Jahr in der jetzigen Lage
lebte. Trotzdem werde ich das Unmögliche tun, um Widerstand zu
leisten; mein letzter Trost wird sein, daß ich Leben und Freiheit
teuer verkauft habe.« Daß er mit dieser Darstellung seines Duldens
Erfolg haben könnte, offenbarte ihm Wilhelmines Antwort: »Wa-

rum kann ich mich nicht aufopfern, um Dich zu retten?«, fragte sie fast verzagt.

Auch gegenüber allen anderen Vertrauten hob er nun sein stilles Ausharren in schwerer Zeit hervor: das Leid, das er ertragen mußte und wollte, ferner wie er arbeitete, es zu überwinden. An den Marquis d'Argens etwa hieß es Anfang Juli 1757: »Der Ausweg aus meinem Kummer liegt in der täglichen, mir auferlegten Arbeit und in immerwährenden Zerstreuungen, die mir die Zahl meiner Feinde verschafft. Wäre ich bei Kolin gefallen, so befände ich mich jetzt in einem Hafen, in dem ich keine weiteren Stürme zu fürchten hätte. Aber ich muß auf dem bewegten Meer weiterfahren, bis mir ein kleiner Fleck Erde das Glück gewährt, das ich in dieser Welt nicht habe finden können.« Noch deutlicher wird er ein, zwei Wochen später: »Mein lieber Marquis, sehen Sie in mir eine Mauer, in die das Schicksal seit zwei Jahren Bresche geschlagen hat. Von allen Seiten bin ich erschüttert. Häusliches Unglück« – Friedrichs Mutter war am 28. Juni gestorben –, »geheimer Kummer, öffentliches Mißgeschick, bevorstehende Nöte – das ist meine Nahrung. Glauben Sie aber nicht, daß ich nachgebe. Und wenn Himmel und Erde zusammenstürzen, ich lasse mich unter ihren Trümmern mit derselben Kaltblütigkeit begraben, mit der ich Ihnen diese Zeilen schreibe. In diesen fatalen Zeiten muß man sich mit einem eisernen Sinn und ehernen Herzen wappnen, um jedes Gefühl zu verlieren ... Der nächste Monat wird furchtbar werden und die endgültige Entscheidung für mein armes Land bringen. Ich für meinen Teil gedenke es zu retten oder mit ihm unterzugehen und habe mir eine der Zeit und den Umständen entsprechende Denkweise zurechtgelegt. Wir können unsere Lage nur mit jener zur Zeit des Marius und Sulla und des Triumvirats vergleichen, kurz, mit aller Wut und Erbitterung, welche die römischen Bürgerkriege entfesselt haben.« Auch Voltaire hat er von der Unbeugsamkeit seines Willens in Kenntnis gesetzt und diesem gegenüber am 9. September betont, daß er bis zum Letzten gehen werde: »Ich bin weit entfernt, Cato oder Kaiser Otho zu verdammen. Für Otho war der schönste Augenblick seines Lebens der seines Todes ... Man muß für sein Vaterland kämpfen und für sein Vaterland fallen, wenn man es retten kann, und wenn man das nicht kann, ist es schimpflich, es zu überleben.« Friedrich, das zeigen diese Zeilen, hatte erspürt, wie er selbst »im Unglück« seinen Ruhm wahren und in der Geschichte ein Großer bleiben könnte ganz ohne Schlachtensieg, nämlich indem er sich zum Märtyrer machte und seinem Handeln auf diese Weise beinahe biblische Weihe verlieh. D'Argens und Wilhelmine lobten solche Haltung und priesen sie weithin. Das hatte er gewollt, und er hatte es auch erreicht. Wie seine eigenen Schriften kündeten die Reden und Briefe der beiden nun vom Opfer des Königs.

Auch von Voltaire versprach er sich Beifall, doch der Philosoph erkannte, daß die Opferbereitschaft des Königs nur vorgeschützt war und nicht echt. Im Oktober 1757 antwortete er auf Friedrichs Schreiben von Anfang September: »Sie lieben den Ruhm und wollen nun Ihren Ruhm darein setzen, auf eine Art zu sterben, die die gewöhnlichen Menschen nur selten wählen und an die noch kein Souverän Europas seit dem Untergang des Römischen Reichs gedacht hat. Aber ach, Sire, wenn Sie den Ruhm so sehr lieben, wie können Sie sich denn auf einen Entschluß versteifen, der Sie um diesen Ruhm bringen wird?« Der Philosoph nahm den König offensichtlich nicht ernst, hielt Friedrichs Todesgedanken für unangemessen und stark übertrieben, seinem Ruhm jetzt und in Zukunft gar für schädlich. Sich nach einer Niederlage zu töten, schrieb Voltaire, »wäre nichts anderes als ein verzweifelter Akt der Eigenliebe. Geben Sie gegen diese Sentiments Ihrer überlegenen Vernunft Gehör: sie sagt Ihnen, daß Sie durchaus nicht gedemütigt sind und es auch nie sein werden, daß Ihnen, mag kommen was da will, selbst wenn Sie schließlich nichts mehr wären als ein Mensch wie jeder andere auch, immer noch all das bleibt, was jene anderen Menschen glücklich machen kann: Besitz, Würde, Freunde. Ein Mann, der nichts weiter als nur König ist, mag sich sehr unglücklich fühlen, wenn er Staaten verliert; ein Philosoph hat keine Staaten vonnöten.« Voltaire gab auch zu bedenken, daß niemand in Friedrich den »Märtyrer der Freiheit« erblicke: »Sie müssen sich über Ihre Situation klar sein. Sie wissen, an wievielen Höfen man hartnäckig Ihren Einfall in Sachsen als einen Bruch des Völkerrechts betrachtet.« Das war nicht die Antwort, die Friedrich erhofft hatte, denn unglaubwürdig sein und ein Mensch wie jeder andere auch, das wollte er nicht.

Dennoch waren diese kritischen Zeilen von großem Wert, weil Voltaire ihm bestätigt hatte, daß er durch Ausharren und Aushalten seinen Ruhm bewahren, ihn gar verewigen könnte.

So blieb Friedrich bei dieser Taktik nach allen Niederlagen, die er noch einstecken mußte, nach der schweren, ja schwersten Niederlage bei Kunersdorf 1759 gegen die russische Armee sogar ausdrücklich:»An Standhaftigkeit, denke ich, fehlt es mir nicht ... Ich ertrage mein Unglück, ohne mich entmutigen zu lassen ... Mein Martyrium wird noch zwei Monate dauern, und erst Eis und Schnee werden es beenden.« So schrieb er an d'Argens. Und dieser antwortete, ganz in Friedrichs Sinne:»Im Namen Ihres Volkes, im Namen Ihres Ruhms, der trotz schlimmer Ereignisse, die Sie treffen können, unsterblich sein wird ... Denken Sie daran, daß Ludwig XIV. die härtesten Schläge erlitt und daß er am größten war, als er sie aushielt, nicht, als er mehrere Provinzen eroberte ... Wo ist der Fürst, wo ist der Held, der nicht manchmal der Sturzflut der Ereignisse hätte weichen müssen? ... Die großen Männer wie Sie haben immer durch ihre Standhaftigkeit überwunden, was gewöhnliche Seelen zu Boden gedrückt hätte.«

In der Bevölkerung wurde Friedrichs Märtyrerdrang sehr gut aufgenommen, wegen seiner biblischen Botschaft vor allem gern von evangelischen Pfarrern. Deren Predigten, die Friedrich wegen seines Ausharrens für höhere Werte verherrlichten, ihm »Größe« gerade seines Leidens wegen zuschrieben, wurden nun zahlreich, wurden immer noch mehr nach neuen Niederlagen, nach Hochkirch, nach Kay und nach Kunersdorf. Wir wissen dies, weil viele solcher Verkündigungen gedruckt wurden. Es waren Dankesreden auf Friedrichs Siege, in denen vorhergegangene Niederlagen verarbeitet wurden, schließlich auf den endlich erfolgten Frieden 1763, oder aber die alljährlichen Ansprachen zu des Königs Geburtstag. »Accurates Portrait Friederichs des Grösten«, »Lobrede auf den König« und ähnlich lauteten ihre Titel. Darin hieß es:»In der That: so wie Joseph, der weiseste und beste unter vielen Brüdern, durch deren unedle Verfolgung, weit über seine vorige Grösse erhoben worden; so mußte Friedrich weit über seinen vorigen Ruhm erhöhet werden.« Und beschwichtigend zu des Königs Niederlagen:»Durch Gott geleitet mußte Friedrich von einem Feind ablassen, dessen Stunde noch nicht gekommen war. Der Held erkannte den Wink Dessen, dem die Könige auch ofte wieder ihren Willen gehorchen, und führte seine Heere gegen seine eigene Gränzen zurücke.« Oder in enger Bindung an die Bibel:»Ihro Majestät sprechen in den größten Gefahren: Kommet! Seyd Zeugen ob mich der Schrekken behersche? Ob Ich vor dem begegnenden Sturme zurük fahre? Ob ich in meiner Stärke wanke, wenn man mir am heftigsten zusezet? Denket nicht, daß ich so furchtsam und schwach am Geiste sei, als meine Feinde glauben, denn Gott hat meine Kräfte ermuntert, kühnlich hinanzugehen, wohin nur immer der göttliche Wille meine Pfade durch Arbeit oder Gefahr verzeichnet.«

Nachdem der Krieg zu Ende war, wurde das Ausharren des Königs, sein Sich-Behaupten gegen die zahlreichen und mächtigen Gegner, sein Wegstecken aller Rückschläge, sein»Nicht-Einlenken-Wollen nach mehreren Jahren erschöpfender Kriegführung«, welches nicht den zeitgenössischen Gewohnheiten entsprach, das auch außergewöhnlich und auffällig war, ebenso hoch bewertet wie Friedrichs Siege – sogar höher fast. Über die»wahre Grösse eines Helden«, hieß es in einer 1763 erschienenen Flugschrift beispielhaft: Der Held»muß den Herrn der Heerscharen verehren. Er muß eben so groß in Bezwingung der Leidenschaften, als in Besiegung der Feinde sein.« Und:»Das ganze Leben eines Helden theilet sich in zwei Hauptperioden ab: in die Zeit, da ihn das Glück anlächelt, in die Stunden, wo trübe Wolken den Anblick der Freude verhindern.« In solchen Momenten vor allem zeige ein Held seine Größe, denn der müsse, so der unbekannte Autor,»die Tücke[n] des flüchtigen Glückes erfahren, die allezeit desto empfindlicher sind, je grösser derjenige ist, der sie fühlet.« Das tapfere Verhalten eines Helden im Unglück sei deshalb um so rühmlicher.»Wer trägt die Krieges=Last so schwerer Mächte so / Wie König Friedrich that, der Preussen

Salomo! / Dem bei dem wildesten Sturm der Mut nie fällt, nein steigt, / Und in der größten Noth Sein's Geistes Grösse zeigt.« Solche Auffassung war eine offensichtliche Folge von Friedrichs Selbstdarstellung als Dulder, die zudem noch die vom König gewünschten Maßstäbe setzte – und die ihm liebste Schlußfolgerung zog: »Durch Tugend sind wir groß: durch Bezwingung unserer Affecten sind wir Sieger. Ich muß bei dieser Betrachtung den frommen Wunsch tun, daß doch alle Helden an diesem Ruhm arbeiten möchten. Dieser Ruhm ist doch dauernder, als die Schrift des Marmors, und eine Ewigkeit ist seine Belohnung.« Eine Vorstellung, die dazu führte, daß des Königs vorbildliches Verhalten ausdrücklich gelobt wurde: »Wird wohl jemals der späte Enkel, ohne Ehrfurcht, ohne stille Freude den Namen unseres grossen Friedrich nennen hören? Wird er nicht staunen, wenn er auf den Feldern Kollins, wo Glieder von tapfern Streitern hinsinken, den König erblickt, der im Unglück des herrlichen Treffens gleich groß, gleich edel bleibt, als wenn die Sieg Lorbeere um seine Scheitel geflochten?«

Es blieben gerade die frühen, spektakulären Siege des Königs im Gedächtnis der Menschen haften: die des Jahres 1757, die Schlachten bei Roßbach und Leuthen, in denen er sich nach der Niederlage von Kolin beweisen mußte. Die späteren Erfolge, obgleich sie sehr wichtig waren, 1760 bei Liegnitz und Torgau, haben die Resonanz der Vorläufer nicht erreicht; der Sieg bei Burkersdorf, vom König noch später, 1762, erfochten, wurde fast vollkommen vergessen. Seinem Ruhm hat dies nicht geschadet, den hat er sich erhalten können – dank Leuthen und seines Leidens, wie man es verkürzt ausdrücken könnte. Dies allein zählte für ihn. Es war, was Friedrich sich erhofft und worauf er hingearbeitet hatte. Es war vielleicht sogar mehr als das.

Für die Ewigkeit

$\mathcal{W}$ie aber konnte man den Ruhm dauerhaft bewahren und dadurch zu ewiger Größe gelangen? Diese Frage hat Friedrich sich sehr früh gestellt – ein weiteres Indiz dafür, wie wichtig ihm sein Ansehen war. Schon 1734, als Kronprinz am Rhein, hatte er darüber nachgedacht, dann auch in Rheinsberg 1737, zu einer Zeit also, da er Ruhm noch gar nicht erlangt hatte. Denn obgleich auffallend, war sein Fluchtversuch ja wenig ruhmreich gewesen, und als Philosoph und Dichter hatte er auch noch kein Ansehen erlangt, hatte nur profitiert von der Bekanntschaft Voltaires. Von dieser aber sehr. Voltaire hatte, das sei hier wiederholt, weithin bekanntgegeben, mit dem Thronfolger Preußens zu korrespondieren. Er sagte es etwa seinem Freund Thieriot, und »der schwatzhafte Thieriot hat es in alle vier Winde posaunt, daß ich einen Brief in Versen an Frau de La Popelinière gerichtet habe«. Er schrieb es d'Argental, der ihm im Dezember 1736 mitteilte: »Ich ginge mit unaussprechlicher Freude fort, ginge zum Prinzen von Preußen.« Er erzählte davon dem Abbé Moussinot, dem Kanonikus von Saint-Méry in Paris, ferner prominenten Persönlichkeiten der Politik oder solchen, die dorthin Verbindung hatten: Madame du Châtelets selbstverständlich, mit der Voltaire in Cirey zusammenlebte, aber auch Politikern wie dem Marquis d'Argenson, Außenminister von 1744 bis 1747, den er aus dem Studium kannte, oder dem Kardinal Fleury. Überhaupt: Den ersten Brief des Kronprinzen von Preußen »las er ganz Paris vor, Haus für Haus«. Friedrich seinerseits ließ die Briefe vorlesen, die Voltaire ihm geschrieben, und auch jene, die er diesem nach Cirey sandte, öffentlich an seiner Tafel, zu seinem Ruhm, damit man wisse, daß er sich mit diesem bedeutenden Philosophen austausche; wir haben Kenntnis davon durch diejenigen, die an Friedrichs Tisch zugegen waren, sie haben es überliefert. Was deutlich zeigt: In unserem Sinne privat, wie man gerne meint, war an der Korrespondenz zwischen Monarch und Philosoph gar nichts.

Voltaire verdankte Friedrich die Anleitung zu Ruhm und Größe: Ein guter König müsse sich bilden, die Menschen kennenlernen und die Wahrheit lieben, er sollte Aberglaube und Verfolgung verabscheuen, Wissenschaften und Künste fördern, Philosophen protegieren; solches und solches mehr schrieb der Franzose in seinem ersten Brief an den Kronprinzen, das wurde bereits erwähnt. Wohl in der Hoffnung auf ähnlichen Ratschlag schickte Friedrich daraufhin seine Gedanken über die Grundlage des Ruhms nach Cirey. Der zeitige Ruf allein, so stellte Friedrich fest, Remusberg, 13. November 1737, könnte täuschen, denn der könne sich ändern, er bedeute vor der Ewigkeit nichts. Was zähle, sei nicht das Wort, nicht die mündliche Überlieferung, sondern die Schrift, das, was aufgezeichnet, festgeschrieben, auch glaubhaft begründet werde – und also bewahrt. Daher hänge der Ruf der Fürsten vor allem von der Gunst der Geschichtsschreiber ab. »Es kann sein«, so Friedrich, »daß Alexander nichts weiter als ein berühmter Räuberhauptmann war.« Doch hätte Quintus Curtius Mittel und Wege gefunden, Alexander dem Geist aller Jahrhunderte als einen der größten Männer einzuprägen. »Wieviel Beispielhaftes schaffen doch die Historiker heran, wenn sie für den Ruhm gewisser Monarchen eine ausgesprochene Vorliebe hegen! Aber wo sie Beispiele für Güte anführen, bietet die Geschichte uns Exempel des Hasses und der Seelenschwärze.« Umgekehrt verhalte es sich im Fall des Kaisers Julian Apostata, dessen Charakter der Geistlichen Haß, Wut und Raserei auf eine Art entstellt hätten, daß sein wahres Wesen kaum noch zu erkennen sei. Friedrich: »Für ganze Jahrhunderte war dieser Fürst ein Schrecknis, so gewaltige Wirkung hatte das Zeugnis dieser Betrüger! Schließlich ist ein Besonnener gekommen, der die Kunstgriffe der Klosterchronisten durchschaut, dem Kaiser Julian seine Tugenden zurückgibt und die Verleumdung durch die Kirchenväter zerschlägt.« Friedrich folgerte aus diesen Beispielen zu Recht, daß es in der Macht der Geschichtsschreiber stehe, die Handlungen der Menschen auszudeuten und zu bewerten. »Über den Guten kann man Gift ausschütten, eine Verdrehung macht die Üblen entschuldbar oder gar lobenswert; die Parteilichkeit oder Unparteilichkeit des Historikers bestimmen das Urteil der Öffentlichkeit und der Nachwelt.«

Gewonnen hatte Friedrich diese Erkenntnisse am Beispiel Zar Peters des Großen. Gleich Voltaire hatte ihm jener als Kriegsheld, Gesetzgeber und eigentlicher Schöpfer des russischen Staates gegolten. Aufzeichnungen eines Augenzeugen – nämlich die *Erörterung einiger Fragen, die unter Peter I Regierung in Rußland vorgegangene Veränderung betr.[effend]* des preußischen Gesandtschaftssekretärs in St. Petersburg, Vockerodt – belehrten ihn aber eines anderen. »In dieser Darstellung wird der Zar Ihnen ganz anders erscheinen, als er in Ihrer Vorstellung lebt«, teilte Friedrich Voltaire mit, »und somit ist, wenn ich mich so ausdrücken darf, ein Mann weniger in der Welt.«

Durch die Lektüre von Vockerodts Manuskript gelangte der Kronprinz zu dem Urteil, daß ein »Zusammentreffen glücklicher Umstände, günstige Ereignisse und die Unwissenheit der Ausländer ... aus dem Zaren ein heroisches Phantom gemacht« hätten. Doch »ein verständiger Geschichtsschreiber« – der gute Leumund Vockerodts war Friedrich bekannt – habe diesen »trügerischen Schleier« gelüftet und einen Fürsten mit allen menschlichen Fehlern und wenig Tugenden sehen lassen. »Nun ist er nicht mehr der umfassende Geist, der alles versteht und alles ergründen will; sondern es ist ein Mann, der von Phantasien beherrscht wird, die sonderbar genug waren, um einen gewissen Glanz zu verbreiten und zu blenden. Nicht mehr ist er der unerschrockene Krieger, der keine Furcht und keine Gefahr kennt, sondern ein feiger, furchtsamer Fürst, den seine Brutalität in der Gefahr verläßt; grausam im Frieden, schwach im Kriege, bewundert von den Ausländern, gehaßt von den Untertanen; kurz ein Mann, der den Despotismus so weit getrieben hat, wie ein Herrscher ihn treiben kann, und bei dem das Glück den Mangel an Weisheit ersetzte.«

Voltaire teilte diese Ansicht nicht. Er zeigte sich wenig erstaunt, daß der Zar Charakterfehler besessen habe, die seine »großen« Eigenschaften herabwürdigten, und nahm Peter in Schutz, denn dieser habe seine Mängel gefühlt. An Friedrich, Januar 1738: »Ich gebe zu, gnädiger Herr, er war ein Barbar; aber immerhin ein Barbar, der Menschen bildete, ein Barbar, der sein Reich verließ, um regieren zu lernen, ein Barbar, der gegen die Mängel seiner Erziehung und seiner Natur ankämpfte ... Ohne Zweifel hafteten ihm schwere Fehler an, wurden sie indessen nicht verdeckt durch jenen schöpferischen Geist, durch jene Fülle von Plänen, die er alle für die Größe seines Landes ersann und zum Teil ausführte? Hat er nicht den Künsten eine Stätte geschaffen? Hat er nicht die Zahl der Mönche vermindert? Ew. Königliche Hoheit sind sehr wohl berechtigt, seine Laster und seine Roheit zu verabscheuen; Sie hassen in Alexander, den Sie erwähnen, den Mörder des Clitus, aber bewundern Sie nicht den Rächer Griechenlands, den Besieger des Darius, den Gründer Alexandrias? Denken Sie nicht daran, daß er die Griechen an dem übermütigen Stolze der Perser rächte, daß er Städte erbaute, die zum Mittelpunkte des Welthandels wurden, daß er Kunst und Wissenschaften liebte, daß er der Edelste unter den Sterblichen war? Der Zar, sagen Sie, gnädiger Herr, besaß nicht den Heldenmut Karls XII. Das ist richtig; am Ende hat aber doch dieser Zar, dem wenig Beherztheit angeboren war, Schlachten geliefert, hat zahlreiche Kämpfer zu seiner Seite tot niedersinken sehen und hat den tapfersten Mann der Erde persönlich überwunden. Ich liebe einen Hasenfuß, wenn er Schlachten gewinnt. Ich werde seine Mängel nicht verheimlichen, aber so hoch ich kann, werde ich nicht nur das Große und Schöne erheben, was er geleistet hat, sondern ebenso das, was er hat leisten *wollen*. Ich wünsche, daß man tief ins Meer alle Geschichten versenkt hätte, die uns nur die Laster und die entfesselten Leidenschaften der Könige schildern.«

Diese emotionale Einlassung war nicht das, was Friedrich sich erhofft hatte. Er hatte, vor allen anderen Tönen, hören wollen, wie der Schriftsteller über die Macht der Geschichtsschreibung dachte. Zu deren Einfluß auf Zukunft und Gegenwart hatte er sich aus Cirey einen Hinweis versprochen. Doch über die Bedeutung der Historiographie für »das Urteil des Publikums und der Nachwelt« hatte Voltaire kein Wort verloren – und hatte durch seine Ausführungen dennoch Wertvolles offenbart: Nämlich daß er beabsichtige, *sein* Bild von Peter zu gestalten, eines, das die guten Seiten des Zaren zeige, das auch dessen charakteristische Defizite streife, das aber Peters Wollen vor dem Betrachter wichtiger erscheinen lasse als dessen Wirken, um ihn im Urteil der Öffentlichkeit als »Großen« zu befestigen. In Friedrichs Augen war das ein angreifbares Bild! Es war eines, welches der Wirklichkeit, wie sie Friedrich von Vockerodt erfahren hatte und wie sie weiten Kreisen wohl offenbar werden würde, wenig entsprach. »Wenn ein Mann ... nichts als rohe und unmenschliche Gesinnungen hegt, so mag er wohl manche gute Handlung ausführen, aber sein Leben wird stets durch seine Verbrechen befleckt bleiben«, gab Friedrich seiner Überzeugung Ausdruck – vor allem, so dachte der Kronprinz, wenn diese Untaten öffentlich bekannt sind oder mit Sicherheit bekannt werden würden. Er glaubte, daß Verbrechen sich dauerhaft nicht verschweigen ließen. Irgendwann würden sie ans Licht kommen und Andenken und Erinnerung am Ende beherrschen; Friedrich, dies wird hier deutlich, bezog die Macht der Moral in seine Überlegungen ein. Das war klug und vorausschauend.

Sicher war er allerdings nicht, daß es in Peters Fall so kommen würde, wie er annahm. Denn die Überzeugungskraft von Voltaires wohlgesetzten Worten war ihm aus dem *Zeitalter Ludwigs XIV.* bekannt. Darin hatte Voltaire den Bourbonen zu einem Großen der Geschichte erhoben. Dessen Mängel, auch Fehler hatte Voltaire zwar angesprochen, nicht aber angeprangert. Friedrich kannte das Manuskript genau – und seine Wirkung. Er hatte diese förmlich am eigenen Leib erfahren, hatte sich der Kraft des Vortrags nicht entziehen können: Voltaires Schrift prägte maßgeblich seine Meinung über Ludwig XIV. Friedrich hatte das erkannt, und diese Erkenntnis hat ihn wohl bewogen, während eines einsamen Moments, am 13. Oktober 1742, Voltaire anzutragen, die Geschichte des »gegenwärtigen«, des Österreichischen Erbfolgekrieges zu verfassen.

Wir dürfen daher annehmen: Auch ohne eine Einlassung Voltaires war dem Kronprinzen klargeworden, daß die Beobachtung, »von der Gunst der Geschichtsschreiber hänge der Ruf der Fürsten ab«, richtig sei und zeitlos zudem. Ferner: Daß er den emotionalen Ausführungen des Franzosen entnommen hatte, wie unsicher es wäre, in eigener Sache einer fremden Feder zu vertrauen, und er sich besser auf sich selbst verlasse, so wie Cäsar es getan hatte. Ausdrücklich gesagt hat er dies damals nicht, 1775 aber, da hat er »nach Cäsars Vorbild« geschrieben, wie aus der *Geschichte meiner Zeit* bekannt ist. Mit Cäsars Schriften hatte Friedrich sich früh befaßt, so daß wir ihm solche Gedanken schon in jungen Jahren zutrauen dürfen. So beschloß er also, seine Taten selbst aufzuzeichnen, denn nur dann konnte er sicher sein, seinen Ruhm so, wie er ihn überliefert wissen wollte, zu bewahren. Spätere Einlassungen wie etwa die gegenüber Francesco Algarotti, Berlin, 14. April 1763: »Ich halte mich für keinen so guten General, daß man meine Geschichte schreibe, noch für einen so guten Geschichtsschreiber, um Werke herauszugeben«, sollten seinem Wollen nur Bescheidenheit verleihen.

Wann genau er diesen Entschluß gefaßt hat? Das läßt sich nicht exakt sagen. Vielleicht, in die Zukunft gedacht, schon im achtunddreißigsten Jahr des Jahrhunderts, während seines Briefwechsels mit Voltaire. Vielleicht erst Ende 1740, als er begann, selbst seine Kriegsberichte zu schreiben; es wäre wahrscheinlich. Spätestens aber 1742, nach seinem Sieg bei Chotusitz – wohl gegen Ende des Feldzugs –, denn jetzt gab es Ruhmreiches aufzuzeichnen, zuvor hätte er ja nur wenig zu sagen gehabt. An den Kardinal Fleury schrieb er aus Magdeburg, am 12. September des Jahres: »Alles, was die oberflächliche, unwissende und wenig unterrichtete Welt sagen mag, beunruhigt mich nicht, nur die Nachwelt ist es, welche über die Könige richtet.« Woraus man auf seinen Vorsatz schließen und noch einmal bestätigt finden kann, wie wichtig ihm war, was über ihn geschrieben stand, weil nur Schriftliches der Zeiten Lauf überdauert. Der Vorrang des geschriebenen Wortes vor dem des gesprochenen hatte sich – so bei Alexander, so auch bei Cäsar – seit der Antike erwiesen. Die Tradition, da war er sich sicher, stand auf seiner Seite.

Am 13. November 1742, soviel ist offenbar, hat Friedrich mit der Abfassung seiner Erinnerungen begonnen. Wir wissen dies aus einer eigenhändigen Nachschrift zu einem Brief an Graf Podewils, der dieses Datum trägt: »Ich arbeite an meinen Memoiren«, heißt es darin, »ich stecke über beide Ohren in den Archiven.« Auch an Voltaire schrieb er zwei Tage später, am 15. November: »Sie haben mich so kräftig auf den Geschmack der Arbeit gebracht, daß ich ...

82

höchst aufschlußreiche Memoiren geschrieben habe.« Am 11., 13. und 16. November hatte er sich für diese Arbeit Akten aus dem Archiv kommen lassen. Max Posner, dem wir zur Entstehungsgeschichte von Friedrichs *Geschichte meiner Zeit* wie auch zu dessen *Denkwürdigkeiten zur Geschichte des Hauses Brandenburg* und darüber hinaus viel Wissenswertes verdanken, hat dies bereits 1878 rekonstruiert; er hat uns überhaupt auf Friedrichs Umgang mit Akten aufmerksam gemacht, auch festgestellt, daß die Frage, »inwieweit die Erzählung des Königs von originalen Actenstücken abhängt, wie weit Friedrich die Zeugnisse und Urkunden der geschilderten politischen Vorgänge selbst in die Form der verarbeiteten Darstellung gebracht«, sich nicht beantworten läßt. »Denn der persönliche Actenbedarf des Königs hat in den Ausgabebüchern des Archivs keine Spuren hinterlassen.« Dies sicherlich deshalb, weil Friedrich Originale als Grundlage seiner Ausführungen nicht verwendet hat, sondern, wenn er auf Akten zurückgriff, Zusammenstellungen und Auszüge der Archivare, was Posner folgendermaßen freundlich formulierte: »Wenn aber diese Thätigkeit des Königs – deren Ausdehnung doch auch wieder nicht überschätzt werden darf –, sich heute unserer Betrachtung verbirgt, so haben sich von einer, wenn man so sagen darf, vermittelten Archivbenutzung desselben umfangreiche Spuren erhalten. Friedrich hat sich theils direct, theils indirect an die Beamten des Archivs mit bestimmten Fragen gewandt und über diesen und jenen Punkt, der ihn bei der historischen Arbeit interessierte, sei es nun eine schnelle, einfache Auskunft oder einen förmlichen memoirenartigen Bericht aus den Acten des Instituts verlangt.«

Friedrich war also kein Historiker im heutigen Sinne, sondern ein politischer Schriftsteller. Das ist wichtig zu wissen. Es ging dem König nicht um die Darstellung der Ereignisse *sine ira et studio*, nicht um die unvoreingenommene Wiedergabe des Gewesenen, auch wenn er sich anders äußerte und dem Leser solches immer wieder suggerierte: »Da mein Buch für die Nachwelt bestimmt ist, bin ich von dem Zwange befreit, die Lebenden zu schonen und gewisse Rücksichten zu nehmen, die mit dem Freimut der Wahrheit unvereinbar sind.« Darüber hinaus versicherte er dem Leser, daß er

»rückhaltlos und ganz laut sagen« würde, »was man sonst nur im stillen denkt«. Das tat er selbstverständlich nicht, denn Friedrich war an seiner Interpretation des Geschehens gelegen und daran, daß diese überdaure. Wie er schreiben, welche Schwerpunkte er setzen wollte, hat Friedrich ganz genau überlegt. Von Posner wissen wir: »Niemals fordert er ... in den zahlreichen, auf seine historischen Studien bezüglichen Erlassen allgemeine Nachrichten in unbestimmter Form [von den Archivaren], sondern stets bezeichnet er ganz concrete Punkte und fixiert die Probleme, auf die es ihm ankommt, so scharf, daß man genau die Aufgaben und Ideen erkennen kann, die er schon von Anfang an, ohne sich erst durch zufällige Umstände darauf hinleiten zu lassen, als historisch bedeutsam ausgewählt hat.« »Historisch« in seinem Sinn und für seine Sichtweise wohlgemerkt! Sein Bruder, Prinz Heinrich, hat dies früh durchschaut, weil er Friedrich gut, besser als alle übrigen kannte, wohl auch, weil er den König nicht uneingeschränkt bewunderte, sondern, selbst ein großer Charakter, ihn zu kritisieren vermocht hat, sehr sogar. An den Rand seines Exemplars von Friedrichs *Geschichte des Siebenjährigen Krieges*, erschienen 1788 in den Bänden 3 und 4 der *Œuvres posthumes de Fréderic II, roi de Prusse*, hat Heinrich über Friedrichs »Wahrheiten« bemerkt: »faux« – »falsch«, oder »Mensonge« – »Lüge«, auch »Quelle infamie« – »Welche Niedertracht« und »Conte bleu« – »Märchen«. Über Friedrichs Führung in der Schlacht bei Roßbach, 5. November 1757: »point d'ordre, le roi voulait se retirer, mais les généraux sans le grand Frédéric donnaient bataille« – »Kein Befehl, der König wollte sich zurückziehen, aber die Generäle schlugen die Schlacht ohne den großen Friedrich.« Dann: »Ein Leben lang legte er seine Fehler seinen Alliierten oder seinen Generalen zur Last.«

Andere, die nicht wie Heinrich dabeigewesen, haben Friedrichs Beteuerung geglaubt: »Für alles, was ich in meinen Denkwürdigkeiten behaupte, es mag sich auf Verhandlungen, Briefe von Herrschern oder Verträge beziehen, liegen die Beweise in den Archiven. Für die Kriegsbegebenheiten kann der Verfasser als Augenzeuge bürgen.« Für all seine historischen Schriften sollte das gelten. Daß es wirkte, kann man bei d'Alembert beobachten: »Du wärest mit mir einig darin gewesen, daß der König selbst über seinen Ruhm erhaben schien«, schrieb dieser über Friedrichs Darstellung des Siebenjährigen Krieges an eine Freundin, Julie de Lespinasse. »Er sprach von seinem Ruhm und Ruf mit ungekünstelter Bescheidenheit, ließ selbst seinen Feinden Gerechtigkeit widerfahren und blickte mit der seiner würdigen Ruhe und Gelassenheit auf all das Böse, das man ihm zugedacht.«

Auch diese Versicherungen Friedrichs waren ein Ergebnis des Nachdenkens über Zar Peters Größe: Er wollte von Anfang an vermeiden, daß andere die Archive nach Akten durchsuchten, die seiner Darstellung widersprechen würden. Diese wollte er »als veritables Geschichtswerk aufgefaßt wissen«, als endgültigen Beitrag zu seinem Handeln und seiner Regierungszeit, »nicht als Memoiren im üblichen Sinne oder als Kommentare nach dem Muster Cäsars. Jedenfalls bezeichnet er das Manuskript von 1746/47« – die Überarbeitung der *Denkwürdigkeiten* von 1742 – »als Geschichte: als ›seconde et troisième partie de l'histoire de Brandebourg‹. Als ›première partie‹« sah Friedrich »seit 1746 eine Geschichte Brandenburgs bis 1740 vor: eine Darstellung der Vorgeschichte seiner eigenen Zeit, die innerhalb des Gesamtwerks die Funktion einer Einleitung haben« sollte. Orientierung bot Friedrich das *Siècle de Louis XIV*, das *Zeitalter Ludwigs XIV.* von Voltaire. Anlage und Gliederung von Friedrichs Schrift erweisen »eine Einwirkung des Voltaireschen auf das Friderizianische Werk« ganz deutlich.

Plakativ, bemüht, die Gefahren zu umgehen, die er am Beispiel des Zaren für der Größe Ewigkeit erkannt hatte, begann Friedrich mit einem Rundumschlag gegen die Historikerzunft: »Viele haben Geschichte geschrieben, aber sehr wenige haben die Wahrheit gesagt. Schlecht unterrichtete Schriftsteller wollten Anekdoten schreiben und haben sie erdichtet oder Volksgerüchte für bewiesene Tatsachen genommen und sie der Nachwelt dreist aufgetischt. Andere wollten berichten, was sich hundert Jahre vor ihrer Geburt zugetragen hat. Sie haben Romane verfaßt, in denen die Haupttatsachen nicht entstellt worden sind. Sie haben den Menschen, deren Leben sie überlieferten, Gedanken, Worte und Taten zugeschrieben, und die leicht-sinnige Welt, die betrogen sein will, hat die Hirngespinste der Verfasser für geschichtliche Wahrheiten gehalten. Wieviel Lügen! Wieviel Irrtümer! Wieviel Betrug!« Dann ging er daran, seinen Standpunkt autoritär und ohne Einspruch zu dulden für den Leser festzulegen. »In der Überzeugung, daß es nicht irgendeinem Pedanten, der im Jahre 1840 zur Welt kommen wird, noch einem Benediktiner der Kongregation von St. Maur« – eine Anspielung auf den Pater Mabillon, der 1704 eine bekannte Urkundensammlung veröffentlicht hatte – »zusteht, über Verhandlungen zu reden, die in den Kabinetten der Fürsten stattgefunden, noch die gewaltigen Szenen darzustellen, die sich auf dem europäischen Theater abgespielt haben, will ich selbst die Umwälzungen beschreiben, deren Augenzeuge ich war und an denen ich den regsten Anteil hatte.« Damit sollte für alle Zukunft ausgeschlossen werden, daß ein anderer als er selbst seine Handlungsweisen schilderte, seine Motive und seine Motivation bewertete. Niemand außer ihm, so unterstellte er, könne solches leisten, über seine Person könne und dürfe nur er allein das historische Urteil fällen. »Gehen diese großen Ereignisse doch mein Haus besonders an«, so seine Begründung. Das ist der – damals wie heute – übliche Reflex von Menschen, die Kritik nur schwer ertragen.

Nun folgte, knapp und klar, die »richtige«, nämlich Friedrichs Einordnung der Ereignisse: »Ja, man kann die Epoche seiner [des Hauses Brandenburg] Größe erst von diesem Zeitpunkt ab datieren« – dem Zeitpunkt seines Erscheinens auf der Bühne der Geschichte. Originalurkunden, Briefe und Verträge sollten seine Auslegung des Geschehens unterstützen und rechtfertigen. Friedrich versuchte aber nicht nur, einer Umdeutung des ehemals Verbindlichen, wie sie Vockerodts Aufsatz für den Zaren verhieß, vorzubeugen, sondern auch zukünftiges Denken zu beeinflussen, wenn möglich gar zu bestimmen, wie der folgende Satz offenbart: »Da ich zur Nachwelt rede, so lasse ich mich durch keinerlei Rücksicht behindern. Ich schone die Fürsten meiner Zeit nicht und verhehle nichts von dem, was mich selbst betrifft.« Ein Versprechen, das, wie schon erwähnt, fernere Forschung überflüssig machen sollte. Er hat es nicht eingelöst, konnte es gar nicht, weil sein Anliegen nicht die allgemeine Wahrheit war, sondern seine persönliche, was er allerdings in begleitenden Briefen zur Entstehung der *Denkwürdigkeiten* verschleiern wollte. An Voltaire, am 24. August 1743: »Meine Memoiren sind wahrheitsgetreu. Sie können also ihrer Natur entsprechend erst nach Ablauf des Jahrhunderts erscheinen.«

Da Friedrich als König an der Spitze der Gesellschaft stand und seine Schriften allein deshalb Autorität besaßen, hat man kaum gewagt, solche Sätze in Zweifel zu ziehen, nicht zu seiner Zeit, nicht in der seiner Nachfolger. Schiller hat sich getraut: »Im ganzen ist die Ansicht doch nur individuell, ... die Capricen, die den großen Friedrich in seinem handelnden Leben regiert haben, haben auch seine Feder reichlich geleitet ..., die Absicht ist nicht zu verkennen«, schrieb er über die *Histoire de mon temps*. Auch Ludwig Freiherr von Spittler hat sich getraut: Friedrichs Werk sei fast mit jugendlichem Mutwillen geschrieben« und »nicht selten auf Kosten der Wahrheit«. Diese Einwände blieben folgenlos.

Die Nachwelt hat Friedrich eben nicht als politischen Schriftsteller, sondern – zu Unrecht – als Historiker behandelt. Man hat ihm geglaubt, war von seiner Darstellung beeindruckt, solange die Monarchie bestand und darüber hinaus. Beispiele? Michael Ignaz Schmidts *Neuere Geschichte der Deutschen*, fortgesetzt von Joseph Milbiller, nutzte die *Histoire de mon temps* als zuverlässige Quelle; ganze Passagen sind sinngleich, beinahe auch wortgleich geschrieben. Das mag im Jahr 1804, als die Geschichtsschreibung noch in den Kinderschuhen steckte, akzeptabel gewesen sein, jedenfalls verständlich. Aber auch Gustav Berthold Volz, der Herausgeber von Friedrichs Werken in Deutsch, der es besser hätte wissen können und es wohl auch besser wußte, wollte die Schriften des hochverehrten Königs nicht so kritisch betrachten, wie es angebracht gewesen wäre. In der Einleitung zu Friedrichs historischen Werken schrieb Volz programmatisch, die Mängel der Darstellung rechtfertigend: »Nur um den Sinn ist es ihm zu tun; ... von hoher Warte betrachtet er die Dinge. Nur das Große und Bedeutende fesselt seinen Blick; über das Kleine und das Detail schreitet er mit Verachtung hinweg.« Und Reinhold

Koser, Friedrichs wichtigster Biograph, übernahm in seiner einfluß-
reichen kleinen Schrift *Aus dem Leben Friedrichs des Großen* seiten-
weise des Königs Darstellung aus der *Histoire de mon temps.*
Die Nachwelt ist Friedrich also gefolgt, ganz wie er gewollt und
berechnet hatte. Er hat ihr mit aller Autorität seine Handlungsweisen und Absichten aufgeschrieben, konsequent und lückenlos:
Neben den 1742 begonnenen *Denkwürdigkeiten* stehen die spätere
Geschichte meiner Zeit, die *Denkwürdigkeiten zur Geschichte des Hauses Brandenburg* und die *Geschichte des Siebenjährigen Krieges,* dann
die *Denkwürdigkeiten vom Hubertusburger Frieden bis zum Ende der
polnischen Teilung,* dazu *Die wichtigsten Begebenheiten von 1774 bis
1778* und schließlich *Der Bayrische Erbfolgekrieg* sowie ein kurzer,
nicht mehr ausgearbeiteter Aufsatz über die Jahre 1779 bis 1784.
Diese Schriften behandeln seine Regierungszeit und deren Vorgeschichte fast vollständig. Er hat vorgegeben, wie man sie zu lesen und
zu verstehen habe. Seinen Aussagen durften oder wollten spätere
Generationen nicht mißtrauen. Noch heute löst man sich nur ungern
von Friedrichs Vorgaben, zieht nur widerwillig des Königs Aussagen
in Zweifel, selbst dann, wenn er sich in Widersprüche verstrickt.

Er wird weise

*D*er erste Schritt zur Weisheit war wohl Friedrichs kluger Entschluß, nicht nur zu den großen Feldherren zählen zu wollen,
sondern auch zu den Weisen der Welt. »Glücklich derjenige, der
durch Weisheit zur Ruhe kommt«, hatte er bereits 1747 geschrieben.
»Erfahrung führt zur Mäßigung. Auf die Dauer ist Ehrgeiz nichts als
die Tugend des Narren.« Daran kann man sehen: Friedrich wollte
Cäsar sein und Marc Aurel, ruhmreich als Heerführer und Philosoph, eine Autorität auf beiden Gebieten! »Marc Aurel, einer der
größten Kaiser Roms, vereinte Feldherrnglück mit der Weisheit des
Philosophen«, hatte er als Kronprinz schon im *Antimachiavell* festgestellt. Wenn ihm das gelang, da war er sich sicher, würde er in der
Menschheit Gedächtnis bleiben, über seinen Tod hinaus, ewiglich.

An Wilhelmine hatte er 1748 über Marc Aurels *Selbstbetrachtungen* geschrieben:»Ich glaube nicht, daß die Nachwelt ähnliche Ausgaben von unseren modernen Kaisern veranstalten wird.« Aber er hoffte, das darf man wohl annehmen, daß sie es mit seinen Werken tun würde.

Die Entscheidung, sich wie Marc Aurel zu geben, hat er im Siebenjährigen Krieg zu einer Zeit getroffen, als auf dem Gebiet der Kriegskunst nach Niederlagen und Rückschlägen – bei Hochkirch, Kunersdorf, Maxen – kein Ruhm mehr zu erringen war, nicht einmal mit Siegen, auf dem Gebiet der Philosophie hingegen schon. Man kann das aus seinen Äußerungen schließen, gegenüber d'Argens etwa, Neumarkt, 17. August 1760, nach der gewonnenen Schlacht bei Liegnitz:»Glücklich, wer in den Tempeln der Weisen geborgen.« Die stoische Philosophie des römischen Kaisers bot Friedrich die Chance, trotz seiner Mißerfolge und Fehlschläge im Feld und obwohl die Zukunft höchst ungewiß war, denn sie hing vom Ausgang des Krieges ab, für sich Vorteilhaftes zu bewirken: eine Darstellung in der Öffentlichkeit nämlich, welche alle Vorzüge der geschichtlich Großen in sich vereinte.

Voltaire hatte ihn früh, schon im April 1737, mit dem römischen Philosophenkaiser auf eine Stufe gestellt, als»würdiger Erbe des Geistes Marc Aurels«. Im Jahr darauf hatte er ihn gar als»deutscher Marc Aurel« angesprochen und ihn 1739 als»Rival des Marc-Aurel, Du Musterheld der Erde« gefeiert, ihn also bald über den Römer gestellt und ihm die Wiederkehr eines Philosophenkönigs als Weltenwunsch vor Augen geführt:»Sie … müssen mit mir sagen: Sehnt stets nach Marc-Aurel sich unser Blick vergebens, dem Göttersohn, der Zier für Kunst und Menschlichkeit, der sich der Wahrheit liebend weiht?« Am Ende des Jahres hatte er ihn wiederum Marc Aurel genannt und noch einmal, nachdem Friedrich König geworden war, als»Divine Marc-Aurèle«, als»Göttlicher Marc Aurel« angeredet, ohne je eine Reaktion zu erhalten. Das darf uns nicht wundern, denn mit diesem Vergleich konnte Friedrich in jungen Jahren nichts anfangen: Er hatte Marc Aurel nicht gelesen, nicht als Jugendlicher, nicht in seiner Rheinsberger Zeit. Als er den *Antimachiavell* schrieb, hatte er über den Kaiser und was der geschrieben immerhin aus Büchern französischer Historiker erfahren, aber Marc Aurels Schriften selbst waren ihm unbekannt. Es bestand also gar nicht die Möglichkeit, an dessen Vorbild anzuknüpfen, und es war auch nicht nötig damals, denn ihm fehlte ja noch die Ambition, wie der Kaiser zu werden. Erst 1748, in der zweiten Jahreshälfte, begann Friedrich, sich mit philosophischem Gedankengut und so auch mit dem des römischen Kaisers ernsthaft auseinanderzusetzen. An Wilhelmine, Potsdam, 13. Oktober 1748: »Ich stecke bis über die Ohren in der Philosophie. Jetzt lese ich Ciceros ›De divinatione‹. Vorher las ich die ›Selbstbetrachtungen‹ des Kaisers Marc Aurel. Sie sind etwas stoisch«, was wohl bedeuten sollte: Sie sind etwas trist und langweilig. Man kann das nachvollziehen. Und weiter über den Stoizismus, 30. Oktober 1748: »… glaube nicht, liebe Schwester, Dein Bruder sei ein Schüler des Stoikers Zenon geworden. Diese Moral ist für Bildsäulen und leblose Wesen. Ich begnüge mich mit einer sanfteren Moral und passe sie den Umständen an. Im Glück überlasse ich mich der Führung Epikurs.« Auch als er das Buch des Römers neuerlich zur Hand nahm, im Dezember 1752, hielt seine Begeisterung sich in Grenzen. Damals ließ er seine Bayreuther Schwester wissen: »Ich lese die ›Selbstbetrachtungen‹ des Kaisers Marc Aurel, um meine Seele zu stärken, und finde einen Tröster, der noch bekümmerter ist als ich. Er behandelt die Menschen, als wären sie keine Lebewesen und hätten keine Empfindungen. So kehre ich zu Epikur zurück.« Das war nur natürlich, denn damals waren Glück und Umstände ihm hold; in solcher Situation gaben des Kaisers Gedanken über das irdische Ende ihm nichts. Zu jener Zeit war ihm einzig die *gloire* des Feldherrn wichtig, wollte er allein wie Cäsar sein.

In der ungewissen Situation der Jahre 1759, 1760 und 1761 aber, als es wenig wahrscheinlich war, daß er das Feld als Sieger verlassen würde, besann er sich wohl auf Marc Aurel, weil dieser eben Krieger und Philosoph zugleich gewesen. Der Römer hatte als alter Mann seine Maximen im Feld notiert, und man erinnerte sich seiner noch nach Jahrhunderten. Wir können die Hinwendung Friedrichs zu dem antiken Kaiser den Worten entnehmen, die er an die Herzogin von

Gotha richtete: »Das Unglück macht weise, es öffnet die Augen gegen die Vorurteile, die sie blendeten, und klärt uns über die Nichtigkeit der Dinge auf ... Der Stoizismus ist die höchste Stufe, welche der menschliche Geist erreichen kann.« Und wir können sie mit Fug auch aus seinem Verhalten erschließen. Um diesem Vorbild gleichzukommen, war ihm sehr wichtig, in der Öffentlichkeit reif und gesetzt zu erscheinen. Ein weiser Mann ist ja nach unserem Dafürhalten ein alter, zumindest aber ein älterer Mann, eine Persönlichkeit auch, die etwas erlebt und erfahren hat, die belesen ist und klug und aus diesen Gründen souverän. Das dürfte auch Friedrichs Vorstellung gewesen sein. Ein solches Bild von sich selbst suchte er nun zu vermitteln.

Er konnte es mit einiger Berechtigung tun. Erfahrung hatte er nun reichlich gesammelt in drei Kriegen, die notwendige Reife erlangt Ende der 1750er Jahre, und nicht zuletzt hatte er Rückschläge zu verkraften gelernt – eine Folge der andauernden Auseinandersetzung auch dieses. Aber war er wirklich »alt« geworden? Den Eindruck muß man gewinnen, wenn man ihn selbst sprechen hört. »Wann nehmen diese Plackereien ein Ende? Ich fühle, wie ich alt werde«, hatte er 1758 erstmals geäußert, da war er gerade sechsundvierzig geworden. Später dann, 1759: »Sehen Sie, wie ich seit Zorndorf« – seinem glücklichen Erfolg über die Russen im August 1758 – »abgemagert bin? Mein Rock ist viel zu weit geworden ... Ich will mein altes Gerippe ausruhen. Sehen Sie, wie mager ich werde, ich werde alt; aber ich muß es durchhalten.« An die Gräfin Camas schrieb er, Neustadt (bei Meißen), 18. November 1760: »Ich schwöre Ihnen, es ist ein Hundeleben, wie es ... keiner außer mir geführt hat. Diese ganze Lebensweise und diese Unordnung, die nie aufhört, hat mich so alt gemacht, daß Sie Mühe haben werden, mich wiederzuerkennen. Auf der rechten Seite meines Kopfes sind meine Haare ganz grau; meine Zähne zerbrechen und fallen aus; mein Gesicht ist voller Runzeln, wie die Falbeln eines Unterrockes, mein Rücken gekrümmt wie ein Bogen, mein Geist traurig und niedergeschlagen wie ein Mönch von la Trappe. Ich schreibe dies alles vorher, damit für den Fall, daß wir uns noch bei lebendigem Leibe sehen sollten, Sie sich nicht zu sehr über mein Aussehen entsetzen.« Aus Dahlen, 6. März 1763, suchte er sie noch einmal vorzuwarnen: »Was mich betrifft, so werden Sie mich alt und beinahe schwatzhaft geworden, grau wie ein Esel finden. Ich verliere alle Tage einen Zahn und bin durch die Gicht halb lahm. Aber Ihre Nachsicht wird die Schwächen des Alters ertragen, und wir werden von alten Zeiten reden.« Es ist das populäre Bild des »Alten Fritz«, das erstmals hier aufscheint, das er, weil es ein Erfolg war, dann kultivierte.

Schaut man jedoch genau hin, entspricht dieses Bild nicht der Realität. Des Königs Worte täuschen, und das sollten sie. Friedrich war während des Krieges weder alt noch mager geworden, auch hatten sich keine Falten tief in sein Gesicht gegraben, und grau waren seine Haare allein vom Puder. Solches läßt sich genau belegen, sogar sehen. Denn eine Ölskizze von Georg Ziesenis, dem Friedrich 1763 kurz nach Kriegsende in Dahlen-Salzdahlum »gesessen« hat, zum letzten Mal in seinem Leben, verrät von Auszehrung und Alter nichts, im Gegenteil: Der König sieht auf diesem Bild fast jugendlich aus, auch schalkhaft entspannt, faltenlos fast, frisch und gut genährt. Dieses Bild spricht wahrer als des Königs Worte.

Friedrichs Klagen sind Stilisierung. Sie schienen ihm notwendig, um in der Öffentlichkeit älter und erfahren zu wirken – und damit weise. Sie kündigten sein Streben an, Marc Aurel nachzueifern. Daß der römische Kaiser sein Kompaß sei, tat der König erstmalig kund am 11. November 1761 in Strehlen gegenüber dem Marquis d'Argens. Bei dieser Gelegenheit ertönten auch die ersten Seufzer über seine Gebrechen und das Alter. »… wenn man schlecht auf den Beinen ist, nimmt man den ersten besten Stock zur Stütze. Marc Aurel ist mein Stock, auf den ich mich stütze. Er gibt mir zwar den Gebrauch meiner Beine nicht wieder, hilft mir aber, mich weiterzuschleppen, und das genügt.« An den Lord Marschall George Keith schrieb er, Peterswaldau, 1. September 1762: »Ich halte mich an Locke, an meinen Freund Lukretius und an meinen guten Kaiser Marc Aurel. Diese Männer haben uns, abgesehen von der Physik Epikurs, alles gesagt, was wir zu fassen imstande sind, und alles, was uns bescheiden, edel und weise machen kann.« In jener Zeit auch setzte er die Betrachtungen Marc Aurels in Verse: Das Werk nannte er *Le Stoïcien*, es war

92

am 15. November 1761 vollendet. Bezüglich der öffentlichen Reaktion hatte er sich nicht verrechnet. »Das Bild, das E.[ure]M.[ajestät] von Ihrer Person gemacht hat, überrascht mich nicht. Wenn man mit 48 Jahren das getan hat, was ein anderer nicht in einem Jahrhundert getan hätte, ist es nicht erstaunlich, wenn die Haare weiß werden, die Haut Runzeln bekommt und einige Zähne ausfallen. Wenn Sie zu den Schattenkönigen gehörten, würden Sie wohlbeleibt, Ihre Haut würde frisch und Ihr Kopf würde nicht weiß sein, weil sie mit nichts beschäftigt wären und Ihren Generälen und Ministern die Not und Mühe überließen, die Sie jetzt selbst auf sich nehmen. E.[ure] M.[ajestät] mögen mir erlauben, Ihnen vorzustellen, daß Ihr Körper nicht die Kraft Ihres Geistes haben kann, daß es also nötig ist, ihn ein wenig zu schonen, wenn nicht durch Ruhe, so wenigstens durch gute Nahrung«, schrieb ihm die Gräfin Camas. Sie zeigte Friedrich damit, daß er glaubwürdig war und daß der Weg, den er eingeschlagen, zum Ziel führte. Der Fürsprache Voltaires, der ihn mit Marc Aurel zuerst gleichgesetzt hatte, konnte er ohnehin gewiß sein: »Egal in welchem Zustand Sie sich befinden, fest steht, daß Sie ein großer Mann sind. Ich schreibe Ihnen das nicht, um Sie zu langweilen, sondern um zu beichten ... Sie haben mir einen Brief geschrieben, halb in der Art des Marc Aurel, Ihres Schutzpatrons, halb in der Art Martials und Juvenals, Ihres anderen Schutzheiligen. Ich zeigte ihn zuerst einer kleinen, zierliche Französin, die am Hof von Frankreich lebt ... Die Dame schwärmte so sehr, daß ich Ihren Brief abschrieb, indem ich höchst anständig den ganzen Martial und den ganzen Juvenal wegkürzte und getreulich den ganzen Marc Aurel übrigließ.«

Nach dem Siebenjährigen Krieg, in dem er seinen Feldherrnruhm so glücklich gerettet hatte, wollte Friedrich nicht mehr Cäsar nacheifern, denn das barg die Gefahr, die *gloire* irgendwann zu verlieren. Daß der Ruhm an einem seidenen Faden gehangen und nicht seine eigene Kunst, sondern ein »Mirakel« ihm diesen erhalten hatte, wußte er nur zu gut. Er mußte Cäsar auch nicht mehr nacheifern, denn gleich diesem war er – dank seines Glücks – als Kriegsherr in der Welt nun berühmt und riesig groß: »Nie war ein König größer«, notierte Graf Karl Gustav Tessin, ein schwedischer Staatsmann, in seinem Tagebuch, allerdings auch: »Nie sollte aber auch ein König für das Glück und die Ruhe in der Welt weniger Nachahmung finden«, und er fügte noch hinzu: »Ich bin sicher, er denkt ebenso.«

Tessin traf das Richtige: Jetzt wollte Friedrich als Philosoph mehr denn als General zur Geltung kommen und setzte, anders als im *Antimachiavell*, in welchem er sich alles noch offengehalten, ganz auf Marc Aurel. Er tat es auf bewährte, suggestive Weise, indem er sich neben den römischen Kaiser stellte. Ganz eindeutig geschah das in einem Brief an die Kurfürstin von Sachsen, 30. Mai 1766: »… hat sich kein Mensch gefunden, der dem Weisen der Stoiker vergleichbar wäre. Wenn jemals einer Anspruch darauf erheben konnte, so war es ohne Zweifel der Kaiser Marc Aurel. Ich dagegen, gnädige Frau, der ich unwürdig bin, diesem großen Manne die Schuhriemen zu lösen, ich bin nur ein Dilettant. Ich liebe die Philosophie, ich bemühe mich, weise zu werden, wenn es möglich ist; aber meine Voreingenommenheit macht mich nicht so blind, daß ich glaubte es zu sein.« Noch deutlicher dann in seiner kurzen Abhandlung über *Regierungsformen und Herrscherpflichten* von 1777. Darin hat er, ähnlich wie in den *Politischen Testamenten,* »eine genaue Vorstellung gegeben … von der einzigen Möglichkeit, die monarchische Regierung gut und ersprießlich zu gestalten«, und sich selbst aufgrund dieser Ausführungen mit dem Kaiser gleichgesetzt: »Diese Skizze eines Herrschers«, so Friedrich am Ende seiner Ausführungen, »wird den Kritikern vielleicht wie das Vorbild der Stoiker erscheinen, wie das Vorbild eines Weisen, den sie sich vorstellten, der niemals gelebt hat und dem nur Marc Aurel sehr nahe kam«, der aber in seiner Person nun erschienen sei, so die Botschaft des Königs zwischen den Zeilen: »Wir wünschten wohl, dieser schwache Versuch wäre imstande, Fürsten wie Marc Aurel heranzubilden. Das wäre der schönste Lohn, den wir erwarten könnten, … er würde zugleich das Heil der Menschheit bedeuten« und würde ihn, Friedrich – auch dies wiederum zwischen den Zeilen –, als Vorbild und Lehrer über Marc Aurel sogar noch erheben. Es liegt daher nahe, wie schon Karl Otmar von Aretin es tat, »in Friedrichs Äußerungen zum Herrscheramt weniger, wie bisher, Anweisungen für die Zukunft und die künftige Art des Herrscherberufes zu sehen als vielmehr ein Absolutsetzen seiner Person«, zumindest aber den Versuch, sich selbst in Szene zu setzen.

Damit seine Suggestion nicht anmaßend erschien, fügte Friedrich bescheiden und für alle Eventualitäten sich entschuldigend hinzu,»daß auch ein Fürst, der die mühereiche Laufbahn, wie wir sie vorzeichneten, wirklich durchmäße, die höchste Vollkommenheit dennoch nicht erreichen würde. Beim allerbesten Willen könnte er sich doch in der Wahl derer täuschen, die er mit der Verwaltung der Staatsgeschäfte betraut. Man könnte ihm Dinge in falschem Lichte darstellen; seine Befehle würden nicht pünktlich ausgeführt werden; ungerechte Taten würde man so verschleiern, daß sie nicht zu seiner Kenntnis gelangten; harte und halsstarrige Beamte würden allzu streng und hochfahrend vorgehen. Mit einem Wort: in einem ausgedehnten Lande kann der Fürst nicht überall zugegen sein.« Kurzum: Für Mißstände ist nicht der Fürst, nicht Friedrich selbst verantwortlich, sondern seine Minister und Beamten sind es. Dieser Sicht ist die Nachwelt gern gefolgt – bis heute.

Aus der Zeit des Siebenjährigen Krieges und danach stammt auch Friedrichs Ausspruch: Der Ruhm sei nur leerer Wahn und schöner Schein. Er formulierte dies manchmal drastisch, etwa gegenüber dem Lord Marschall Keith:»Unser Feldzug ist beendet; es ist hüben und drüben nichts dabei herausgekommen als der Verlust sehr vieler rechtschaffener Männer, das Elend sehr vieler armer Soldaten, die für immer Krüppel sind, der Ruin einiger Provinzen, die Verwüstung, Einäscherung verschiedener blühender Städte. Das sind, mein lieber Mylord, die Heldentaten, die die Menschheit erschauern machen, traurige Folgen der Bosheit und Ruhmsucht weniger Menschen.« Bei anderer Gelegenheit äußerte er sich hintergründig und metaphorisch verhüllt, gab seinen Worten intellektuelle Tiefe, so der Kurfürstin Marie Antonie von Sachsen gegenüber: »Alexander der Große, der den Ruhm wohl kannte«, schrieb er ihr 1767,»beneidete Diogenes, diesen unverschämten Cyniker, den ich nicht zum Muster genommen hätte, um seiner Uneigennützigkeit und seiner Enthaltsamkeit. Aber es hat andere gegeben, die bei der

Ausübung der Grundsätze Epikurs ein glückliches und angenehmes Leben geführt haben, wie jener Atticus, Ciceros Freund, der in allen Unruhen der [Römischen] Republik sich vollkommen unparteilich verhielt, niemals sich um ein Amt bewarb, auf jede Befriedigung des Ehrgeizes verzichtete und bei der besiegten und der siegreichen Partei in Ehren stand. Ich bin überzeugt ..., daß jemand, der ein solches Verhalten sich von seiner Jugend ab vorschreiben und es befolgen würde, ohne davon abzuweichen, sich freuen würde über das Teil, das er sich erwählt hat.« Ruhm zu erstreben sei eitel, sollte das heißen; solche Sucht mache Menschen nicht glücklich.»Hier haben Sie ... mein Bekenntnis, so als ob Sie es in meiner Seele gelesen hätten. Ew. königl. Hoheit werden ohne Zweifel sagen: ›Warum entsprechen Ihre Handlungen nicht Ihren Grundsätzen?‹ – Weil der Zufall, gn. Frau, der mächtiger ist als Epikur und ich, gewollt hat, daß ich als der älteste der Kinder meines Vaters geboren wurde in einem Staate, in welchem das Erbrecht seit undenklicher Zeit in Brauch ist; weil man in einem Amte, das man bekleidet, sich dem Geiste der Gesamtheit anpassen muß; weil ferner die Umstände die Menschen fortreißen und sie oft wider ihren Willen in Bewegung setzen.« So lautete also seine philosophische Begründung dafür, warum er der Ruhmsucht erlegen sei: Die Umstände hätten es erzwungen, ihrer hätte er sich nicht erwehren können trotz seines Wissens, daß der Ruhm eine Chimäre ist.

In diesem Sinne äußerte er sich auch gegenüber der Königin Juliane von Dänemark, seiner Schwägerin:»... falsch verstandenes Verlangen nach Ruhm [verführt] die Menschen zu Irrtümern ... und [läßt] sie ungerechte Dinge unternehmen ..., die sie für löblich halten, da diese Aufsehen erregen.« Und Kaiser Joseph II. gestand Friedrich sogar ein, daß er in seiner Jugend zuviel Ehrgeiz besessen und schlecht gehandelt habe. Es hat den Anschein – und sollte es auch –, als ob der König sich von früheren Handlungen, von seinen Feldzügen und Eroberungen, distanziere, um als Philosoph und Schriftsteller in die Annalen einzugehen.

Aber das war eben nur Schein. In Wahrheit hat er Lord Marschall Keith schon im folgenden Brief bekannt, daß er tausendmal lieber sterben würde als in einen Frieden einzuwilligen, der für Preußen schimpflich und für ihn also wenig ruhmvoll wäre. Gegenüber Voltaire, der ihn neben Prinz Heinrich wohl am besten kannte und um all seine Ambitionen wußte, gab Friedrich stets, auch spät, 1773 noch, zu, daß er »große Vorliebe für den Ruhm habe« und immer haben werde. Dem Philosophen schrieb er auch larmoyant: »... schmeichle ich mir jedoch nicht damit, daß die Fürsten den bedeutendsten Anteil erhalten werden. Ich glaube im Gegenteil; daß die großen Schriftsteller, die das Nützliche mit dem Angenehmen verbinden und auf gefällige Art zu belehren wissen, einen dauerhafteren Ruhm genießen werden, da das Leben der guten Fürsten ganz Tat ist, und die Schicksalsfälle, die Menge der Ereignisse das Vorhergehende auslöschen. Während die großen Schriftsteller nicht nur Wohltäter ihrer Zeitgenossen, sondern die aller Zeiten sind.« Das war – wieder einmal – der bewußte Versuch, bescheiden zu wirken, denn als Schriftsteller hatte er sich ja mit Erfolg versucht.

Voltaire war vertraut mit solchen Äußerungen. Diese vom Beginn des Jahres 1773 offenbarte ihm, daß der König nun seinem Fingerzeig folgte: »Ihre *Dialogues* im Stile Marc Aurels stehen weit ... über einer Parade«, hat er ihm geantwortet. Ferner zeigte Friedrich ihm an, daß er endlich auch als Marc Aurel in die Geschichte eingehen wollte, an dessen philosophische Schriftstellerei *Wege zu sich selbst* man sich erinnerte und noch heute erinnert, während seine Kriegstaten verblaßt sind. Der König war nun zu »Marc-Aurèle-Julien Frédéric, héros de la guerre et de la philosophie« geworden, zu Marcus-Aurelius-Julius Friedrich, Kriegsheld und Heros der Philosophie, wie Voltaire im Februar 1775 schrieb. Und der Franzose setzte umgehend in die Welt, daß Friedrich von Preußen »in sich die Weisheit Marc Aurels mit Alexanders Glück« vereinige. Bis heute wird es so berichtet.

Trost und Freude seines Lebens

*N*och ein weiterer Weg war zu verfolgen zum unsterblichen Ruhm. Nämlich der des Maecenas. Dessen Weg dorthin war beinahe der schönste, denn dieser scheint – und ist es manchmal wohl wirklich – uneigennützig. Diesen Weg zu beschreiten, hatte Voltaire Friedrich bereits in seinem ersten Brief empfohlen. Er hatte den Kronprinzen auf das Renommee hingewiesen, das die Förderung von Wissenschaft und Kunst einem Herrscher einbringt, und Friedrich hat sich als König danach gerichtet: Nach Cirey meldete er wenige Wochen nach Antritt seiner Regierung, Charlottenburg, 27. Juni 1740: »... habe ich ... den Grund zu unserer neuen Akademie gelegt, ... ein neues Handlungs- und Manufaktur-Departement eingerichtet und rufe Maler und Bildhauer her.« Durch diese Maßnahmen setzte er ein Zeichen und grenzte sich ab vom Vater. Der hatte die Akademie verkommen lassen. Friedrich brachte sich nun europaweit ins Gespräch, weil er Männer nach Berlin berief, die ihrer aufgeklärt-kritischen Werke wegen verfolgt wurden. So 1740 den als »Religionsfeind« und »Determinist« vertriebenen Mathematiker und Philosophen Christian Wolff, den er aus Marburg zurück nach Halle holte, so 1748 den französischen Arzt und Philosophen Julien Offray de La Mettrie, dem Staat und Kirche seiner offenen Worte wegen nachstellten. Solche Haltung verschaffte dem Preußenkönig den Ruf, Schutzherr des freien Geistes und der freien Rede zu sein. Solcher Haltung entsprang auch die tolerante Einstellung des Königs, die vielen zugute kam. Friedrich schätze kluge Kritik an der Kirche, stellte Philosophie über Theologie und behandelte alle Religionen mit demselben Interesse. Das war nicht selbstverständlich in Europa. In den Augen der Intellektuellen steigerte es das Ansehen des Monarchen. Sie hoben ihn hoch empor über seine Standesgenossen.

Auch allseits anerkannte Gelehrte suchte der König nach Berlin zu ziehen: Den Mathematiker und Polyhistor Pierre-Louis Moreau de Maupertuis, eine europäische Berühmtheit, machte er zum Präsidenten seiner Akademie. Er berief Leonhard Euler, den angesehensten Mathematiker der Zeit. Zwei weitere Zelebritäten lud er ebenfalls ein: Willem Jacob s'Gravesande, in Leiden Professor für Astronomie, Mathematik, Philosophie und Architektur, und Jacques de Vaucanson, den weithin bekannten Konstrukteur von Automaten, auch er ein Philosoph; beide lehnten aber ab, nach Preußen zu kommen.

Friedrichs Haltung war wesentlich bestimmt von dem Interesse, große Namen nach Preußen zu rufen, denn solche bekannten Personen erhöhten das Ansehen der Akademie und somit auch seines. Maupertuis überließ er deren Leitung, der sollte sich um alles kümmern. Friedrich war nur wichtig, daß man ihn ebenfalls als Mitglied der Akademie ansah – wegen seines Bildes in der Öffentlichkeit. Er schrieb deshalb für die Sitzungsberichte, die *Mémoires*, regelmäßig Abhandlungen, allerdings keine wissenschaftlichen, sondern solche, die seine Auffassung von Herrschaft darlegten. Gesprochen hat er kein einziges Mal vor den Mitgliedern der Akademie; all seine Abhandlungen ließ er durch Dritte verlesen, da er Gelehrte und den Umgang mit ihnen im Grunde nicht schätzte. Viele seiner Äußerungen beweisen das. An der Entwicklung seiner Akademie nahm er keinen Anteil, auch nicht, als er 1759 nach Maupertuis' Tod die Leitung übernahm.

Der Anlaß für Friedrichs »Präsidentschaft« war die Hinzuwahl Lessings gewesen. Sie hatte Friedrich aufs äußerste mißfallen, und zwar so sehr, daß er fortan die Aufnahme deutscher Schriftsteller verbot und sich überhaupt weigerte, »die im eigenen Land sich regenden Impulse« – gleich auf welchem Gebiet – »wahrzunehmen und zu fördern«. Wir werden ausführlicher davon hören, wo es um Friedrichs Eigensinn geht. Hier nur soviel: Aufgrund dieser Einstellung des Königs verlor die philosophische Klasse der Akademie ihre Bedeutung und die naturwissenschaftliche nach und nach ebenso. Gelehrte wie Euler fühlten sich unverstanden und unwürdig behandelt, was sie auch wurden, und verließen Berlin. Euler ging 1766 nach St. Petersburg, wo ihn Katharina die Große in die Russische Akademie aufnahm, sein Auskommen sicherte und ihm gar ein Stadtpalais schenkte. Eine wahrhaft generöse Mäzenin. Die Aufklärung, das heißt der Fortschritt der sie tragenden akkuraten Wissenschaften, meinte deshalb von Aretin, war »für Friedrich auf einen sehr engen Kreis beschränkt. Sie diente im Grunde genommen dem Eigenkult und der Selbstbeweihräucherung.« Das ist ein hartes Urteil und wohl auch ein wenig überzogen vor dem Hintergrund von Friedrichs Interessen für die zeitgenössischen Entwicklungen. Andererseits fanden Fortschritte Friedrichs Beachtung nur, wenn sie seinen feststehenden Vorstellungen vom Werden der Welt, jetzt und in Zukunft, entsprachen. Bedenkt man dieses recht und die auf öffentliche Aufmerksamkeit ausgerichtete akademische Berufungspraxis der ersten Jahre, ist Aretins Standpunkt gar nicht so verkehrt.

Näher als die Wissenschaften waren Friedrich die Künste. Auch hier versuchte schon der junge König ein Zeichen zu setzen, indem er »Vorstellungen zu verwirklichen trachtete, die sich bis in die Einzelheiten des Stils, der Formensprache und des Figurenprogramms auf eigene, ganz persönliche Visionen« zurückführen ließen. Deutlich wurde dies durch den Bau von Schloß Sanssouci, welches er nach seinen Siegen in den zwei ersten Schlesischen Kriegen nach eigenen Ideen und Skizzen errichten ließ. Eine *Maison de plaisance*, ein »Lusthaus im Grünen«, war nicht unüblich in der Zeit. Schon Ludwig XIV. hatte, wie Friedrich wußte, im Park von Versailles den Grand Trianon erstehen lassen. Doch Sanssouci sollte sich absetzen von bislang Gebautem, sollte durch Lage, Größe und Ausstattung das Haus eines Feldherrn, Dichters und Philosophen sein.

Friedrich wandte viel Überlegung auf das Schloß. Das begann mit dem Bauplatz: Seine Lage war die von Kalypsos Grotte in Fénelons *Telemach*, der ja Held und Vorbild des jungen Friedrich gewesen war. »Die Grotte der Göttin befand sich auf dem Abhang eines Hügels«, heißt es darin, »von diesem aus sah man das Meer ... Die nahen Berge waren mit dem Grün der Weinreben bedeckt ..., die Trauben glänzender als Purpur, drängten sich zwischen den Blättern hervor ... Der Feigen-, der Öl- und Granatbaum und die verschiedenartigsten anderen Bäume bedeckten das Gefilde und machten es so zu einem großen Garten.« So war auch Sanssouci, von wo man bis zur Havel sah. Doch war die Idylle des Ortes, war *Sans, Souci,* nur ein Teil von Anspruch und Absicht. Denn im *Telemach* heißt es weiter:»Nein, nein, der Sohn des Ulysses wird niemals durch die Lockungen eines trägen und verweichlichten Lebens betört!« Und: »…stimmten vier junge Nymphen einen Gesang an. Zuerst sangen sie den Kampf der Götter mit den Giganten, dann die Liebe Jupiters und der Semele, die Geburt des Bacchus und seine Erziehung durch den alten Silen …; endlich wurde der Trojanische Krieg besungen und bei dieser Gelegenheit die Tapferkeit und Weisheit des Ulysses bis in den Himmel erhoben.« Das muß man mitbedenken, erst dann erschließt sich der Lage versteckte Botschaft: tätig und träge zugleich zu sein, ruhmreich im Feld und beim Symposion genußvoll, Kriegsherr und Philosoph. Und die eher geringe Größe des Schlosses sollte signalisieren: Hier wohnt ein bescheidener Philosophen-Fürst, aber eben ein Fürst und König und ein Feldherr obendrein, das sollte man merken.

Auch im Innern des Schlosses sollte man das erkennen, und das tat man zur Zeit Friedrichs; im Laufe der Jahrhunderte scheint die Botschaft aber in Vergessenheit geraten zu sein. Die Dekoration von Schloß Sanssouci ist erst in jüngster Zeit wieder nach ihrer Aussage und Bestimmung befragt worden. Christoph Martin Vogtherr hat sich mit dem»Verhältnis der Kunstwerke zur Nutzung der Räume und ihrer Funktion für die königliche Repräsentation« auseinandergesetzt. Er hat das am Beispiel des Audienz- und Speisezimmers getan:»Es ist ein Raum, der in seiner Gemäldeanordnung eine klare Botschaft offenbart. Im Zentrum des Raumes, in der Mitte der Nordwand, hängt ein Gemälde Antoine Coypels. Dargestellt ist eine Szene aus Torquato Tassos *Befreitem Jerusalem*. Der Kreuzritter Rinaldo vergißt in den Armen der Zauberin Armida den Krieg und muß erst durch seine Gefährten wieder an das Erobern, Befreien und Zerstören erinnert werden.« Die umgebenden Gemälde variieren dieses Thema,»zur Linken Jean Raoux' Darstellung der handgreiflichen Liebe unter Gärtnern, zur Rechten die Ironisierung in der keuschen Variante der Vestalinnen. Darunter wird der Gegensatz zwischen Krieg und Liebe in einer Reihe von *Fêtes galantes* und zwei Soldatenszenen des Watteau-Schülers Jean-Baptiste Pater wiederaufgenommen. An der linken Wand hängt unter einer weiteren, großformatigen *Fête galante* die Darstellung von Mars und Venus des Malers Louis Boullogne d. J., Watteaus ›Konzert‹ direkt daneben zeigt mit dem Stimmen der Laute auch das schwierige Einstimmen auf die Liebe und die Harmonie der Gegensätze, wie sie Boullognes Gemälde allegorisch vorführt. Gegenüber boten de Troys ›Liebeserklärung‹ und seine so genannte ›Molière-Lektüre‹ Idealbilder der Galanterie und der höfischen Konversation.«

Vogtherr hat vorgeschlagen, dahinter Friedrichs »Konflikt zwischen Pflicht und Neigung« zu sehen, was nahezuliegen scheint. Aber vielleicht war es gar nicht der Konflikt, sondern vielmehr die Verbindung von »Pflicht und Neigung«, von Kriegskunst und Philosophie, die Friedrich hier durch die Kunst und ihre Reihung demonstrieren wollte? Die Skulpturen von Apollo und Venus und die Darstellungen der Künste auf dem umlaufenden Gebälk in dem berühmten Marmorsaal des Schlosses spächen eher für letzteres, denn die Ikonographie vereint die Kriegskunst mit den freien Künsten. Daß ihm diese Verbindung geglückt sei, das wollte Friedrich wohl zeigen, aber ganz sicher wollte er zum Ausdruck bringen, daß ihn das einzigartig mache.

Für die Öffentlichkeit gedacht und daher leicht verständlich und weniger gedankentief war sein weiteres Programm: Er ließ »sich angelegen sein, Berlin zu verschönen, eines der schönsten Opernhäuser in ganz Europa zu bauen [und] Künstler aller Art kommen zu lassen«, wie Voltaire 1759 in seiner Schrift *Über den König von Preußen* festhielt. Er reihte sich auch – Aufmerksamkeit heischend – ein unter die großen Kunstsammler, erwarb 1742 für 80 000 französische Pfund die berühmte Sammlung antiker Skulpturen des Kardinals Polignac aus Paris, die rund 300 Objekte umfaßte. Die präsentierte er in seiner neuen Goldenen Galerie von Schloß Charlottenburg. Geld spielte keine Rolle, wenn es darum ging, sich der Welt als kunstsinnig zu zeigen. »Für Charlottenburg ist nicht notwendig, zu sparen; man muß alles nach bestem Geschmack und größter Pracht gestalten.« Das tat man mit Erfolg. Wieder Voltaire, an den Grafen d'Argental, Potsdam, den 24. Juli 1750: »... bin ich hier, in dieser einst wilden Gegend, die heute durch

die Künste wie durch den Ruhm verschönert ist. Einhundertfünf-
zigtausend siegreiche Soldaten, keine Beamten (Advokaten, Schran-
zen), aber Oper, Schauspiel, Philosophie, Poesie, ein Held, der Philosoph und Poet ist, Größe und die drei Grazien, Grenadiere und
die neun Musen, Trompeten und Geigen, Gastmahl des Platon, Geselligkeit und Freiheit! ... Man muß diesen Salomo in seiner Glorie
gesehen haben.«
Voltaire feierte auch gebührend das große Carousel, das Friedrich Ende August 1750 im Berliner Lustgarten veranstaltet hatte.
Dieses war ein öffentliches Ritterspiel gewesen, ein militärisches
Turnier, an dem als Römer, Karthager, Griechen und Perser ver-
kleidete Mitglieder der Hofgesellschaft in vier Quadrillen ihre Geschicklichkeit unter Beweis gestellt hatten. Friedrich hatte es mit
Theater- und Opernaufführungen, mit Festessen, auch Architek-
turarrangements und Feuerwerk verbunden und sich solchermaßen
als Patron von Literatur und Kunst präsentiert, wie Voltaire nach
Paris meldete: »Es gibt eigentlich keine Mittel, ein Carousel zu beschreiben wie das, was ich eben gesehen habe; es vereint das Carousel
von Ludwig XIV. mit einem chinesischen Laternenfest. Nicht die
geringste Verwirrung, kein Lärm, alle saßen bequem, aufmerksam
und ruhig, wie in Paris ... All dies hat ein einziger Mann zustande
gebracht. Seine fünf Siege und der Dresdner Frieden bildeten ein
schönes Ornament für dieses Spektakel.« Friedrich wollte eben und
mußte auch, wie Voltaire ihm geraten hatte, »auf allen Wegen zu
Ruhm kommen«.
    Auf dem Weg des Kunstsinnigen und Patrons wollte er auch
nach dem Siebenjährigen Krieg weiter voranschreiten. Das zeigt der
Brief an Voltaire vom 31. Juli 1767: »Lassen Sie nicht außer acht ...,
daß meinem Kopf nur noch wenig gesunder Menschenverstand geblieben ist, allerdings eine auflebende Leidenschaft für die Wissenschaften und die schönen Künste. Das beides ist mein Trost und
meine Freude«, schrieb Friedrich nach Ferney. Was nicht ganz die
Wahrheit war, wie wir wissen, weil die Wissenschaften ihn innerlich
so recht nicht berührten. Ganz anders die Künste, die waren durchaus seine Sache und ihm auch Vergnügen, vor allem die Malerei,

trotz seiner »tiefen Unkenntnis in diesen Dingen«, wie er Wilhelmine offenbarte. Außerdem waren sie nützlich, wenn es darum ging, den Ruhm zu erhalten, vielleicht gar neuen zu erringen. Den Künsten widmete er sich weit intensiver als der Wissenschaft, auch während er im Feld stand und nach Ende des Siebenjährigen Krieges noch einmal eindringlich und mit großer Absicht.

Zwei Vorhaben waren es, die Friedrich verfolgte, beide geplant schon vor Ausbruch des Krieges für den Park von Sanssouci: eine Bildergalerie und ein neues Schloß. Was genau ihn bewog, 1755 Galerie- und Schloßbau zu beginnen, das läßt sich nicht so leicht sagen. Danach gefragt hat bislang seltsamerweise noch nie jemand. Man hat immer nur gefeiert, daß er baute. An Wilhelmine schrieb er, wohl aus Potsdam, am 28. März 1755: »In Sanssouci lasse ich eine Bildergalerie erbauen – eine neue Torheit, wirst Du sagen, aber das ist der Welt Lauf, und die Geschichte wäre sehr kurz, wollte man aus dem Leben der Menschen nur ihre vernünftigen Handlungen buchen.« Als sie darauf nicht einging, schrieb er ihr ein zweites Mal, im November des Jahres, daß er eine Galerie plane und daß ihm erstaunlich leicht gelungen sei, »eine ziemlich reichhaltige Sammlung bekannter und von Kennern geschätzter Bilder zusammenzubringen«. Die Galerie werde eine kleine Verschönerung für Sanssouci sein und einen angenehmen Spaziergang garantieren, wenn schlechtes Wetter ihn vom Garten fernhalte. »Wie Du siehst, liebe Schwester, hänge ich nicht einer Torheit an, sondern habe ihrer aller Arten.« Daß ihn Torheit zu solchem Tun veranlaßt habe, mochte Wilhelmine jedoch nicht glauben, und auch wir sollten es nicht. »Ich wundere mich nicht, daß es Dir leichtgefallen ist, Deine Gemäldegalerie zu vervollständigen«, schrieb sie Friedrich zurück, »bei Deinem Geschmack«, und setzte hinzu: »Sanssouci ist für mich eine der reizendsten Stätten, die ich gesehen habe. Diese Mischung aus Peterskirche und Pantheon, die mir seit meiner Reise klargeworden ist« – sie war unlängst heimgekehrt aus Italien – »ist einzig.« Damit traf Wilhelmine wohl Friedrichs Absicht: Er wollte als Fürst vor der Geschichte vollkommen sein und die Größten der Vorzeit, Alexander, Cäsar, als Sammler großer Kunst übertrumpfen, denn das waren sie nicht gewesen, und als Sammler alter Meister wollte er zumindest mithalten mit Ludwig XIV. So wohl muß man seine Worte verstehen:»… habe ich fast hundert Gemälde zusammengebracht, darunter zwei Corregio, zwei Guido Reni, zwei Paul Veronese, einen Tintoretto, einen Solimena, zwölf Rubens, elf van Dyck, ohne die übrigen Meister zu nennen. Ich brauche noch fünfzig Bilder, die ich aus Italien und aus Flandern kommen lasse, um meine Galerie zu vervollständigen.« Es ging ihm, so scheint es, mehr um große Namen und die Botschaft als um die Kunst; die mußte ja großartig sein, mag er – eben der Namen wegen – gedacht haben.

Ein Jahr nach Ende des Krieges, 1764, war die Bildergalerie vollständig. Ihre Wirkung?»Dieses Sanssouci ist ein bezaubernder Ort … Doch noch überwältigender ist der Eindruck, den man beim Eintritt in die Gemäldegalerie empfängt. Die Hauptwerke aller großen Meister sind hier vertreten, Rubens und Rembrandt sind in reichem Maße vertreten. In einem besonderen Kabinett hängt ein wundervoller Raphael«, schwärmte Ernst Ahasverus von Lehndorff, nachdem er sie 1764 gesehen. Die neue Sammlung tat, was sie tun sollte: Sie vermehrte Friedrichs Ruhm.

Gloire sei für ihn auch der Grund gewesen, das Neue Palais aufzuführen, sagten die Zeitgenossen.»Unzufrieden mit dem Ruhm, den er durch seine eigenen Talente und sein Kriegsglück erlangt hat, ahmt er alles nach, was seinen Ruhm nach seiner Meinung vermehren kann. So erbaut er nach dem Vorbild von Ludwig XIV. und von Versailles ein Schloß, das … noch größer wird als das Königliche Schloß in Berlin«, berichtete im September 1763 der österreichische Gesandte Joseph von Ried nach Wien.»Gegenwärtig läßt er an einem prächtigen Tafelgeschirr arbeiten, wahrscheinlich um die bevorstehende Hochzeit des Prinzen von Preußen mit noch größerem Glanze begehen zu können, als bei der Hochzeit des Erzherzogs Joseph entwickelt ward.«

Rieds Beobachtung war im Grunde nicht falsch, in ihrer Schlichtheit war sie es genau genommen aber doch. Denn einfach imitieren wollte der König nicht, nicht einmal Ludwig XIV., dessen Regierung er schätzte. Das wäre ihm zu plump erschienen, zu gedankenlos, auch ohne persönliche Note. Daß Friedrich später, 1780, sagte, der Bau des Neuen Palais nach dem Krieg sei eine »fanfaronnade« – eine Angeberei – gewesen, ist keine Bestätigung für Rieds Worte, denn Prahlerei hat ihn nicht zum Bau des Palais bewogen. Friedrich wollte der Welt vielmehr beweisen, daß seine Kassen nicht leer waren, daß er den Krieg auch im achten Jahr hätte führen können und daß er sein Überdauern eben nicht einem Wunder verdankte. Das war eine der Botschaften des Baus, eine sehr einfache allerdings. 1755, als die Planung des Hauses begann, konnte Friedrich diese Absicht freilich noch nicht gehegt haben. Damals sollte das neue Schloß auch noch an der Havel, gegenüber von Sanssouci, liegen.

Über seine Bestimmung wußte man nichts, denn der König hat sich dazu nicht geäußert. So vermutet man für gewöhnlich, Friedrich II. muß sich »entschlossen haben, außerhalb von Potsdam eine aufwendige Sommerresidenz zu errichten, die im Gegensatz zu dem privaten intimen Sanssouci geräumig genug war, den gesellschaftlichen Anforderungen des preußischen Staates nach Repräsentation zu genügen«, was aber nicht recht überzeugen kann, wenn man Friedrichs Vorlieben bedenkt, zu denen die zeremonielle Repräsentation nicht gehörte. Die überließ er seiner Frau, nahm sie selbst nur notgedrungen auf sich und stets nur in Berlin, den auswärtigen Diplomaten gegenüber. Potsdam blieb immer seine *retraite*. Möglicherweise wollte Friedrich sich eine eigene große Residenz errichten, wie sein Großvater es getan hatte, indem er dem Berliner Schloß ein neues Gesicht gab. Wir wissen es nicht. Was ihm auch immer vorgeschwebt haben mag, es hatte sich daran während des Krieges etwas verändert. Denn nun verlegte der König den Bauplatz des Palais an einen Ort, »den niemand für möglich gehalten hatte« und welcher »in keinerlei Beziehung zum Park, seinen anderen Bauten oder zur Stadt selbst« stand. Warum Friedrich das tat, wissen wir ebenfalls nicht, können allenfalls Vermutungen anstellen, die sich aus seinem Wesen ergeben. Sicher ist nur: Er tat es überlegt, denn er zeigte enormes Interesse an jeder Einzelheit des Projekts. Heinrich Ludwig Manger, einer seiner Baumeister, hat das überliefert. Das Neue Palais beweise, schrieb Manger, »daß alles durchaus nach der einmal gefaßten Idee des Königs mußte ausgeführt werden«. Auch die erhaltenen Pläne, Grundrisse und Zeichnungen des Schlosses bezeugen das, denn Friedrich hat in diese seine Vorgaben und Vorstellungen eingetragen. Welche Idee ihn leitete? Gewiß der Gedanke an die Nachwelt. Die sollte im Neuen Palais das Sinnbild seiner Größe erkennen. Die Zeitgenossen taten das bereits. So der geschwätzige Kammerherr der Königin, Ernst Ahasverus von Lehndorff: »Alles kündiget die Wohnung eines großen Monarchen an.« Und noch mehr in seinem Sinn: »Die Schönheiten dieses neuen Palais versetzen mich in Staunen. Hier findet man alles beisammen, Reichtum, Pracht und Geschmack und Gemälde von wunderbarer Schönheit. Das ist heute unstreitig der schönste Ort Europas.« Die Zeichen, die der König mit seiner Architektur setzte, die wahrnehmbaren jedenfalls, scheinen in solche Richtung zu weisen. Da ist zuerst, leicht zu verstehen und schlicht, des Schlosses Größe. Sie allein schon ist Grund genug, in dem Gebäude Friedrichs Ruhm zu erkennen, sie auch steht für seinen Triumph über die Gegner im Krieg, für das Vermögen des friderizianischen Staates; das ist bekannt und gängige Ausdeutung.

Für solche Sinngebung spricht zudem, daß sich das Triumphierende auch im Innern des Schlosses zeigt. Sehr deutlich in der Wohnung des Königs, im Zweiten Vorzimmer, der »fleischfarbenen« Kammer. Friedrich hat sie mit Meißener Schneeballvasen schmücken lassen, vierundzwanzig dieser wertvollen Stücke stehen dort vor den Wänden. Sie sind sicherlich ein Hinweis auf Sachsens Besetzung im Krieg und darauf, daß der König Herr über die Manufaktur gewesen war und daß er selbst Formen und Dekors für das Porzellan erdacht hatte, also Kunstsinn besaß. Triumphal auch der Gestus der Marmorgalerie, durch die man schreiten mußte, um zu des Königs Gemächern zu gelangen. Die Platten des Marmorbodens sind geschnitten aus antiken Säulen, ein Hinweis, daß das Gebäude an die größte Epoche der Geschichte anknüpfen sollte; die Spiegel sind Trophäen aus dem Palais des Grafen Brühl in Dresden, eines politischen Gegners und konkurrierenden Kunstsammlers, den er ebenso bezwungen wie übertroffen hatte.

Hintersinniger und heute viel schwieriger zu verstehen sind die

Botschaften in anderen Sälen. Franziska Windt hat kürzlich das
erste Vorzimmer von Friedrichs Wohnung und den Marmorsaal im
Obergeschoß des Palais untersucht und gezeigt, daß Friedrich auf
seine sehr intelligente Weise in beiden Räumen bestrebt war, »sich
selbst ... über die Bildersprache in den Kreis der Großen der Geschichte einzureihen«.

Anders als Ludwig XIV. oder Maria Theresia taucht Friedrich
als Figur in den Gemälden beider Säle nicht auf; nur vorübergehend
waren seine Initialen an der Decke des Marmorsaals zu sehen. Dort
ist ein Göttermahl dargestellt von Charles Amédée van Loo und die
Aufnahme von Ganymed, dem Liebling des Zeus, in den Olymp.
Über dieser Szene schweben zwei Genien, die einen Schild tragen,
auf dem einst FR zu lesen war; die Initialen sind durch ein Tuch
übermalt und also nicht zu sehen. Restaurierungsarbeiten aber haben ihre Existenz erwiesen. Die Initialen zu übermalen, habe Friedrich sogleich, als er sie an der Decke sah, aus Bescheidenheit befohlen! Friedrich Nicolai überliefert uns diese damals viel erzählte
Anekdote. Auf van Loos Vorzeichnung zu dem Gemälde ist das FR
jedoch deutlich zu sehen, und so »ist es kaum vorstellbar, daß der
König nicht schon früher von dem Motiv des Schildes mit den Initialen Kenntnis gehabt«, denn »normalerweise ließ er sich künstlerische Entwürfe zur Genehmigung vorlegen, ehe er sie freigab«, und
das hat er mit Sicherheit auch in diesem Fall getan.

Was also muß man von Friedrichs Anordnung, die Buchstaben
FR zu überdecken, halten? Wohl daß er den Hinweis auf seine Person nicht wirklich tilgen wollte, »denn wessen Initialen, wenn nicht
seine, sollten auf der Kartusche zum Vorschein kommen? Es bleibt
aber der Phantasie des Betrachters und seiner Vorstellungsgabe
überlassen, diese Verbindung zu ziehen. Tut er es, dann kann er die
Darstellung als Erhebung des Königs in den Olymp deuten« – und
somit seinen Ruhm und seine Größe erkennen –, »tut er es nicht,
sieht statt dessen nur die Verhüllung und hört von der dahinter ste-
henden Geschichte, wird Friedrichs Bescheidenheit« – ebenfalls –
»zur Größe. Das war vom König klug bedacht.«

Gedankenreich auch die Gemäldeauswahl im ersten Vorzimmern seiner Wohnung und in dem der Gästewohnung auf der anderen Seite des Schlosses. Dort hing – und hängt noch immer – unübersehbar Augenmerk heischend ein riesiges Gemälde von Andrea Celesti, *Tamerlan und Bajazet*, drei Meter siebzig mal acht Meter. Es zeigt, wie Tamerlan oder Timur Lenk, jene »Geisel der Menschheit«, sich von einer halb entblößten, fürstlichen Frau, offenbar die Gemahlin Bajazets, bedienen läßt; dieser muß, in einem Käfig gefangen, der Demütigung zusehen. Ein barbarischer, von Leidenschaften gelenkter Herrscher, ein gewalttätiger auch, das ist die Botschaft des Gemäldes.

Das Gegenstück, die »Antwort« auf Celestis Bild, hängt in der Blauen Kammer der Königswohnung: Pompeo Batonis *Die Frauen des Dareius vor Alexander dem Großen*. Alexander tritt mit seinem Freund Hephaistion an das Zelt von Dareius' Familie, um ihr Schutz zu versprechen und zu versichern, daß der Sohn, Gemahl, Vater noch lebe. Weil aber Hephaistion stattlicher und schöner als Alexander war, »hielten die Königinnen ihn für den König und fielen nach ihrer Sitte vor ihm nieder. Als hierauf einige der gefangenen Eunuchen ihnen zeigten, wer Alexander sei, warf sich Sisygambis« – Dareius' Mutter – »zu seinen Füßen und entschuldigte ihren Irrtum damit, daß sie den König zuvor nie gesehen hätte; doch dieser hob sie mit der Hand empor und sprach: ›Du hast Dich nicht geirrt, Mutter, denn auch dieser ist Alexander.‹« So berichtet Quintus Curtius, nach dessen Alexander-Geschichte Batoni das Gemälde geschaffen hat »im Jahr 1763. auf Befehl Sr. Majestät«, wie wir vom königlichen Gemäldeinspekteur Matthias Oesterreich wissen. Friedrich also ging es um die Großherzigkeit Alexanders gegenüber der Familie seines Feindes *und* gegenüber dem Freund. »Die Hängung des Gemäldes, sozusagen als ›Schlüsselbild‹ in seiner Wohnung im Neuen Palais, legt nahe, daß es etwas von dem ›großen‹ Geist zeigen sollte, der in diesen Räumen und im friderizianischen Preußen herrschte ... Bedacht um seinen Ruf als ›Großer‹, versuchte Friedrich durch das Gemälde Batonis auch nach dem Krieg sein Bild als großmütiger und gerechter Sieger zu befestigen.« So war es wohl.

Friedrich spielte mit dem Wissen seiner Zeitgenossen und hoffte auf das der Nachwelt. Er präsentierte sich, wie schon in Sanssouci, als ruhmreicher Feldherr *und* kunstsinniger König, tat dies deutlich und allen sichtbar auch in der Ikonographie des Äußeren, unterhalb der markanten Kuppel. Hier sah der Kundige, vom Garten kommend, die Taten des Perseus nach Ovids *Metamorphosen*, bemerkte dessen Kampf mit Medusa, erkannte den gegen das Seeungeheuer und jenen mit Phineus um Andromeda, den Perseus unter den Augen Viktorias am Ende gewann; sah dann auf der Hofseite die bei Ovid folgende Geschichte, las also »an dieser Seite gewissermaßen weiter im Text«, vom Sieg der Musen über die Piëriden, beäugt und beschützt von Apollon. Die Botschaft von allem: »Nach Beendigung gewaltiger Kämpfe durch die Götterkraft des Heros entwickelt sich die Kunst«, so 1928 Hans Kania über den »geheime[n] Sinn der Giebelfeld-Bilder am Neuen Palais«. Sibylle Badstübner-Gröger hat dazu 1991 in ihrer Analyse der Bauplastik am Palais festgestellt: »In der Figur Apollos ... will sich Friedrich II., der die Rolle eines Förderers der Kunst für sich in Anspruch nahm, identifiziert und damit verherrlicht wissen.« Diese Deutungen sprechen für den Wunsch und Willen des Königs, kommenden Generationen im Gedächtnis zu bleiben, ruhmreich auf allen Gebieten, gleich den Großen der Geschichte. Weil er aber alles zu sein sich bemühte – Feldherr, Philosoph und Förderer der Künste –, wollte er durch die Fülle seiner Talente die Großen vielleicht sogar übertreffen.

Das Neue Palais steht also für *gloire*, für Ruhm auf allen Gebieten. Es ist, weit mehr als Sanssouci, Friedrichs Vermächtnis. Das zeigt deutlich die schwere Kuppel an. Gestaltet sei sie nach »antiker Tempelart«, schrieb Friedrich Nicolai 1786. Dem kann man zustimmen und »nach Art eines antiken Pantheons oder Mausoleums« Nicolai ergänzend hinzufügen, so zu Recht Alfred Hagemann. Das würde zu Friedrich passen und zu allem, was er sein wollte; zu dem auch, was er tat, und dazu, wie seiner gedacht werden sollte. Und wirklich hat er selbst ja das Palais bei der Einweihung »Friederichs Ruhe benahmset«, wie uns der österreichische Gesandte Weber überliefert. Man kann also auch hier – am Ende – erkennen, daß des Königs Wert- und Wunschvorstellungen dem entsprachen, was Schiller später am Beispiel der trojanischen Helden in Verse faßte:

Von des Lebens Gütern allen
Ist der Ruhm das Höchste doch;
Wenn der Leib in Staub zerfallen,
Lebt der große Name noch.

So geschah es.

*Gestern führte mich der König in seine Bibliothek,
die zwar nicht reichhaltig, aber gewählt ist.*

JEAN LE ROND D'ALEMBERT, 22. Juni 1763

HARTNÄCKIGKEIT

Es war zwangsläufig und notwendig – in vielfacher Hinsicht: Friedrich mußte hartnäckig sein, manchmal sogar stur! Er mußte es sein, weil Hartnäckigkeit in seinen Augen Willenskraft bedeutete und somit Voraussetzung war für das Beschreiten des Weges, den er zu gehen wünschte; und er mußte es auch sein, weil ihn Hartnäckigkeit auf eine Stufe mit seinen berühmten Vorbildern stellte, mit Alexander und Cäsar, mit Marc Aurel und schließlich mit Ludwig XIV. von Frankreich, den Voltaire im Gedächtnis der Welt zu *Louis le Grand*, zu Ludwig dem Großen, erhoben hatte. Sie alle hatten von ihren Vorstellungen nie abgelassen.

Man kann Friedrichs Einstellung dem Tagebuch des Marchese Lucchesini entnehmen, des Königs Gesellschafter in den späten Jahren. Dem französischen Herrscher, heißt es in dessen Notizen, »spendete« – Friedrich – »reiches Lob, insofern derselbe im Festhalten an seinen Entschlüssen Willensstärke bewies«. So hat er schon als Kronprinz gedacht. Nur wenn er sich ebenso gebe und ebenso handele, entschlossen, fest, energisch, glaubte Friedrich, sein großes Ziel erreichen zu können: seinen Namen in das Buch der Geschichte zu schreiben. »Meine wohlüberlegten Grundsätze sind unerschütterlich«, hat er deshalb immer wieder öffentlich erklärt, »hoffen Sie nicht, eine Änderung in meinen Ansichten« – oder, muß man ergänzen, Handlungen – »hervorzubringen.« Friedrich hat, weil er sich nie »dem Vorwurfe eines begangenen Irrtums aussetzen« wollte, »auf seine Entscheidungen« – deshalb beharrt –, »auch nachdem er einsah, daß die Voraussetzungen falsch wären, denen zu Folge er sie gegeben hatte.«

Christian Garve, der Philosoph und Schriftsteller, der den König gelegentlich des Teschener Friedens 1779 in Breslau getroffen und lange mit ihm gesprochen hatte, hat diese Hartnäckigkeit auf die »kriegerischen Geschäfte« zurückgeführt, die den »vornehmsten

Theil« – von Friedrichs –»Aufmerksamkeit auf sich gezogen« hätten.»Die Züge des großen Feldherrn«, so Garve,»waren auch in seinem Regentencharakter herrschend.« Die militärische Einstellung verlange vom König gleich einem Feldherrn nie Rat von einem Soldaten anzunehmen und diesen nie die eigene Fehlbarkeit merken zu lassen. Das ist sicherlich eine naheliegende und einleuchtende, aber vielleicht noch keine hinreichende Erklärung für die Festigkeit und die Konsequenz des Königs. Garve hat einfach nicht weit genug in Friedrichs Vergangenheit zurückgeschaut, dies aus seiner begrenzten Kenntnis heraus auch gar nicht tun können. Friedrichs Standhaftigkeit, die bis zur Sturheit reichte, hat sich nämlich schon in der Jugend entwickelt, über die Garve nur wenig wußte und dieses nur aus zweiter Hand. Sie hatte sich gezeigt, noch bevor Friedrich der *roi connétable* wurde, und zwar und zuallererst gegenüber dem Vater. Standhaftigkeit war für Friedrich Voraussetzung und Notwendigkeit, um sich zu behaupten und um ein eigenständiger, unabhängiger, selbstbestimmter Charakter zu werden.

Ein eigener Kopf

𝔉riedrich Wilhelm I. hatte sich wider alle Vernunft größte Mühe gegeben, den Willen des Sohnes zu brechen, dessen Träume zu zerstören und aus dem Thronfolger ein vom Vater abhängiges, geistig beschränktes, untertäniges Geschöpf zu machen. Er hatte ihn schlechter behandelt als seine Hofnarren oder »lustigen Räte«, wie er sie nannte: den armen Gundling, Faßmann, Poellnitz oder Morgenstern. Daß diese von Friedrich Wilhelm I. übelst malträtiert und gedemütigt wurden, mußte sogar ein großer Bewunderer des Königs und Übersetzer vieler seiner Schriften, Friedrich von Oppeln-Bronikowski, zugeben: »Beschämend« sei das Verhalten des Monarchen gewesen. Noch beschämender war, wie Friedrich Wilhelm sich gegenüber Friedrich verhielt. Er hat ihn beschimpft, geschlagen und unter psychischen Druck gesetzt; er hat ihn erniedrigt, ja sogar entwürdigt, kurz: ihm am Leben sämtliche Freude vergällt. Gelobt hat er ihn dagegen nie. Bestenfalls konnte der Sohn Gnade vor dem Vater finden, und das auch nur, wenn er unterwürfige Verrenkungen vollführte.

Friedrich Wilhelm I. hat von seinem Ältesten Liebe und Gehorsam erwartet und diese als Herrscher und Vater rabiat eingefordert. »Man will das Herz [des Kronprinzen] zu aufrichtiger Liebe zwingen, und das ist unmöglich«, schrieb einer von Friedrichs Küstriner Aufpassern. Dabei hat es der Vater seinerseits nicht vermocht, dem Sohn auch nur ein einziges Mal seine Zuneigung zu zeigen. Die auf uns gekommenen Quellen bezeugen das, vor allem der Briefwechsel der beiden, zu dem bemerkt werden muß, daß der Vater nur selten selbst zur Feder griff, sondern seinen väterlichen Willen gleich einem Kabinettsbefehl diktierte.

Friedrich hat seit seinen frühen Zeiten wöchentlich, ja oft mehrmals in der Woche an seinen Vater geschrieben, zumeist allerdings auf äußere Veranlassung hin und – wenn man seine übrigen Schreiben damit vergleicht – offenbar mit fremder Hilfe. »Die ganz unterthänige Form der Briefe, ohne alles innere Leben«, bemerkte mit Recht Johann David Erdmann Preuß, Friedrichs erster großer Biograph und der Herausgeber von dessen Œuvres, »ist der schlagendste historische Beweis, wie entfernt Sohn und Vater im Herzen immer von einander geblieben sind.«

Seine Kindheit sei »die Schule der Widerwärtigkeiten« gewesen, schrieb Friedrich viele Jahre später an die Herzogin von Gotha, und an den Marquis d'Argens hieß es im selben Jahr 1760: »Meine Jugend habe ich meinem Vater geopfert.« Noch zu Lebzeiten Friedrich Wilhelms I. hat er gegenüber dem Minister von Grumbkow geäußert, Küstrin 19. März 1732: »Ich bin mein ganzes Leben unglücklich gewesen, und ich glaube, es ist mein Schicksal, unglücklich zu bleiben« – jedenfalls solange der König lebt, hieß das wohl. Im Jahr vor dessen Tod schrieb Friedrich an seinen fast väterlichen Vertrauten, Paul Heinrich von Camas: »Ich darf niemals damit rechnen, in Frieden mit einem Vater zu leben, der leicht aufzubringen und ruchlosen Einflüsterungen gegen mich durchaus zugänglich ist. Ich muß ihn fortan als meinen ärgsten Feind ansehen, der mich unaufhörlich

umlauern läßt, um den Augenblick zu erhaschen, in dem er den töd-
lichen Schlag gegen mich führen kann.« Friedrich, das erweist das
Studium der verfügbaren Äußerungen, hat seinen Vater nicht geliebt,
er hat ihn gehaßt, sogar »aus tiefster Seele«, wie Friedrich Rudolf
von Rothenburg, ein Getreuer Friedrichs in der Jugendzeit, uns
überliefert. Friedrich hat deshalb hartnäckig gegen den Vater ge-
kämpft. Man muß das so drastisch sagen.

Um den Eindruck der väterlichen Grausamkeit abzuschwächen,
führte und führt man für gewöhnlich sogleich die Biographie Friedrich Wilhelms an, die der Sohn in den *Denkwürdigkeiten zur Geschichte des Hauses Brandenburg* niedergeschrieben hat. »Der humane
Leser«, meinte schon Preuß 1856, ganz um Relativierung und Milde-
rung des familiären Konflikts bemüht, findet darin »die erhebendste
historische Anerkennung der bedeutenden Regierungstugenden des
... mehr gefürchteten als geliebten Fürsten, dessen weise Reglements
in der vaterländischen Armee-, Oekonomie- und Finanz-Verwaltung
noch jetzt Früchte tragen, ohne welche Preussen, wie das der größere
Sohn auch immer hervorgehoben hat, niemals das geworden wäre,
was es ist.« Später einigte man sich innerhalb der Historikerzunft
auf die Aussage: »Die harte Schule des Lebens, die der junge Prinz
durchmachen mußte, hat ihn für das Leben und seinen hohen Beruf
erzogen und gefestigt, und in reifen Jahren erkannte er ihren Segen
und erinnerte sich dankbar des oft mehr als gestrengen Vaters.«
Friedrich, lautet das Fazit, habe schließlich doch Verständnis für die
Behandlung durch seinen Vater aufgebracht, sich dessen Willen am
Ende einsichtsvoll gebeugt, auch dessen rohe und rücksichtslose
Umsetzung für einen höheren Zweck, nämlich den des preußischen
Staates, anerkannt und wertgehalten.

Dem war mitnichten so. »Der Kronprinz, ohnerachtet er nur ein
Herr von 14 Jahren, muß sich eben diese Lebensart gefallen lassen.«
Das meldete Graf Seckendorff, Habsburgs Vertreter am Berliner
Hof, 1725 nach Wien dem Prinzen Eugen. Und Seckendorff war ein
scharfer und schlauer Beobachter. Weiter heißt es: »Die Absicht des
Königs geht dahin, daß er nach seiner ihm beiwohnenden Inclina-
tion« – seiner Neigung – »den Soldatenstand allen übrigen Wissen-

schaften vorziehe, die Sparsamkeit und Genügsamkeit bei Zeiten kennen lerne und in keine Commodité oder Plaisir, als was er, der König, selbst nur erachtet, sich verlieben sollte. Man merkt aber gar augenscheinlich, daß diese Art zu leben wider des Kronprinzen Inclination und folglich just einen contrairen Effect mit der Zeit haben wird, maßen des Kronprinzen Humeur ohnedem mehr auf Generosität, Proprété, Gemächlichkeit und Magnificence gerichtet.« Friedrich Förster hat diese Wahrnehmung Seckendorffs 1838 bekannt gemacht. Doch die Geschichtsschreibung hat sie nicht aufgegriffen. Auf solche Nachrichten aber sind wir angewiesen, weil in der Korrespondenz zwischen König und Kronprinz eine Lücke von sieben Jahren klafft. Für die Zeit von Friedrichs neuntem Lebensjahr bis ans Ende seines sechzehnten, also von August 1721 bis September 1728, ist kein Schreiben mehr vorhanden, das uns Einblick in die Gefühlslage von Vater und Sohn geben könnte.

Seckendorffs Rapport und andere, ähnlich überlieferte Berichte lassen bei Friedrich, so viel kann man sagen, auf einen jungen Herrn schließen, der sich seines Status und Wollens durch und durch bewußt war. Mit dreizehn, vierzehn oder fünfzehn Jahren hat Friedrich begonnen, sich eine eigene Vorstellung von der Welt und von seiner Rolle darin zu machen. Und diese zeichnete sich zuallererst durch das Nicht-so-sein-Wollen wie der Vater und König, wie Friedrich Wilhelm I., aus. Daran hat er sein Leben lang festgehalten. Friedrich wollte er selbst sein, selbst die Welt entdecken, seine eigenen Ideen und Vorstellungen entwickeln. Wohl deshalb reizte er seinen Vater, brachte ihn immer wieder absichtsvoll zur Weißglut. Diesen Eindruck vermittelt auch der erste überlieferte Brief des Sechzehnjährigen an den Vater von 1728, Wusterhausen, Sonnabend, den 11. September: »... kann hiebei versichern, dass, nach langem Nachdenken, mein Gewissen mir nicht das Mindeste zeiehet hat, worin ich mir etwas zu reprochiren« – vorzuwerfen – »haben sollte; hätte ich aber wider mein Wissen und Willen gethan, das meinen lieben Papa verdrossen habe, so bitte ich hiermit unterthänigst um Verzeihung und hoffe, dass mein lieber Papa den grausamen Hass, den ich aus allem Seinen Thun genug habe wahrnehmen können, werde fahren lassen;

ich könnte mich sonsten gar nicht darein schicken, da ich sonsten gedacht habe, einen gnädigen Vater zu haben, und ich nun das Contraire sehen sollte.« Die Zeilen spiegeln in ihrer herausfordernd trotzigen Art das Selbstbewußtsein des jungen Thronfolgers. Sie offenbaren den Vorsatz, sein Handeln und Lassen nach eigenen Maßstäben beurteilen und auf diese Weise der Bevormundung des Königs Paroli bieten, ihn auch provozieren zu wollen, koste es, was es wolle. Er habe sich nichts vorzuwerfen, teilte Friedrich mit, selbst nach genauer Überlegung nicht. Die Verärgerung des Vaters konnte – und wollte – der Sohn nicht verstehen, dem väterlichen Willen sich nicht unterwerfen, was verständlich ist, weil der eben allen Wünschen und Träumen des Kronprinzen zuwider war. Anders als gehofft, habe er keinen liebenden, sondern einen hartherzigen Vater, verteidigte Friedrich seine Sicht der Dinge. Auch Friedrich Wilhelms Antwort darauf belegt die unbeugsame Persönlichkeit des Kronprinzen, der gegen den König hartnäckig an seiner Vorstellung vom Leben und an seinen Zielen festhielt. Friedrich sei ein »eigensinniger, böser Kopf, der nicht seinen Vater liebet«, schrieb Friedrich Wilhelm, ein »effeminierter Kerl«, hoffärtig und bauernstolz, »malpropre an seinem Leibe«, der »nicht reiten noch schiessen kann«, auch »seine Haare wie ein Narr sich frisiret und nicht verschneidet«, zu »nichts Lust hat, als seinem eigenen Kopf [zu] folgen«, und »in nichts meinen Willen thut«. Der Kronprinz, das wird ganz deutlich, ließ sich vom König nicht zwingen; er ging seinen eigenen Weg, konsequent, und wenn es sein mußte auch im verborgenen. Viele Jahre später hat Friedrich scharf – und hörbar stolz – geäußert: »Mein Vater glaubte, daß ich von dem Stoffe sei, aus dem man machen könnte, was man wollte. Er irrte sich.«

Daß der Sechzehnjährige »bei allem Widerwillen gegen die Kargheit des eigenen Hauses und das grobianische Temperament des Vaters« akzeptiert hätte, »den militärischen Dienst und die Anforderungen des Unterrichts als eine Pflicht zu betrachten, der er sich zu entziehen nicht berechtigt war«, wie umständlich einer seiner jüngsten Biographen meint, läßt sich jedenfalls nirgends feststellen. Im

Gegenteil: Friedrich hat sich gegen alles gesträubt, was vom Vater kam. Andernfalls hätte er nicht anderthalb Jahre später zu fliehen versucht, um sich als eigenständiger Charakter zu beweisen. Und auch nach der dilettantisch vorbereiteten und folglich mißglückten Flucht am 5. August 1730 kann man von einem einsichtsvollen Nachgeben und Sich-Unterordnen nicht sprechen, trotz – oder gerade wegen – der unterwürfigen, seltsam falsch berührenden Briefe, die der Sohn dem Vater nun schrieb. In dem langen Konflikt mit dem barbarisch-bornierten, unbelehrbaren und jähzornigen Vater hat der junge Kronprinz nach seinem Fluchtversuch, der ihn bekannt machen und von väterlicher Schikane und Bevormundung befreien sollte, nur äußerlich eingelenkt. Innerlich hat er nie nachgegeben. Er hat auf seine Sicht der Dinge beharrt selbst in dem Augenblick, als es in dem Verfahren, das dem Fluchtversuch folgte, um seinen Kopf und den des Freundes Hans Herrmann von Katte ging.

Die Enthauptung Kattes, die der in seiner Erbitterung gefangene, gefühllose, Friedrichs Neigung zum Freund verdammende Vater vor den Augen seines Sohnes zelebrieren ließ – »der Justizmord war vom Könige mit Liebe ausgedacht«, schrieb Veit Valentin dazu in seinem klugen Friedrich-Porträt –, hat den Kronprinzen im Innersten wohl getroffen, nicht aber seine Haltung und Festigkeit verändert, hat ihn auch nicht von seinen Zielen abgebracht. »Weder der Prozeß noch die Hinrichtung Kattes hinterließen entscheidende Eindrücke«, stellte bereits Arnold Berney in seiner genau überlegten und viel zu wenig beachteten Studie über Friedrich fest. »Gewiß wurde der Kronprinz durch das gräßliche Ende des Vertrauten erschüttert. Aber alle Erlebnisse der letzten Monate des Jahres 1730 haben seine Selbstgewißheit nicht berührt … Friedrich hat den Fluchtversuch früh als Torheit, sich selbst als ›verächtlichen Spielball ungestümer Wünsche‹ verurteilt«, was eine Stilisierung war und nicht der Wahrheit entsprach. »Aber er hat sich nie Friedrich Wilhelms grimmige Auffassung zu eigen gemacht, diese Flucht sei Desertion und darüber hinaus ein staatsgefährliches Verbrechen gewesen.« Die politische Tragweite des Fluchtversuchs, die den Vater so grimmig stimmte, habe der Kronprinz nicht ermessen; jedenfalls habe er die Wut des Vaters unterschätzt. Eduard Spranger kommt in seiner Analyse des *Philosophen von Sanssouci* bedingt durch Befunde späterer Zeit zu einem ähnlichen Urteil:»Es war in ihm etwas zerbrochen«, so Spranger über den Kronprinzen,»aber nicht die Tragpfeiler seiner Willenskräfte.« Knapper noch und sehr treffend hat es Veit Valentin auf den Punkt gebracht:»Der König behielt seinen Haß, Friedrich behielt seinen Kopf.«

Schon während der Verhöre war Friedrichs innere Stärke, die sich im Widerstand gegen die väterlichen Erziehungsvorgaben entwickelt hatte, in einem kurzen, aber bedeutungsvollen Moment zutage getreten. Auf die Frage:»Was ein Mensch, der seine Ehre bricht und zur Desertion complot macht, was der meritiret?« – was der verdient?, gab er zur Antwort:»Er habe seine Ehre nicht gebrochen, nach seiner Meinung.« Und als man schließlich von ihm wissen wollte, ob er denn überhaupt verdiene, Landesherr zu werden, wies er Frager und Frage mit dem festen und stolzen Satz zurück:»Er könne nicht sein eigener Richter sein.« Dann fügte er hinzu:»Sein Leben wäre ihm so lieb nicht«, daß»er wolle die Succession abtreten und renunciiren« – widerrufen.

Diese standfeste, unnachgiebige Haltung hat Friedrich auch gegenüber seiner Schwester Wilhelmine zum Ausdruck gebracht:»Ich ahne nicht, wie sich mein Schicksal wenden wird, aber lieber verfaule ich in Küstrin, als daß ich wieder in meine frühere Lage zurückkehre.« Von Reue also keine Spur! Viel eher läßt sich aus Friedrichs Worten herauslesen, daß er den Fluchtversuch unternehmen mußte, ihn mit aller Macht unternehmen mußte seiner Persönlichkeit, seiner Unabhängigkeit und seiner Ziele wegen.

Aus innerer Stärke heraus, aus dem in dem jungen Mann tiefsitzenden, seine Handlungen vielfach bestimmenden Nicht-so-sein-Wollen wie der Vater, lehnte der Kronprinz auch das während der Küstriner Haft vom König verlangte eintönige, streng disziplinierte und untergeordnete Dienstleben ab. Der Eifer, mit dem er angeblich Kenntnisse in der Domänenverwaltung am Sitzungstisch und auf Reisen durch die Ämter erwarb, war vorgetäuscht: So schickte er dem Vater etwa vom Brot, das er bei Bauern gegessen hatte, um diesem weiszumachen, er würde »bis ins Detail« gehen und sich bemühen, »den Grund der Sachen zu erforschen«. Ein anderes Mal gab er vor zu reisen, um einen Pachtanschlag zu machen, das heißt, die Pacht zu bestimmen, etwa nach Tornow wegen einer Glashütte: In Wahrheit brach er aber in diese Richtung auf, um auf der »Insel der Kalypso«, das war das Tamsel der von ihm hofierten Eleonore von Wreech, zu Mittag zu speisen. Als er 1732, nach zwei Jahren »Ausbildung«, auf Geheiß seines Vaters den Pachtanschlag des Amtes Ruppin machen sollte, brachte ihn das in arge Bedrängnis. »Ich verstehe nicht genug davon«, schrieb er an den General von Grumbkow, »um das ganz allein zu machen. Darum bitte ich Sie, mich aus dieser Verlegenheit zu ziehen, indem Sie mir jemand schicken, der einen Anschlag zu machen versteht. Sie könnten mich nicht mehr verpflichten; denn ich bin in schrecklichen Nöten; ich bitte Sie also, mich daraus zu befreien, und zwar so schnell wie möglich.«

Auch die Pläne, die er in Küstrin zur Anlegung neuer Vorwerke entwarf, die Baukontrakte, die er in seiner Kammer konzipierte, und die Verbesserungsvorschläge, die er für die Bewirtschaftung und das Finanzwesen des Landes machte, entsprangen keinem wirklichen Interesse oder gar dem Ehrgeiz des künftigen Königs, ganz im Gegenteil: Friedrich zwang sich regelrecht zu diesen ungeliebten Tätigkeiten. »Die hohe Politik«, berichtete einer seiner Aufpasser, der Kammerdirektor Christoph Werner Hille, »scheint ihm vornehmer und beachtenswerter.« In ihr sich auszukennen, das war schließlich wichtig für sein Lebensziel. Und weiter: »Er glaubt, wenn er erfahrene Leute für die Führung der Finanzen annimmt und sie gut bezahlt, daß er sich dann auf sie verlassen kann und daß der Verlust, selbst wenn er hier und da betrogen wird, nicht groß sein wird, da das Geld im Lande bleibt und stets auf natürlichem Wege in die Truhen des Monarchen zurückkehren muß. Alle diese Einzelheiten langweilen ihn, und er glaubt, seine Zeit eines Tages besser verwenden zu können als mit solchen Kleinigkeiten.« In der Tat: »Er werde«, so hat Friedrich in seinem Küstriner Gefängnis einmal bekannt, später »als sein eigener Herr tun und treiben, wonach es ihn gelüste«. Er wolle zwar »einen guten Teil seiner Zeit« den Geschäften widmen. Aber diese Geschäfte sollten »wahrlich keine ›Anschläge‹ sein«, also keine pedantischen Rechenarbeiten. Friedrich war der Meinung, »daß Tätigkeiten dieser Art Sache der Beamten und nicht des Herrschers seien«, und dieser Anschauung blieb er treu bis in seine letzten Jahre. Hille hat gut und richtig erkannt: »Er wird die Arbeit nie hassen, sondern Mittel und Wege finden, um Vergnügen und Arbeitseifer zu vereinbaren.« Genau das wollte er, dieses Ziel verfolgte er hartnäckig, und es gelang ihm auch, es zu erreichen.

Was er von der Ausbildungshaft hielt, die der Vater verordnet hatte, geht aus einem Brief an Eleonore von Wreech hervor, der er sonst eher schwärmerische Schreiben verehrte, was die Biographen veranlaßte, den beiden – fälschlicherweise – eine intime Affäre anzudichten. Ironisch, sich über Sein und Situation lustig machend und tief sarkastisch stellte er in dem Brief, Küstrin, 20. September 1731, den Plan für seinen Einzug in Berlin vor, denn es war ihm erlaubt worden, seine Küstriner »Ausbildungsstätte« zu verlassen, um an der Verheiratung seiner Schwester Wilhelmine mit dem Markgrafen von Bayreuth teilzunehmen. »Erstens wird eine Herde Schweine vor mir hergehen, welche aus Leibeskräften quieken sollen, wie es ihnen ihr natürlicher Trieb eingiebt«, schrieb er in Anspielung auf die seiner Meinung nach nicht standesgemäßen, bäuerlichen Tätigkeiten, die er auszuführen hatte. »Diese Herde wird einer von meinen Lakaien treiben, der sich auf dem Marsche ihre Erziehung angelegen sein lassen wird.« Ein deutlicher Verweis darauf, daß man meinte, ihn erziehen zu müssen. »Darauf wird eine Herde Schafe und Hammel kommen, ebenso von einem meiner Lakaien geführt. Diesen wird ein Trupp Ochsen aus Podolien folgen« – aus einer Region am Ende der Welt also, wo er sich in Küstrin wähnte –, »der unmittelbar vor mir hergeht. Mein Aufzug wird folgender sein: ich sitze auf einem großen Esel, der so einfach wie möglich gezäumt ist; statt der Pistolen habe ich zwei Säcke mit Sämereien an den Seiten hängen; statt des Sattels und der Schabracke werde ich einen Mehlsack haben, auf dem meine edle Gestalt sitzt, statt der Peitsche einen Knüttel in der Hand haltend und statt des Helmes einen Strohhut auf dem Kopfe« – dies der Hinweis, daß man aus einem adligen Offizier einen gemeinen Landmann gemacht habe. Folgerichtig fährt er fort: »An beiden Seiten meines Esels werden statt der Lakaien je ein halbes Dutzend Bauern sein, mit Sensen sowie mit Pflügen und anderen landwirtschaftlichen Werkzeugen; sie werden mit ausgesuchter Würde nach dem Takte einherschreiten.« Auf einem hoch mit Mist beladenen Wagen sollte schließlich einer seiner Küstriner Aufpasser, der Herr von Natzmer, folgen, auf weiteren Wagen weitere »Erzieher«: Rohwedel(l) und Wolden. Kurz gesagt: Die Haft und Ausbildung jenseits der Oder hielt Friedrich für würdelos und ganz und gar nicht angemessen für einen preußischen Thronfolger. Briefe aus Küstrin unterzeichnete er deshalb stets mit »Der Gefangene«.

»Es lebe die Freiheit!«

Um dem Küstriner Gefängnis und den gefühlten wie wirklichen Schikanen zu entkommen, willigte der Kronprinz, nachdem er sich vergeblich auf alle erdenkliche Art gesträubt hatte, schließlich in die vom König angeordnete Vermählung ein. Er tat dies nur aus einem einzigen Grund: um seiner Freiheit willen! Damit er entfernt vom Vater in eigener Hofhaltung tun und lassen konnte, was er selbst wollte. Er tat es nicht aus Einsicht oder Überzeugung und keinesfalls, weil ihm »nichts Lieberes geschehen kann, als wenn ich Gelegenheit habe, meinem allergnädigsten Vater meinen blinden Gehorsam zu bezeigen«, wie er am 19. Februar 1732 an Friedrich Wilhelm I. schrieb.

Die Ehe sollte der »Kaufpreis für die Freiheit« sein, aber sie sollte ihn »nicht verpflichten«, sein »Elend bis auf die kommenden Zeiten zu verlängern«, wie er Grumbkow noch am selben Tage wissen ließ. Er habe sich nichts vorzuwerfen; er habe »genug gelitten für ein Vergehen, das man übertrieben hat«. Zu seiner familiären Zukunft verkündete er wenig später: »Ich hoffe nicht, daß der König sich in meine Angelegenheiten mischen wird, sobald ich verheiratet bin; ich fürchte sehr, daß die Dinge dann übel verlaufen würden und die Frau Prinzessin darunter zu leiden hätte. Die Heirat macht mündig, und sobald ich verheiratet bin, bin ich Herr in meinem Hause, und meine Frau hat nichts darin zu befehlen.«Sie würde auch gar keine Gelegenheit dazu haben, denn:»Ich werde sie sitzen lassen, sobald ich mein eigener Herr bin. Man muß es mir nachsehen, daß ich mich aus der Klemme ziehe, so gut ich kann.« Schließlich:»Ich werde mein Wort halten, ich werde mich verheiraten; aber hernach, dann heißt es: guten Morgen, gnädige Frau, und glückliche Reise!« Friedrich ließ seiner Zukünftigen nicht die geringste Chance:»Ich besitze noch nicht einmal Achtung für sie und fürchte sehr, so weit kommt es nie«, schrieb er an seine Schwester Wilhelmine. Unwiderruflich stand für ihn fest, und auch das teilte er Wilhelmine mit, daß unter diesen Voraussetzungen zwischen ihm und seiner künftigen Gemahlin jede Sympathie von Anfang an ausgeschlossen sei:»Zwischen uns kann es weder Freundschaft noch Übereinstimmung geben.« Er wollte seinen Weg alleine gehen.

Zur Betrübnis von Elisabeth Christine, der von Friedrich Wilhelm Auserwählten, hat Friedrich seine Ankündigung konsequent wahrgemacht. Am Anfang, als der Vater noch lebte, allerdings nur wenig öffentlich und höchst dezent. Das Bild, das er nach den Angaben Dritter von seiner zukünftigen Frau gewonnen hatte,»eine dumme Person« von»stummer Häßlichkeit«, wandelte sich sogar ein wenig, nachdem er sie getroffen hatte.»Die Prinzessin hat ein ganz hübsches Gesicht«, meldete er Wilhelmine,»aber tiefliegende Augen und einen sehr häßlichen Mund. Sie hat einen bäurischen Gang und einen Blick von unten herauf …, ein unangenehmes Lachen, einen Gang wie eine Ente, schlechte Zähne, ist sehr schlecht angezogen, ängstlich in der Unterhaltung und fast stets stumm. Davon abgesehen, hat sie einen schönen Teint, einen schönen Busen, eine schöne Figur in Deiner Größe, hübsche Hände, blondes Haar, ein gutes Herz. Sie ist nicht launenhaft, sondern höflich, aber stets zuviel oder zuwenig, recht bescheiden, sehr schlecht erzogen und ohne die geringste Lebensart.« Sie erschien Friedrich also nicht ganz so schrecklich, wie er gefürchtet und laut verkündet hatte. Daß er dennoch behauptete, sie gefalle ihm»gar nicht«, lag daran, daß der Vater sie ausgewählt hatte. Die Braut gefiel ihm nicht, weil ihm nichts gefiel, was der Vater schätzte. Wenn schon, hätte er seine Zukünftige lieber selbst ausgesucht, aber er wollte sich ja auf keinen Fall binden und heiraten. Daher registrierte er zunächst nur Schlechtes, mochte die Vorzüge der Prinzessin nicht sehen.

Nach der Hochzeit,»in Freiheit«, behandelte Friedrich Elisabeth Christine zwar nicht liebevoll, aber aufmerksam. Das gebot die Furcht vor dem Vater, denn der hatte bereits nach der Verlobung beanstandet, daß der Sohn seiner Zukünftigen nicht oft genug schreibe. Als »Stockschläge« hatte Friedrich diese Ermahnungen empfunden, durch die man ihn »verliebt machen« wolle. Dennoch ist er dem Verlangen des Vaters nachgekommen. Er bemühte sich, eine Ehe zu führen, an der nichts auszusetzen war. Elisabeth Christine wurde in den Rheinsberger Tagesablauf gut und gleichberechtigt eingebunden. Um ein Uhr mittags holte Friedrich seine Gemahlin aus ihren Gemächern ab und führte sie zur großen Tafel. Sie nahmen nachmittags zusammen den Kaffee und wohnten abends den Konzerten bei. Anschließend speisten sie mit der ganzen Rheinsberger Gesellschaft zur Nacht. »Ich kann wohl sagen, die Zeit verstreicht blitzschnell, und man weiß nicht, wo sie bleibt«, schrieb die Kronprinzessin über diese Jahre. »Stets bedaure ich es, wenn der Tag vorüber ist. Man ist lange wach und schläft wenig.«

»Ausgezeichnet« erging es Elisabeth Christine, wie sie selbst gesagt hat, solange Friedrich Wilhelm I. noch lebte. Dazu mag auch beigetragen haben, daß Friedrich in Rheinsberg seinen ehelichen Pflichten nachkam. Jedenfalls behauptet dies das *Journal Secret Du Baron De Seckendorff*, das geheime Tagebuch des österreichischen Gesandten in Preußen. Christoph Ludwig von Seckendorff war ein Neffe seines Vorgängers Friedrich Heinrich von Seckendorff mit guten Kontakten zum kronprinzlichen Hof. Er ist allerdings ein Gewährsmann mit nicht völlig einwandfreiem Leumund, da er in seinem Tagebuch viel Hofklatsch ausbreitet und man nicht weiß, auch nicht nachweisen kann, was davon wahr, was unwahr ist. Werner Hegemann hat uns das *Journal*, was von der Geschichtswissenschaft gern übersehen wird, in seinem *Jugendbuch vom Großen König* wieder ins Gedächtnis gerufen. Friedrich wird darin zitiert:»Ich müßte der niedrigste Mensch der Welt sein, wenn ich sie [Elisabeth Christine] nicht aufrichtig schätzen würde: Denn erstens hat sie ein sehr sanftes Gemüt, zweitens ist sie so gelehrig, wie man es nur sein kann, und drittens ist sie so im höchsten Maße gefällig, daß sie tut, was sie mir nur an den Augen absehen kann, um mir eine Freude zu machen. Auch kann sie sich nicht beklagen, daß ich nicht mit ihr zu Bett gehe, ich weiß also nicht, woran es liegt, daß wir keine Kinder haben.« Dann, gegenüber dem Grafen von Manteuffel, der Friedrich geschrieben hatte, daß nichts ihm mehr zugute kommen würde als einen Erben zu zeugen: »Ich teile das Schicksal der Hirsche, die gegenwärtig ihre Brunftzeit haben. In neun Monaten könnte sich ereignen, was Sie so sehr wünschen.« Daß er nicht aus »Leidenschaft« oder »Neigung« mit seiner Frau »zu Bett« gehe, sondern der Pflicht halber, gab er freimütig zu. »Ich war niemals in sie verliebt« und werde es niemals sein, weiß das *Journal* zu berichten.

Daß von seiner Seite weder Leidenschaft noch Liebe mit im Spiel waren, konnte der Kronprinz seiner Frau nicht verbergen. Obgleich es ihr angeblich »ausgezeichnet« ging, fürchtete Elisabeth Christine, von Friedrich nach Hause geschickt zu werden, sobald der König starb. Auch das steht in Seckendorffs Tagebuch. Diese Furcht war nicht unbegründet, wie sich herausstellen sollte. Nach Friedrich Wilhelms Tod mußte sie zwar nicht nach Wolfenbüttel zurück, wurde aber abgeschoben nach Schönhausen, ein unscheinbares Schloß vor den Toren Berlins, eine Tagesreise entfernt von Potsdam, das Friedrich ihr schenkte. Dort durfte Elisabeth Christine nun fast ein halbes Jahrhundert lang mit ihrem kleinen Hofstaat die Sommer verbringen, von 1740 bis zu Friedrichs Tod 1786. Im Winter hielt sie sich in Berlin auf. Da war sie dem König näher, wenn dieser in der Zeit des Karnevals aus Potsdam herüberkam. Erst Friedrichs Nachfolger, Friedrich Wilhelm II., holte Elisabeth Christine wie selbstverständlich zurück in die Hofgesellschaft.

Friedrich wollte seine Frau nicht in seiner Umgebung wissen, überhaupt so wenig Umgang wie möglich mit ihr haben. Das ist offensichtlich. Während des Ersten Schlesischen Kriegs schrieb er ihr pflichtgemäß. Nachdem er aber Ruhm und Ehre und Schlesien erlangt hatte, empfing sie kaum noch Briefe von ihm. Aus dem Zweiten Krieg teilte er lapidar mit, ihr Bruder Albert sei gefallen, aber das werde sie sicher schon wissen:»Ich beklage die Toten und bedaure Sie.« Ein Satz, das war alles. Von Familienfeiern und anderen Zusammenkünften schloß Friedrich seine Gemahlin so gut es ging aus.

»Wenn mein zimperlicher Griesgram an dem Ausflug nach Charlottenburg teilnimmt, so wird sie, fürchte ich, das ganze Fest stören«, schrieb er 1746 seinem Bruder August Wilhelm.»Wir wollen sie zu Besuch kommen lassen, das ist wohl das sicherste Mittel, sie nur dazuhaben, wenn man will.« Programmatisch war das, und er hielt es so sein Leben lang. Schloß Sanssouci, das ist ja bekannt, hat die Königin offiziell nie betreten. Sie hat es nur einmal fast heimlich besucht, am 1. August 1758, als der König im Krieg war.

Zu Lebzeiten der Königinmutter stand Elisabeth Christine in der Rangfolge bei Hof hinter dieser. Friedrich setzte seine Gemahlin also absichtlich zurück, denn nach der preußischen Hofordnung rangierte die neue Königin vor der alten. Erst nach dem Tod Sophie Dorotheas wurde Elisabeth Christine recht eigentlich Königin. Erst jetzt hielt sie offiziell hof und nahm Friedrich all jene Pflichten ab, die ihm lästig waren. Sie empfing Botschafter und Gesandte, organisierte Vergnügungen und Feste, gab Diners und Bälle. Sie machte das gut, und Friedrich bedankte sich manchmal dafür, hielt sie aber dennoch auf Distanz. Während der Kriegsjahre, in denen er im Felde stand, 1740 bis 1742, 1744 und 1745, 1756 bis 1763 und 1778, sah Friedrich seine Frau gar nicht, und mit den Jahren allmählich auch im Frieden immer weniger. Grundsätzlich kann man feststellen, daß die Zusammenkünfte der Eheleute vom Beginn seiner Herrschaft bis in deren letzte Zeit immer seltener wurden. 1750 trafen sich Friedrich und Elisabeth Christine neunzehnmal, 1764 noch vierzehnmal, 1782 nur noch fünfmal, obwohl der König sich im Laufe der Zeit immer häufiger in Berlin aufhielt. Man weiß dies alles aus den damaligen Zeitungen. Am Ende feierte Friedrich nicht einmal mehr seinen Geburtstag mit seiner Frau. Das Fest, das sie stets am 24. Januar für ihn gab, fand ohne ihn statt. Friedrich machte als König tatsächlich wahr, was er als Kronprinz angekündigt hatte: Er hielt seine Gemahlin auf

Abstand. »Ich lasse die gnädige Frau handeln, wie es ihr gut scheint, und thue meinerseits, was mir gefällt; es lebe die Freiheit!« Dies hatte er noch vor der Vermählung 1732 an Grumbkow geschrieben, und von dieser Maxime wich er nicht ab. Auf dem Weg, den Friedrich verfolgte, konnte er keine Frau neben sich gebrauchen – und schon gar keine, die ihm sein Vater bestimmt hatte.

Wider den Schatten des Vaters

Friedrich mochte sich mit den Zumutungen und Zwängen nicht abfinden, die der Vater ihm auferlegt hatte. Er wollte vor allem keinen jener erpreßten Zustände aufrechterhalten, die seine persönliche Freiheit beschnitten, etwa die unerwünschte Ehe. Er wollte ungebunden und frei sein, uneingeschränkt und souverän in seinen Entschlüssen als Kronprinz und König wie in seinen Entscheidungen als Privatmann, wenn man von einer privaten Seite des Regenten überhaupt sprechen kann. Seine Eigenständigkeit und Selbstbestimmtheit gingen ihm über alles. In den Tagen seiner ersten Freiheit, 1734 am Rhein im Lager des Prinzen Eugen während des Feldzugs gegen die Franzosen, hatte er den Tod des Vaters deshalb geradezu herbeigesehnt. Das enthüllt der Briefwechsel zwischen Friedrich und Wilhelmine. Gustav Berthold Volz hat ihn bearbeitet und 1924 herausgegeben. Zu Zeiten der Monarchie hatte Volz keinen Schatten auf das Verhältnis von Vater und Sohn fallen lassen. Nun aber war die Republik gekommen, und er konnte, ja mußte eingestehen, daß Friedrich den Tod Friedrich Wilhelms als »Erlösung« betrachtete.

Als der vom Vater »erlöste« Sohn ist Friedrich jedoch nie ins öffentliche Bewußtsein getreten. Statt dessen ist dort bis heute der »Weg zur Versöhnung« bewahrt mit dem Bild des den Vater umarmenden Sohnes am Ende – trotz Heinz Dieter Kittsteiners erfolgreichem Buch über *Das Komma von Sans, Souci*, in dem er feststellte: »Zu den privaten Lageberichten, die Fritz vom Rheinfeldzug 1734 an seine Schwester schreibt, ist nur zu sagen, daß es ihm desto besser geht, je kränker der König wird.« Das war nüchtern und treffend zusammengefaßt, aber folgenlos für das Friedrich-Bild. Dabei sind die Briefe eindeutig: »Die Nachrichten vom König sind sehr schlecht. Man prophezeit ihm kein langes Leben. Doch ich habe beschlossen, mich über alles, was geschehen mag, zu trösten; denn schließlich bin ich fest überzeugt, daß ich bei seinen Lebzeiten keine guten Tage haben werde, und ich glaube, ich finde hundert Gründe gegen einen, daß auch Du ihn rasch vergessen wirst; denn was Dich an ihm rühret, meine Liebe, ist, daß Du ihn lange nicht gesehen hast. Sähest Du ihn wieder, ich glaube, Du ließest ihn in Frieden ruhen, ohne Dich zu grämen«, so schrieb Friedrich an Wilhelmine aus Heidelberg, 9. September 1734.

Die Worte, die Friedrich nach dem Tod des Vaters sagte: »... er starb ... mit dem Heroismus eines großen Mannes und hinterließ uns allen den aufrichtigen Schmerz über seinen Verlust«, stehen zu den Worten an Wilhelmine nicht im Widerspruch. Als König mußte er so sprechen. Die Staatsräson gebot dies und ebenso das Ansehen der Dynastie in der Öffentlichkeit. Friedrich sprach hier und immer, wenn er das Thema nun berührte, nicht als er selbst, sondern als Angehöriger seines Hauses, dessen Ehre keine Einbuße erleiden sollte. Das durfte nicht sein! Das hätte auch ihn beschädigt! Von Jugend auf war er sich dessen bewußt. Folglich verkündetet er nach der Thronbesteigung: »Von denen ihm ehemals zugestoßenen Verfolgungen« wolle er nichts mehr hören! Und ausdrücklich: »Ich will das Andenken meines Vaters in Ehren gehalten haben.«

In reifem Alter, zwanzig Jahre nach dem Tod des Vaters, kamen dem König, so wird es jedenfalls dargestellt, Bedenken ob seiner aufsässigen Haltung, peinigte ihn sein Gewissen ob des Trotzes und Widerwillens, den er dem Vater beständig entgegengesetzt hatte. So träumte er, wie er seinem Vorleser Henri de Catt offenbarte – damit dieser es berichte –, »daß man ihn festgenommen hätte und nach Magdeburg brächte, auf Befehl seines Vaters«, in die Festung, in der er den Freiherrn Friedrich von der Trenck viele Jahre lang festhielt. »Er fragte seine Schwester, was der Grund sei, und erhielt zur Antwort, es geschähe, weil er seinen Vater nicht genug liebe. Er wollte sich rechtfertigen, aber man brachte ihn im Wagen fort.«

Man darf Friedrichs Worte zu de Catt nicht überbewerten, denn es ist nicht gewiß, ob sie so, wie sie aufgeschrieben wurden, überhaupt wahr sind. Die Gespräche mit dem König, in denen der Traum überliefert wird, hat de Catt ja, wenn auch nach Niederschriften, sehr frei komponiert, viele Jahre nachdem sie stattgefunden hatten. Darauf sei der Quellenkritik wegen hier noch einmal hingewiesen. Allerdings findet sich der Traum auch in dem Tagebuch de Catts, jedoch in dem 1762 und 1766 redigierten Teil. Wirklich unzweifelhaft verläßlich sind aber nur die nicht nachträglich bearbeiteten Einträge vom 13. März bis zum 26. November 1758. Dennoch: Die Geschichte klingt sehr wahrscheinlich, zeigt sie doch, wie tief die Furcht vor dem Vater in Friedrichs Unterbewußtsein saß und wie sehr der »Zwang zur Liebe« ihn nach so vielen Jahren immer noch belastete.

Die Worte Friedrichs stellen, sollten sie so oder ähnlich gefallen sein, keineswegs eine Abkehr von der festgegründeten Einstellung des Königs zu seinem Vater dar. Der blieb ihm immer ein Unmensch. Die Äußerung ist in diesem Fall ganz einfach der Versuch, Einfluß auf die öffentliche Meinung zu nehmen, auf die der Zeitgenossen und auf die der Nachwelt, und zwar aus Gründen der Staatsräson und der eigenen Ehre. Friedrich wollte und mußte um des dynastischen Friedens und der Festigkeit der Monarchie wegen das bekannt schlechte Verhältnis zwischen Vater und Sohn öffentlich wirksam schönreden, was er auch schon in den *Denkwürdigkeiten zur Geschichte des Hauses Brandenburg* getan hatte. Er tat dies übrigens so erfolgreich, wenn man in die Lehr- und Geschichtsbücher des 19. und 20. Jahrhunderts schaut, wie er selbst wohl nicht zu hoffen gewagt hätte. Friedrich wußte von den Aufzeichnungen seines Vorlesers, er spekulierte auf eine Veröffentlichung der de Cattschen Tagebücher, »ja, er hat ihn geradezu ermuntert, damit so sorgfältig wie möglich fortzufahren. Er hat de Catt die Arbeit dadurch erleichtert, daß er ihn aufforderte, in seiner Gegenwart Notizen zu machen.« Er wußte, daß das Publikum nach Nachrichten aus seiner Privatsphäre lechzte, gerade weil er von sich selbst gewöhnlich nichts preisgab. Friedrich, davon darf man ausgehen, suchte und wünschte die Indiskretion seines Vorlesers, er wollte, daß de Catt seinen Traum für die

Öffentlichkeit festhielt. Genauso hat er gewußt und gewollt, daß de Catt den Satz »Meine wohlüberlegten Grundsätze sind unerschütterlich« weitergab. Das war sowohl Stilisierung als auch Wirklichkeit, wie Friedrichs Verhalten bestätigt.

Der Manie des An-einmal-gefaßten-Entschlüssen-Festzuhalten, jenem Merkmal seiner Hartnäckigkeit, auch Unnachgiebigkeit, welches Friedrich in so außerordentlichem Maße der Öffentlichkeit vorstellte, war dann auch eine der ersten Oden gewidmet, die er geschrieben und 1750 veröffentlicht hat. Darin heißt es in der Übersetzung von Eberhard König:

> Blindlings hinstürmende Wut,
> Du, deren Wesen Verheeren,
> Du, die durch Jammern und Blut
> Ihre Bahnen sich bricht –
> Nein, an Deinen Altären
> Opfre ich nicht!
> Stillsichre Seelenkraft,
> Die sich im Dulden strafft,
> Die allen Schicksalsschlägen
> Ausdauernd, heldenhaft,
> Trotz setzt entgegen –
> Preis Dir und Ehren!
> ...
> Segen euch, Lehrer und Meister,
> Die ihr, himmelentstammt,
> Euch bequemet dem irdischen Amt,
> Leuchten der Stoa ihr, führende Geister!
> Sterblich wie wir,
> Werdet ihr Götter allhier.
> Ja, eure heldischen, hohen Gedanken
> Und euer Mut ohne Wanken
> Schlagen die Menschen in Bann:
> Wer da ein festes, gefeites,
> Von Menschenschwachheit befreites,

Reifes Gemüt sich gewann,
Den tritt kein Leiden mehr an!

...

Nichts mag das Schicksal, das blinde,
Linder gestalten;
Wer, der den Übergewalten
Je widerstünde!
In den Wirbeln der reißenden Flut
Sinkt auch der rüstigste Schwimmer;
Hätt' er des Herakles' Glieder,
Ringt er doch nimmer
Siegreich darwider.
Eines nur gibt es, was not hier tut:
Aushalten, Dulden, Beharren!
Mag dich das Schicksal auch grausam narren,
Trag es, wenn sich's nicht ändern läßt;
Nur bleib getreu, bleib fest!«

Die Verse spiegeln den Konflikt mit dem Vater wider und ebenso,
was Friedrich aus diesem Kampf gelernt hat: Daß er jederzeit und
unbedingt standhaft sein müsse, nur dann könne er sich gegen Widerstände durchsetzen; und auch, daß er seine Ideen und Pläne,
komme, was wolle, hartnäckig verfolgen müsse, um solche am Ende
verwirklichen zu können.

Er erfaßt die Bedeutung der Bildung und studiert fleißig

Friedrichs erste Ode offenbart auch, was ferner für sein Vorhaben
vonnöten war:, nämlich eifrig zu lernen und sich zu bilden.
»Wer ein festes, gefeites, von Menschenschwachheit befreites, reifes
Gemüt sich gewann, den tritt kein Leiden mehr an!« Zu dieser Erkenntnis gelangte er wahrscheinlich während der Haft in Küstrin,
wohl weil ihn Hille und andere »Lehrer« dort wegen seiner Unkenntnis oft in Verlegenheit brachten. Dafür spricht eine Aussage

Friedrichs aus seinen späten Jahren, die uns der Marchese Lucchesini überliefert hat:»Wie er sagt«, notierte der Italiener in sein Tagebuch, 28. September 1780,»ist alles, was man bis zum achtzehnten Jahre lernt, sozusagen verloren, und man erwirbt sich seine Bildung zwischen dem achtzehnten und achtundzwanzigsten Lebensjahr«, was bei Friedrich jene Zeitspanne ist, die zwischen seinem Fluchtversuch 1730 und dem Regierungsantritt 1740 lag.

Darauf, daß er spätestens in Küstrin erkannte, sein Wissen weiten zu müssen, deuten auch Äußerungen, die Friedrich in Briefen an seine Vertrauten getan hat. Diesen zufolge beginnen seine Lehrjahre erst nach der Zeit im»Gefängnis«, als er sich weitab von väterlicher Kuratel in Ruppin und Rheinsberg selbständiger bewegen konnte: »Ich schlürfe die Luft der Freiheit in vollen Zügen ein«, schrieb er etwa an den Grafen Camas, Ruppin, 13. Dezember 1735.»Wie glücklich man ist, wenn man die Tage wahrhaft genießen kann ... Ich versuche hier, aus jeder Viertelstunde Nutzen zu ziehen ... Sie wissen, daß meine Beschäftigung einzig auf drei Gegenstände gerichtet ist, nämlich auf den Dienst, die Lektüre und die Musik. Sie halten mich abwechselnd den ganzen Tag fest, bis auf zwei Stunden, die dem Mittagessen und der Verdauung gehören.« Dies unterstreicht, was wir von Friedrichs Ruhmbegehren gehört haben. Es zeigt auf, daß er erkannt hatte, nur dann zu Ruhm zu gelangen, wenn er sich für sein Streben die rechten Voraussetzungen schuf, und zwar dort, wo er sie brauchte: auf kriegerischem, geistigem und künstlerischem Gebiet.

Deshalb wollte er sich nun umfassend und mit aller Kraft bilden. In den Jahren seiner Kindheit wie auch im jugendlichen Alter hatte er dies – aus Opposition gegen den vom Vater verordneten Lehrplan – nur schlecht getan.»Er lernte sehr schwer«, weiß Wilhelmine in ihren Memoiren über Friedrichs Gelehrigkeit zu berichten. Fast wortgleich hielt einer seiner Erzieher in einem frühen Zeugnis fest: »Seine Königliche Hoheit lernt schwer«, und setzte entschuldigend hinzu,»wie alle Geister, die viel Urteilskraft und Gründlichkeit versprechen.« Friedrich hatte seine eigenen Interessen verfolgt, Abenteuerromane und antike Autoren über die Großen Griechenlands und Roms gelesen und sich darüber hinaus lediglich für die Geschichte von Glücksrittern wie Karl XII. von Schweden interessiert, nicht jedoch für die verordnete allgemeine Historie, die er aus dem *Theatrum Europaeum*, einem berühmten Kompendium, erlernen sollte. Noch zu Beginn seiner Haftzeit in Küstrin wußte Friedrich kaum etwas über die Geschichte seines Hauses. Sein Aufpasser Hille berichtete: Der Kronprinz sei so unwissend, daß er nicht angeben könne, ob seine Vorfahren Magdeburg im Kartenspiel oder auf andere Weise an sich gebracht hätten. In den Fächern Religion und Moral, Schreiben und Rechnen, auch im deutschen und französischen Briefstil habe er sich durch keinerlei Interesse und nicht eine Leistung von besonderem Rang hervorgetan, stellte rückschauend auch Arnold Berney fest, der Friedrichs geistigen Werdegang genau untersucht hat: »Man hatte ›viel Mühe‹, Friedrich zum Lernen zu bringen.«

Dieser geringe Lernerfolg war nicht zuletzt auf seinen Lehrer Jacques Egide Duhan de Jandun zurückzuführen: »Wenn es auf methodischen Unterricht ankam, einen solchen zu geben war Duhan nicht fähig«, hat Leopold von Ranke über den Franzosen geurteilt. »Er verstand nicht viel mehr als seine Muttersprache.« Friedrich hat dies offenbar wenig ausgemacht. Er hat seine mangelhafte Bildung in jungen Jahren später bedauert, auch Duhan gegenüber, sie ihm aber nicht vorgeworfen. Wahrscheinlich weil der ihn Französisch gelehrt hat, was Friedrich wollte und brauchte, um sich der großen Welt vorzustellen und sich in ihr verständlich zu machen; weil ihm Duhan darüber hinaus geholfen hat, »mit bibliographischer Sachkunde« eine fast viertausend Bände umfassende Bibliothek zusammenzutragen als Grundlage seiner Studien. Friedrich hat deshalb die frühen Versäumnisse ganz auf sich genommen.

»Wäre ich in meiner frühesten Jugend nicht leichtsinnig gewesen, wie viele Kenntnisse hätte ich mir nicht erwerben können, in der Philosophie sowohl wie in der Geschichte«, schrieb er später. Und wohl ebenso im schriftlichen Ausdruck, muß man mit Berney hinzufügen. Denn auch in der Schriftsprache wies Friedrich mit zwanzig Jahren noch erhebliche Defizite auf. Er war als Jugendlicher längst nicht der Stilist, als den ihn seine Bewunderer von Beginn an sehen wollen. Er besaß keine »bereits früh erkennbare stilistische Eleganz«, mit der er schrieb oder diktierte, wie man im nachhinein meint. Er suchte noch nach Sicherheit und Präzision seiner Gedanken im sprachlichen Ausdruck, im Französischen zuerst, weniger, nein gar nicht im Deutschen, schrieb deshalb natürlich, wie fast jeder Fürst dieser Zeit, nach Gehör, niemals nach Regeln, was man dem Geschriebenen auch anmerkt und ansieht. Wie sollte es nach Alter, Umständen und Erziehung auch anders sein. »Die Réfugiés, die seine Lehrer waren«, Duhan etwa, »hatten ins Exil das Französisch einer bestimmten Zeit und bestimmten Schicht mitgebracht. Die unmerkliche, beständige Wandlung einer lebenden und so lebendigen Sprache wie das Französische hatten sie nicht mitgebracht. Die geborenen Franzosen spürten [deshalb] sofort das Réfugié-Französisch, das sich in den ersten Schriften Friedrichs zeigt.«

Daß Friedrichs Leistungen, gedankliche wie schriftliche, damals nicht himmelhoch über denen anderer, Gleichaltriger oder Älterer lagen, ist heute nur schwer verständlich zu machen. Denn alle Editionen friderizianischer Briefe, Urkunden, Artikel lesen sich ja leicht und flüssig, weil man sie für die Veröffentlichung umgehend bearbeitet hat. Erst wenn die notwendigen Korrekturen und Glättungen vorgenommen waren, wurden sie publiziert. »Welche Handschriften!«, rief Friedrich Förster aus, einer der ersten Entdecker derselben, doch das meinte er keineswegs verehrungsvoll: »In einem barbarisch gemengten Deutsch und in einem noch barbarischeren Französisch ohne Interpunctation geschrieben. Friedrich der Große schreibt als Kronprinz so ungrammatikalisch und unorthographisch, daß es oft die größte Mühe machte, den Sinn seiner Briefe zu verstehen. Um daher den Lesern einigermaßen die Mühe zu ersparen, welche uns die Abschriften machen, haben wir uns gestattet, die sinnentstellenden Fehler hier und da zu verbessern.« Förster war der erste einer langen Reihe von Verschönerern friderizianischer Texte, besonders der frühen. Andere folgten. Reinhold Koser etwa, sein großer Biograph, Gustav Berthold Volz und Friedrich von Oppeln-Bronikowski, die Herausgeber und Übersetzer von Friedrichs Werken ins Deutsche.

Friedrich war sich seiner dürftigen Fähigkeiten sehr wohl bewußt und mühte sich, wie er schrieb, beflissen um Bildung. »Was mich betrifft, ich studiere mit größtem Eifer; ich tue alles, was ich kann, um mir die notwendigen Kenntnisse zu erwerben, damit ich einst alles, was zu meinem Arbeitsgebiet gehört, auf würdige Weise erfüllen kann. Kurz, ich arbeite, um besser zu werden und meinen Geist mit allem zu füllen, was Altertum und Neuzeit uns an erlesenen Dingen bieten«, so zu Ulrich Friedrich von Suhm, Remusberg, 15. November 1737. Und: »Der Bericht, den ich Ihnen über das, was ich in … vier Monaten erlebt habe, liefern könnte, wäre nicht sehr interessant, weil die Verhältnisse sich seither kaum geändert haben. Sie würden auf jeder Seite des Briefes einen Mann sehen, der die Nase ins Buch steckt, es dann im Stiche läßt, um zur Feder zu greifen und diese wiederum mit der Querflöte vertauscht«, heißt es an Paul Heinrich von Camas, Berlin, 12. Dezember 1737. An Duhan de Jandun schrieb er Remusberg, 10. Februar 1738: »Ich bin mehr denn je in Bücher vergraben. Ich suche die Zeit wieder einzuholen, die ich so unbedacht in meiner Jugend verloren, und schaffe mir, soviel ich vermag, einen Vorrat an Kenntnissen und Urteilen.« Charles Etienne Jordan, neben Isaak Franz Egmont von Chasot sein Sprach- und Stillehrer, forderte der Kronprinz noch 1739 auf:

> »Jordan mein Kritiker und Kopist,
> der meinen Fehlern auf der Fährte ist,
> als wackrer Spürhund, bitte, korrigiere
> und streiche aus, verändere, radiere.«

Hier ist nun ein Satz zu Camas, Jordan, Chasot vonnöten, überhaupt einer zu den Rheinsberger »Freunden«. Friedrich bezeichnete sie so in dem weiten, damals üblichen Sinn, daß ein Freund schlicht eine Person sei, »mit der man durch Umgang verbunden ist«, mit der man spricht, der man auch schreibt, mit der man sich austauscht. Ein Satz auch zu den Gesprächen, die in Rheinsberg an der Tafel geführt wurden oder vielleicht auch nicht. Fast jeder denkt sie sich, wie Adolph Menzel sie für Sanssouci später gedacht und gemalt hat, besser: erfunden hat. Ein Zirkel intellektueller Männer, Freunde eben, im heutigen Sinn, die um einen ovalen Tisch sitzen und bei Wein und Obst gelehrt diskutieren; der Kronprinz in ihrer optischen Mitte. Der angebliche Ablauf des Wortwechsels scheint festzustehen:»Der junge Hausherr präsidierte. Er führte die Unterhaltung, die sprungweise von einem Thema zum andern hüpfte. Und über alles wußte Friedrich neue, überraschende Gedanken vorzubringen, die er in lebhafte Worte kleidete ... Friedrich besaß die Gabe, den Geist der anderen in gehöriges Licht zu setzen und ihnen Gelegenheit zu geben, ihren Witz zu erproben.« So äußerten sich seine Verehrer im 19. und 20. Jahrhundert, auch im 21. noch, wobei sie eine spätere Beschreibung des Barons von Bielfeld fast wortgleich – und ungeprüft – übernahmen.

So war es nicht, denn Friedrich fehlten die dafür nötige Lebenserfahrung und auch das Wissen. Nicht so den anderen, denn die waren fast alle älter als er: Jordan zwölf Jahre, vierzehn Jahre Keyserlingk und Heinrich August de la Motte Fouqué, sechzehn Jahre Christoph Ludwig von Stille, Suhm sogar einundzwanzig und Camas vierundzwanzig Jahre. Sie alle hatten vom Leben mehr gesehen als der Kronprinz, mehr erfahren, mehr gelernt. Sie konnten ihn belehren, und sie taten es auch – nicht umgekehrt. Nur Friedrich Rudolf von Rothenburg und Franz Isaak von Chasot waren, im Vergleich zu den übrigen, fast gleichaltrig mit dem Kronprinzen: Rothenburg zählte zwei Jahre mehr, Chasot sogar vier Jahre weniger, weltläufig aber waren beide aufgrund ihrer Dienste und Reisen. Friedrich hat seine Vertrauten sehr klug ihrer Kenntnisse wegen ausgesucht, um von ihnen zu profitieren. Mit den »Freunden« diskutierte er, ihnen hörte er zu, von ihnen lernte er auch. Aufgeschlossen und empfänglich für das, was er hörte, entwickelte er sich und seinen Standpunkt. Friedrich, das kann man seinen Briefen entnehmen, führte bei Tisch keinesfalls die Unterhaltung an, lenkte sie bestenfalls durch seine Fragen. Man sollte besser ihm als seinen Apologeten folgen.

Friedrich wollte den Geistesgrößen der Geschichte unbedingt intellektuell gleichkommen. Deshalb sein hartnäckiges Studium. Er könne nicht sagen, so zu Camas, welch Wetter draußen sei, denn der

Horizont seiner Tätigkeit reiche lediglich vom Wohnzimmer bis zur Bibliothek. Sich in Bücher zu vergraben, seine Zeit den Musen zu widmen, all das, bekannte Friedrich, geschehe allein in der Absicht, fähiger zu werden. »Er arbeitet ernstlich daran, möglichst alle Vorzüge zu erwerben«, berichtete Suhm 1740 an den sächsischen Hof, und so war es.

Daß Friedrich seinen Lerneifer und Wissensdurst so wortreich, auf geradezu extrovertierte Weise kundtat, geschah mit Bedacht. Das Publikum sollte erfahren, daß er sich weitreichende Kenntnisse aneigne, und sodann, daß er nun solche besitze; daß diese auch wohlgegründet seien, denn er wollte auffallen und »einen éclat machen« in Europa.

Um das feste Fundament seines Wissens herauszustellen, hat er in späteren Jahren das Bild seines Strebens stark überzeichnet. Er hat ihm etwas zu große Kontinuität und Konsequenz verliehen: »Der König sprach von seiner frühesten stürmischen und ausgelassenen, und zugleich arbeitsamen Jugendzeit und dem wissenschaftlichen Verkehr, dessen er sich ... befliß.« Er habe damals »studiert wie ein Vieh«, habe sehr viel gelesen, vielleicht zu viel, notierte Lucchesini in seinen Aufzeichnungen. »Er erzählte mir von dem Leben, das er 1730 bis 40 in Rheinsberg geführt hatte«, trug auch de Catt in sein Tagebuch ein. »Um vier Uhr morgens stand er auf, arbeitete bis zehn, machte bis zwölf Auszüge, ging spazieren, speiste oder spielte; um fünf Uhr fuhr er mit dem Auszugmachen fort, speiste bis Mitternacht zu Abend und las bis zwei Uhr.« Doch so kann es nicht gewesen sein, denn erstens: Friedrich residierte nicht von 1730 bis 1740 in Rheinsberg, sondern nur von 1736 an für vier Jahre; man darf diese fehlerhafte Angabe jedoch nicht überbewerten, solche kann, sehr viel später geschrieben, sich leicht in einen Text verirren. Zweitens aber, und dies ist doch grundlegend: Nach dem Bild, das Friedrich von sich selbst entwarf, hätte er jahrelang nur zwei Stunden am Tag geschlafen. Das ist unmöglich. Hartnäckig an sich gearbeitet hat er aber, das ist sicher.

Was er gelesen – wieder und wieder

Im Laufe des Jahres 1735 hat sich der Kronprinz den Zugang zur Bücherwelt erschlossen« und begonnen, das darin versammelte Wissen sich nach und nach anzueignen und nutzbar zu machen. Sein Ziel war, sich ein Fundament zu schaffen, von dem aus er erreichen konnte, was er erreichen wollte: berühmt zu werden. Worauf er den Schwerpunkt gelegt hat? »Ich zähle zu den nützlichen [Beschäftigungen] das Studium der Philosophie, der Geschichte und der Sprachen«, schrieb er an Suhm, Remusberg, 23. Oktober 1736. Den Ideen und Systemen vergangener, in seinen Augen großer Jahrhunderte widmete er in Rheinsberg den größten Teil seiner Studienzeit. Er nahm die Gefüge und Gedanken verflossener Epochen in sich auf, denn sie schienen ihm vorbildlich und richtungweisend. Wir wissen das aus den Briefen an seine Vertrauten, etwa an Camas, Remusberg, 18. August 1737: »Ich beschäftige mich mehr mit den klassischen Schriftstellern und denen des vergangenen Jahrhunderts als mit den Leuten unseres Zeitalters. Die klassische Gesellschaft ist ihnen gut bekannt, so daß es überflüssig wäre, Ihnen von ihr zu sprechen.« Wir wissen das auch aus seiner Lektüre selbst, denn welche Bücher Friedrich damals besessen hat, läßt sich ganz gut sagen. Seine Rheinsberger Bibliothek ist einfach zu rekonstruieren; wir kennen die Titel genau. Die Bände sind in der Bibliothek von Sanssouci aufgegangen. Kombinieren müssen wir allerdings, welche Werke er intensiv studiert hat. Hier sind wir auf seine Äußerungen angewiesen und darauf, solches aus seinen Schriften zu schließen, denn Anmerkungen in den Büchern hat er keine hinterlassen. Er hat auf Zettel exzerpiert: »Ich habe von allem, was ich las, Auszüge gemacht.« Doch die Auszüge sind fast alle verloren.

Über seinen Leseeifer hielt Friedrich fest: »In der Blüte meiner Jahre beschäftigte ich mich mit Ovid, oder ich folgte Rinaldo in den Palast der Armida, und als ein Flaum mein Kinn beschattete, fand ich an Sophokles, Horaz und Cicero Geschmack.« Aus anderen Aufzeichnungen, seinen Briefen zumeist, ergibt sich etwa folgendes System für die Rheinsberger Jahre: Von den antiken Autoren studierte

Friedrich Cicero, Horaz, Vergil und Lukrez, sicherlich Aristoteles und Diodor, wohl auch Lukian, Plutarch und Thukydides, ob in Übersetzung des Originals oder durch Dritte vermittelt, läßt sich nicht sagen. Von den modernen Klassikern las er Corneille, Racine und Molière, Boileau und Montesquieu, Gresset, dann Locke und von den Zeitgenossen Christian Wolff und immer wieder Voltaire. Alles selbstverständlich in französischer Sprache! Ein Brief Friedrichs an Duhan vom 2. Oktober 1745, geschrieben nach der Schlacht bei Soor, in der der König seine Handbibliothek eingebüßt hatte, bestätigt diesen Kanon: »Mein lieber Duhan! Ich bin vollkommen ausgeplündert und bitte Sie, mir zu kaufen und einbinden zu lassen: Boileau, in Oktav, die schöne Ausgabe mit Anmerkungen; vielleicht finden Sie dieselbe in Jordans Bibliothek. Die Tusculanen von Cicero. Die philippischen und catilinarischen Reden. Lucian, übersetzt von Ablancourt. Die letzte Ausgabe von Voltaire in fünf kleinen Bänden. Die Ausgabe der Henriade vom Jahr 28 oder 32, Einzelband. Horaz, in der Übersetzung von Pelligrini, 2 Bde. In Oktav. Gedichte von Gresset. Die gute letzte Ausgabe von Chaulieu, Großoktav. Rousseau, die schöne Ausgabe in Oktav, schönes Papier, Feuquières, Oktav. Die letzten Feldzüge von Turenne, Kleinoktav. Das Gedicht von Fontenoy. Die Persischen Briefe, zwei kleine Bände.« Erkennen kann man daraus, worum seine Gedanken kreisten: um Philosophie, Politik und Poesie, um Krieg und Kritik, um Weltgeschichte und um Adelsmacht. Aber es läßt sich auch feststellen, daß die gewünschte Auswahl an Büchern keine neueren, gar neuen Titel enthielt. Zeitgenössische Gedanken, dies darf man daraus schließen, waren ihm als Richtlinie seines Handelns weniger wertvoll, einzig die Ideen und Schriften Voltaires bildeten eine Ausnahme.

Auch während des Siebenjährigen Krieges begleiteten Friedrich die Bücher der Klassiker, der älteren und neueren. De Catts Tagebuchaufzeichnungen, die unbearbeiteten, verläßlichen für 1758, informieren darüber recht gut. Darin hat der Schweizer von Friedrich die Worte überliefert: »Ich lese Racine. Das ist mein Lieblingsdichter. Soll ich Ihnen etwas aus einer Tragödie vorspielen?«, und überdies festgehalten: »Er las die ganze *Iphigenie in Aulis*, las mit großer

Kunst, wußte verschiedene Stellen auswendig und brachte, wie mir schien, alles zur richtigen Wirkung.« Dies unter dem 14. April. Wenn Friederich Racine auswendig aufsagen konnte, muß er den Text, der ihm wie eine Offenbarung war, ihm eine Idee oder Anschauung gab, oft durchgegangen sein. Immer wieder trug der König dem Vorleser aus den Stücken des Schriftstellers vor, so aus *Phädra*, aus *Athalie*, aus *Iphigenie*, *Britannicus* und *Bajazet*, deklamierte auch frei einzelne Akte der Tragödien. Gern wüßte man, welche Stellen Friedrich vortrug, um genau sagen zu können, was er für erinnerungswürdig und vielleicht vorbildlich hielt. Weil wir es nicht wissen, können wir nur vermuten, etwa daß ihm *héroïsme*, Heldentum, und *gloire*, Ruhm, bei Racine von besonderer Bedeutung waren; es würde zu Friedrichs Bild der Epoche, so wie Voltaire es ihm vermittelt hatte, passen.

Neben und nach Racine las Friedrich Werke von Crébillon dem Älteren, von dem älteren Rousseau und von Gresset, de Catts Lieblingsschriftsteller. Auch diese, so viel ist sicher, nicht nur einmal. Unter dem 31. August hielt Friedrichs Vorleser beispielsweise fest: Der König »las mir den dritten Gesang aus Lukrez vor, den er zum zwanzigstenmal liest«. Und auch Ciceros *Atticus-Briefe* zählten wieder und wieder zur Lektüre Friedrichs, wie de Catt am 10. September notierte; die *Tusculanen* und die *Reden* des Römers ebenso. Durch letztere hatte Friedrich gegen ausdrückliches Verbot Latein lernen wollen: »Die haben der Jugend viel Schläge eingebracht«, äußerte er gegenüber de Catt in Anspielung auf die Prügel, die ihm sein Vater verabreicht hatte für das Studium der alten Sprache. Von den zeitgenössischen Schriftstellern ließ der König – im Jahr von de Catts Aufzeichnungen und den Jahren davor – nur Voltaire gelten, wie aus den Tagebucheintragungen hervorgeht: Friedrich habe mehrere Male dessen *Ödipus* gelesen, ihn gespielt und »fast die ganze Rolle behalten«, auch aus dessen *Mérope* vorgetragen, »einer Tragödie, die er sehr schön findet und lange nicht gelesen hatte«. Und ebenso aus *Amélie*. Außerdem habe er immer wieder zum *Zeitalter Ludwigs XIV.* gegriffen.

Identisch fast die Lektüre der beiden letzten Lebensjahre Friedrichs. Wir kennen sie ganz genau, wissen sogar, wann und wie lange er mit einem Buch beschäftigt war. Sein letzter Vorleser, Charles – auch Karl – Dantal aus der französischen Kolonie zu Berlin, hat dies nämlich akribisch aufgezeichnet in der kleinen, 1791 veröffentlichten Schrift *Friedrich der Einzige in seinen Privat- und besonders literarischen Stunden.* Dantal, das geht daraus hervor, las dem König, der »seine Augen etwas geschwächt fand«, ein bis zwei Stunden am Tag vor, und zwar in der Regel zwischen fünf Uhr nachmittags und neun Uhr abends. Den Stoff bestimmte Friedrich selbst. Er wollte ganz überwiegend antike Autoren hören: Isokrates, Thukydides, Xenophon oder Plato, Demosthenes und Polybios, Homer, dann Tacitus, Lukian und Lucan, Ovid, Livius und Diodor, schließlich Sueton, Cornelius Nepos und natürlich den Epikureer Lukrez – also alles Schriften, die er seit Jahrzehnten kannte, die er immer wieder zur Hand genommen hatte, keine neuen Bücher. Selbst von den modernen Werken wollte er die vorgetragen bekommen, die ihm Klassiker waren. Dantal mußte Montesquieu lesen und Molière, auch Bayle, aus dessen Lexikon den Auszug, den Friedrich selbst verfertigt hatte; und immer wieder Voltaire. Dessen Schriften galten ja schon zu Lebzeiten des Dichters als klassisch. Von Voltaire las Dantal die Tragödien vor und immer wieder das *Zeitalter Ludwigs XIV.*; es war des Königs Bibel.

Friedrich hätte dies alles mitsprechen können, so oft hatte er selbst in den Werken gelesen, darüber reflektiert, daraus rezitiert. Zu Büchern, die zu Lebzeiten des Königs erschienen und nicht von dem französischen Philosophen stammten, durfte Dantal nur selten greifen. Wenn, dann mußte es Geschichtliches sein. So trug er etwa aus den Memoiren des französischen Marschalls Turenne vor. Leider läßt sich aus den Aufzeichnungen Dantals nicht entnehmen, ob es sich um die *Mémoires sur la guerre* von 1738 handelte oder wirklich um die gerade erschienenen *Lettres et Mémoires* von 1782. Sicher ist: Der König »steckte die Nase« immer wieder in dieselben Bücher, rekapitulierte zumeist Altbekanntes, las nur sehr selten etwas Neues. Er hielt, das belegen die Quellen, an der in jungen Jahren getroffenen Lektüreauswahl fest und erweiterte den zwischen achtzehn und achtundzwanzig Jahren zusammengestellten Kanon ihm wichtiger Werke kaum.

Für dieses Beharren waren wohl zwei Gründe ausschlaggebend: Er tat es, weil er überzeugt war, daß die Klassiker ewige Wahrheiten weitergaben und ihre Aussagen vorbildlich sowie richtungweisend seien; auch weil er überzeugt war, daß man ihnen nacheifern müsse, wenn man werden wollte wie sie oder die Großen, die sie beschrieben. Das bedeutete, sich Alexander und Cäsar zum Vorbild zu nehmen und natürlich Voltaire. Diesen Vorbildern folgend hat er sich hervorgetan: auf intellektuellem Gebiet durch die Veröffentlichung des *Antimachiavell*; auf politisch-militärischem durch die Eroberung Schlesiens, auf dem Gebiet der Wissenschaft und Kunst durch seine Tätigkeit als Förderer, Bauherr, Sammler. Friedrich hat dafür Ruhm geerntet; das war sein Ziel gewesen. Als er ihn hatte, wollte er ihn ewiglich bewahren.

Daß dies möglich sei, bewiesen ihm die Klassiker, die er nun, dies der andere Grund, zu seiner Selbstvergewisserung las. Sie bestätigten ihm, den rechten Weg beschritten zu haben, denn sowohl die Autoren als auch deren Heroen, deren Beispiel er gefolgt war, hatten sich in der Geschichte durchgesetzt. Man las sie noch immer und nahm sie immer noch zum Vorbild. Damit dies so bliebe, verteidigte Friedrich die Alten gegen die neueren Schriftsteller und Philosophen, gegen Diderot, Jean-Jacques Rousseau oder andere Enzyclopädisten. »Man kann nicht leugnen, daß viele sich diesen Titel« – den des Philosophen – »zu Unrecht anmaßen«, sagte Friedrich mit Bezug auf Rousseau. Denn die Einfälle dieser Fanatiker und »Toren«, davon war er überzeugt, bedrohten die Denkweisen und Ideen, die Großes und Große hervorgebracht hatten und das Hervorgebrachte bewunderten und verehrten. Sie bedrohten damit auch, was er, Friedrich, geschaffen hatte, und darüber hinaus das, was er war und was er der Nachwelt überliefert wissen wollte. »Eure Majestät werden sich erinnern, Diderots *Philosophische Gedanken* gelesen zu haben, worin er die banalsten Dinge mit lächerlichem Schwulst vorträgt. In Rousseaus Werk über die Gleichheit der Stände gibt es nicht nur seltsame Ideen« – wie bei Diderot –, »sondern auch Meinungen, die für die Regierungen aller Staaten gefährlich sind«, mahnte ihn der Marquis d'Argens. Freiheit und

Gleichheit raubten den großen Männern ihre Bedeutung, das erkannte der König, deshalb hielt er hartnäckig am Erreichten fest und verteidigte es. Er konnte nicht anders.

Gewonnenes will er behaupten

Vor allem anderen hielt Friedrich zäh fest an dem, was er auf politisch-militärischem Gebiet erlangt hatte. Das war bedeutend: Schlesien. Die Eroberung dieses Landes gegen das mächtige Habsburg hatte ihm Ruhm verschafft, politische Geltung auch, Reputation – und darüber hinaus eine reiche Provinz. Die Einverleibung Schlesiens in seinen Staat hatte Friedrich politisch aber auch aller Optionen beraubt, weil er, um seine *gloire* zu erhalten, seine Eroberung behaupten wollte und mußte gegen den Widerstand Maria Theresias, die solchen Verlust nicht einfach hinnahm. Das hatte er in dieser Konsequenz zunächst nicht bedacht. All sein Handeln mußte sich daran nun ausrichten. Wahr ist daher: »Schlesien wurde sein Schicksalsland. Was er in den ersten vier Jahren politisch unternommen hatte, mußte er bis ans Lebensende verteidigen.« Einem Schreiben an den Minister Podewils, Hauptquartier bei Pomsdorf, 27. April 1745, können wir entnehmen, daß Friedrich dies bald erkannte: »Sollten aber alle meine Mittel, alle Verhandlungen, mit einem Worte, alle Möglichkeiten gegen mich sein«, heißt es darin, »so will ich lieber ehrenvoll untergehen, als für mein ganzes Leben Ruhm und guten Namen verlieren. Ich habe zu meiner Ehrenpflicht gemacht, mehr als irgend ein andrer zur Erhebung meines Hauses beizutragen, ich habe unter den gekrönten Häuptern Europas eine hervorragende Rolle gespielt: damit habe ich denn auch persönliche Pflichten auf mich genommen, denen ich fest entschlossen bin, auch auf Kosten von Glück und Leben gerecht zu werden.« Und dann, sehr kämpferisch und zukunftsgewandt: »Ich habe den Rubikon überschritten und will meine Machtstellung behaupten oder untergehen und alles, selbst den Namen Preußen mit ins Grab nehmen.« Friedrich war sich sicher: Sollte er Schlesien nicht behaupten, würde er auch seinen Ruhm nicht behalten; sein Leben und Streben wären dann vergeblich gewesen,»dann müßte die übliche Geschichtsauffassung ihn zu den großen Abenteurern rechnen, die die Menschheit in bewundernde Verwirrung gesetzt haben, ohne auch nur einen kleinen Teil von ihr zu fördern«. Denn wahr ist: Die Geschichte steht auf der Seite der Sieger, und zu diesen wollte Friedrich gehören, unbedingt.

Er setzte all seine Kraft dafür ein.»Er rechnete und beobachtete, vermehrte Schatz und Heer, baute Festungen und manövrierte, er wartete ab, war gefaßt auf alles und erwiderte Mißtrauen durch doppelte Vorsicht«, so Veit Valentin. Anders ausgedrückt: Er handelte hartnäckig bewahrend. Seine Politik verlor die Dynamik der Anfangszeit, sie wurde, einzig auf Erhalt ausgerichtet, statisch. Und sie blieb es. Sie wurde bewahrend wohl spätestens im Herbst 1749, als Friedrich sich des Besitzes von Schlesien nicht mehr sicher zu sein glaubte, und nicht erst nach dem Siebenjährigen Krieg, wie man meist annimmt. Fünf Jahre, vermutete er Ende der 1740er Jahre, würde der Frieden in Europa halten, dann würden die Österreicher versuchen, ihn anzugreifen und »ein neues Kriegsfeuer anzuzünden«. Von vier oder fünf Jahren, die es dauern würde bis zum nächsten Krieg, sprach er im Sommer 1750.»Nach Ablauf dieser Zeit werde er sich zweifellos angegriffen sehen, es sei denn, daß irgend ein Zwischenfall den Österreichern die Hände binde.« Seinem Bruder August Wilhelm schrieb er von seiner Befürchtung, Potsdam, im Februar 1753:»Du hältst es also nicht für unmöglich, daß der Neid unserer Feinde uns einen Krieg beschert? Das freut mich; denn das war stets meine Meinung. Ich sage nicht, daß dies Ereignis nahe ist, aber ich kann ganz bestimmt versichern, es wird eintreten, und dann wird alles von den Umständen abhängen. Haben wir ebenso viele Verbündete wie Feinde, so werden wir uns mit Ehre herausziehen, dank unserer guten Manneszucht und dank dem Vorteil, den rasches Handeln vor der Langsamkeit voraus hat.« Friedrich stellte sich also darauf ein, etwa von 1755 an um Schlesien wieder Krieg führen und seinen Besitz behaupten zu müssen. Es war diese Sorge, die sein Handeln auf militärischem wie politischem Gebiet fürderhin bestimmte.

Auf militärischem Gebiet vor allem. Aus den genannten Gründen vergrößerte er vorzugsweise – und erheblich – die Zahl seiner Truppen, schaffte auch Artillerie an und verstärkte die Festungsanlagen, weil allein die Armee, so seine Überzeugung, ihm Schlesiens Besitz garantieren würde. Auf die Armee also setze er, planmäßig und beharrlich. Er mußte sie kampfkräftig und intakt halten. Er tat dies aus Geldnot schrittweise, denn der Schatz, den sein Vater ihm hinterlassen hatte, war am Ende der ersten Kriege aufgebraucht; aber er tat es unbeirrt, kontinuierlich und zielbewußt, wie die Zahlen belegen. Sein Heer umfaßte nach dem Zweiten Schlesischen Krieg 136 000 Soldaten, nach der Mobilmachung für den Siebenjährigen Krieg bereits 158 000 Soldaten, und nach diesem kostspieligen Krieg waren es nach Auskunft der am 12. April 1763 abgeschlossenen *General-Liste von der ganzen Armee, sowohl Infanterie als Kavallerie, wie solche auf dem Friedensetat steht, wie auch derselben Stärke, wenn sie nach dem Kriegsetat von 1756 bis 1763 augmentiert werden sollte und was alsdann zu deren Mobilmachung erfordert würde,* 149 895 Soldaten zu Friedenszeiten, zu Zeiten eines eventuellen Krieges aber 208 240 Kämpfer.

Daß Friedrich hartnäckig verteidigen und bewahren wollte, was er errungen hatte, macht vor allem seine Einstellung zur Artillerie deutlich. Vor den Kanonen und ihrer Wirkung im Kampf hatte er zunächst nur wenig Achtung. »Die Artillerieoffiziere müssen vor allem das Ingenieurwesen studiert haben und die allen Artilleristen Europas eigene Laune ablegen, zur Unzeit Schwierigkeiten zu machen«, hatte er im *Politischen Testament* von 1752 nachlässig, fast desinteressiert geschrieben. Nicht mehr so im Testament von 1768, das in sich die Erfahrungen des Siebenjährigen Krieges barg. Darin setzte Friedrich die Artillerie an die erste Stelle der Waffen und schrieb von der Notwendigkeit, über zahlreiche Geschütze verfügen zu müssen. »Im letzten Kriege ist die [preußische] Artillerie auf 6 Bataillone angewachsen, und auch das ist noch nicht zuviel, obwohl wir außerdem noch 2 Garnisonbataillone für die Festungen haben.« Er brauchte Geschütze, zeigte das an, um im Feld auch in Zukunft erfolgreich zu sein. Deshalb vermehrte er die Zahl der Rohre kontinuierlich; 6224 waren es in des Königs Todesjahr 1786, fast dreimal so viele wie zu Beginn seiner Regierungszeit 1740. Auch was die Geschütze ihm wert waren, hat der König notiert:»Mit den letzten 300 000 Talern, die ich im Juni bezahle, haben wir insgesamt 1 450 000 Taler dafür ausgegeben.« Und ebenso hielt er fest:»Wir haben bisher nur 4000 Zentner Pulver jährlich hergestellt. Im Jahre 1769 werden 5000 fabriziert, da ich zu den bisher gezahlten 60 000 Talern noch 20 000 hinzufüge. Wir brauchen 6000 Zentner, die wir im Jahr 1770 liefern können, wenn ich den Etat der Pulvermühlen um weitere 19 000 Taler erhöht habe. Die Vorräte in den Zeughäusern … müssen sich von Jahr zu Jahr häufen.«

Beharrlich baute Friedrich auch Preußens Befestigungen aus, so Stettin, Kolberg und Küstrin in Pommern und der Neumark und natürlich die vielen Festungen Schlesiens.»Ich lasse sie jetzt ohne Rücksicht auf die Kosten verstärken … Schweidnitz wird im nächsten Jahr« – 1769 – »fertig.« Dem Um- und Ausbau der Schweidnitzer Werke lagen eigenhändige Zeichnungen des Königs zugrunde. Kosel sei bereits vollendet. An Silberberg, Neiße und auch an Breslau werde in den kommenden Jahren gearbeitet werden.»Ich hoffe, alle drei Festungen 1770 fertig zu haben.« Auch die Werke von Glogau und Glatz ließ der König verstärken, zunächst nach Plänen des Generals Gerhard Cornelius von Walrave, dann, 1770 und 1785, nach den Vorstellungen des Majors und Quartiermeisters Ignaz Graf Pinto; Friedrich kümmerte sich also immer wieder um die Anlagen. Auf die Rückgabe der Festung Glatz hatte er bei den Friedensverhandlungen von Hubertusburg bestanden, wegen ihrer Bedeutung für die Verteidigung Schlesiens,»welches allein durch Glatz«, so seine Worte,»gedeckt wird«. Auf die umliegende Grafschaft kam es ihm dagegen »wahrlich nicht an«. Insgesamt 4 146 000 Taler investierte der König bis 1777 in die Bollwerke der 1742 errungenen und in zwei Kriegen verteidigten Provinz. »Sind diese Festungen völlig ausgebaut«, schrieb Friedrich,»so ist der Besitz von Schlesien gesichert.« Ob dem tatsächlich so sei, davon überzeugte sich der König persönlich. Die auf seinen Befehl neu errichtete Befestigung von Silberberg, die den Paß durch das Eulengebirge deckte, besuchte er zwischen 1764 und 1772 mindestens einmal im Jahr, um den Fortgang der Arbeiten in Augenschein zu nehmen. Aber auch alle übrigen Bollwerke besah er regelmäßig.

Ebenso inspizierte er seine Armee, überprüfte den Ausbildungsstand der Soldaten und ob sie in der Lage wären, jederzeit seinen Besitz zu verteidigen. Auf seinen Revuereisen war die Truppenbesichtigung bei weitem »die wichtigste Beschäftigung Friedrichs«. Der König machte sich in jedem Jahr zur gleichen Zeit auf, um seine Soldaten zu sehen, sich Gewißheit zu verschaffen, daß alles in Ordnung und er auf dem rechten Weg sei. Er suchte alles unter Kontrolle zu haben, nichts sollte schiefgehen können, mit einem Satz: Er suchte Sicherheit. Überdies, aber keineswegs zuförderst, informierte er sich auf seinen Inspektionsreisen über den Zustand seiner Provinzen.

Den Reiseverlauf legte er in den Friedensjahren zwischen 1747 und 1756 immer Anfang Mai fest, nach dem Siebenjährigen Krieg tat er es schon früher. Nach diesem fast verlorenen Krieg, das fällt auf, verhielt Friedrich sich starrer, sein Kalendarium wurde früher fixiert mit fast immer gleichen Terminen, als ob solche Regelmäßigkeit Unvorhergesehenes verhindern könnte. »Während vor 1763 der Antrittstag der einzelnen Reisen in jedem Jahre um drei bis vier Wochen differieren konnte, betrug der Unterschied jetzt kaum soviel Tage.« Auf seine Festlegungen bestand Friedrich jetzt.

Mit Frühlingsanfang, in der Regel am 21. März eines Jahres, begann in Potsdam die Exerzierzeit, die meist bis zum 17. Mai währte. An den ersten zehn Tagen des Manövers nahm der König nicht teil. Dann aber kommandierte Friedrich die Übungen an drei Tagen der Woche. Anfang wie Mitte Mai ritt er nach Charlottenburg, um im Berliner Tiergarten über einen Teil der Garnison Spezialrevue abzuhalten. Er musterte also bei einzelnen Regimentern die Uniformen, die Ausrüstung und die Waffen, begutachtete die Rekruten und bei der Kavallerie auch die Remonten, die jungen Pferde. Er ließ einzelne Bataillone, Eskadrons, selbst ganze Regimenter exerzieren. Es wurden ihm die neuen Offiziere vorgestellt, und er verabschiedete die alten und ebenso die Mannschaften. Die Inspektion beendete er mit der Generalrevue, also dem gemeinsamen Manövrieren aller nach der ausgegebenen *Ordre de bataille*, der Schlachtordnung. Dieses Exerzieren der Berliner Truppen endete stets um den 23. Mai mit dem Gefechtsexerzieren der Kavallerie und Infanterie auf dem Tempelhofer Feld und einem großen Manöver gegen einen markierten Feind, meist im Gelände zwischen Steglitz, Tempelhof und Britz. In der Nacht zum 24. Mai oder 25. Mai reiste der König nach Küstrin in die Neumark und von dort nach Stargard in Pommern, um die Revue der dortigen Truppen abzunehmen. Dies dauerte gewöhnlich bis zum 28. Mai; an diesem Tag kehrte er zurück nach Sanssouci, von wo er am 30. schon wieder nach Magdeburg aufbrach, um die dortige Garnison zu besichtigen. An die Magdeburger Revuen und Manöver, die bis zum 3. Juni währten, schloß sich die Inspektion der Festung an. Von dort reiste Friedrich zweimal, in den Jahren 1763 und 1768, weiter nach Kleve-Mark. Am 4. Juni ging es zurück nach Potsdam. Dies die unverrückbaren Termine des Jahres bis 1772, bis zur Ersten Teilung Polens, durch die sich eine Neuerung ergab:»Nach der Besitznahme Westpreußens trat eine Änderung des Reiseprogramms insofern ein, als nach der Berliner Revue die Revue der Magdeburger Garnison am 25., 26. und 27. Mai erfolgte und der König am 31. Mai oder 1. Juni über Küstrin nach Westpreußen reiste.«

Im weiteren Verlauf des Jahrs änderte sich nichts. Im Hochsommer, meist um den 9. August herum, brach der König nach Schlesien auf. 22 Tage im Durchschnitt dauerte diese Reise. Was Friedrich dort alljährlich bis 1785 besah, hat Ernst Pfeiffer akribisch aufgezeichnet: die Grenadierbataillone in Krossen, das Infanterieregiment in Glogau und natürlich die städtischen Befestigungen; in Lüben zwei Dragonerregimenter und die dortigen Husaren; das Infanterieregiment in Schweidnitz sowie die Festungswerke der Stadt; in Glatz und Silberberg die Garnisontruppen und ebenso die befestigten Werke. In Neiße hielt der König Revue, die Spezialrevue über die Regimenter der Stadt und die Generalrevue über alle oberschlesischen Truppen, in Breslau schließlich die Revue über die niederschlesischen Regimenter.

Der Ablauf dieser Revuen war immer gleich nach der einmal erdachten und erprobten Vorstellung Friedrichs.»Bei einem Infanterieregiment ging der König vom rechten Flügel die ganze Front herunter und betrachtete den Anzug und die Waffen der Mannschaften mit großer Aufmerksamkeit. Dann ließ er eine Kompanie laden, das ganze Regiment präsentieren und vorbeimarschieren. Besondere Aufmerksamkeit widmete Friedrich den Rekruten, den angenommenen Junkern und den als Invaliden gemeldeten Offizieren. Ähnlich verlief die Inspizierung der Kavallerieregimenter.« Seit die Welt Waffen getragen, habe sie nichts Schöneres, nichts Kunstvolleres, auch nichts dem Kriege Vergleichbareres gesehen als die Generalrevue oder das Manöver, schrieb der Militärschriftsteller Georg Heinrich von Berenhorst, und brachte damit zum Ausdruck, was Friedrich sich von den Gefechtsübungen erhoffte: daß sie auf der Höhe der Zeit seien, vielleicht sogar zeitlos, auf jedem Fall aber sollten sie die Kampfkraft seiner Soldaten und die Beständigkeit seines Ruhms garantieren – was die Revuen zeit seines Lebens auch taten. Die preußische Taktik, vermerkte der Kenner Berenhorst fast poetisch, hob »über alle Taktiken Europens, welche lernbegierig sich vor ihr neigten, ihr Haupt empor«. Weil Wiederholung der Feind von Veränderung und Fortschritt ist, konnte dies nicht von Dauer sein. Friedrich wollte das jedoch nicht sehen, sondern hat am einmal für gut Befundenen zäh festgehalten.

Er hat auch an seinem einmal aufgestellten politischen System festgehalten. Dieses war wegen der Sicherung Schlesiens ganz gegen Österreich gerichtet, denn in der Feindschaft des Habsburger Staates sah Friedrich für seine Erwerbung und *gloire* die Hauptgefahr. Sie lastete »als eine schwere, praktisch unlösbare Hypothek auf dem neuerrungenen Machtbesitz«. Bis zuletzt verfolgte der König deshalb eine Bündnispolitik, die ihn vor österreichischen Übergriffen schützen sollte. »Das Gefühl beständigen Bedrohtseins« bildete die Grundlage dieser Politik. Es hat ihn niemals verlassen.

Um diese Last zu verringern, hätte Friedrich nach 1763 eine Allianz mit England oder mit Frankreich eingehen müssen. An die Erneuerung der Freundschaft mit dem französischen Hof war nach den Spannungen des Siebenjährigen Krieges aber nicht mehr zu denken, »obwohl die großen Gegensätze englisch-französischer

Weltpolitik, auf die Friedrich früher seine Rechnung gebaut hatte, auch nach dem Friedensschluß 1763 noch fortdauerten. Man stand sich kühl und fremd gegenüber. »Und das englische Bündnis war in Friedrichs Augen mit einem Eklat auseinandergegangen, die Briten hatten nach einer Ansicht die gemeinsame Sache preisgegeben, und das hatte bei ihm unüberwindliches Mißtrauen erzeugt. »So blieb nur *ein* Ausweg aus der drohenden Isolierung: Der Versuch der Anlehnung an Rußland. Der Abfall Rußlands von der großen Koalition« – Österreichs, Frankreichs, Rußlands und Schwedens, die von dem österreichischen Staatskanzler Kaunitz in der Vorzeit des Siebenjährigen Krieges geschaffen worden war – »hatte Preußen gerettet; unter keinen Umständen durfte die ›Kaunitzsche Koalition‹ von 1756 wiederkehren. Rußland mußte von Österreich dauernd ferngehalten werden«, so Gerhard Ritter in seinem historischen Profil des Königs. Er hat Friedrichs Gedanken gut wiedergegeben. Die beiden osteuropäischen Großmächte getrennt zu halten, glückte dem König eine Zeitlang. Dieser Erfolg war den gleichgerichteten Interessen Friedrichs und Katharinas II. zu verdanken, weniger den Künsten friderizianischer Diplomatie. Als die Zarin ureigenste Ziele verfolgte, ohne auf den König Rücksicht zu nehmen, war es um die Gemeinschaft geschehen, die »dem Emporkömmling den stärksten Rückhalt gegen die habsburgische Kaisermacht« geboten hatte, so in der Rückschau die Ansicht der Geschichtsschreibung. Friedrich selbst sah es so: »Seit den Verbindungen, die der Kaiser [Joseph II.] mit Rußland eingegangen ist« – Österreich und Rußland hatten 1781 ein Verteidigungsbündnis geschlossen –, »kann Preußen auf das Bündnis mit der Kaiserin Katharina nicht mehr zählen. Sie glaubt vielleicht, sie könne es gleichzeitig mit zwei Mächten halten, die durch ihre widerstreitenden Interessen zu Feinden wurden; das ist unmöglich.«

Eine Verständigung mit Österreich war und blieb für den König ausgeschlossen. Sie war undenkbar mit Kaiserin Maria Theresia, die er zeitlebens als »Königin von Ungarn« herabgesetzt und verspottet hat, sie war unvorstellbar auch mit deren Sohn Kaiser Joseph II. Diesem mißtraute Friedrich trotz der im Grunde harmonisch verlaufenen Treffen zu Neiße und Neustadt 1769 und 1770 zutiefst. Des Kaisers »Konvenienz« zu suchen über »allerhand Gebietsvergrößerungen Preußens in Deutschland und Polen«, wie ihm der Minister Hertzberg und Prinz Heinrich empfahlen, lehnte der König ab. »Solchen Versuchungen, die auch von Kaunitz und Joseph II. selbst an ihn herangetragen wurden«, hat er »hartnäckig widerstanden«. Friedrich tat dies, weil er fürchtete, daß alle Anstrengungen Josephs, die kaiserlichen Hoheitsrechte zu festigen und zu erweitern, in erster Linie gegen ihn und Preußen gerichtet seien: »In dem ich nun dem Verhalten des Kaisers Schritt für Schritt nachgehe, entdecke ich darin viel Klugheit. Er wird ruhig bleiben und keinen großen Schlag tun, ehe er seine Finanzen in Ordnung gebracht hat. Man sieht es ja, mit welchem Fleiß er aus allem Geld macht: er streicht Zivilpensionen, hebt in seinen Staaten die Klöster auf, er sucht schließlich alle erfindlichen Mittel auszunutzen, um seine Kassen zu füllen, seine Schulden zu begleichen und sich eine furchtgebietende Stellung zu schaffen, wie seit Ludwigs XIV. besten Tagen kein europäischer Fürst sie besaß.« So Friedrichs Analyse der josephinischen Tätigkeiten am 9. Mai 1782, festgehalten in den *Betrachtungen über den politischen Zustand Europas*. Sie ist bestimmt von doppelter Furcht: zum einen, daß es mit Österreich, mit dem Kaiser wieder Krieg geben könnte, denn der fülle seine Kassen allein, um den Krieg gegen ihn, Friedrich, vorzubereiten; zum anderen daß Joseph ihn an Ansehen übertreffen könnte, was der Vergleich mit dem Sonnenkönig, Friedrichs Synonym für *gloire*, anzeigt.

Der Kaiser habe sein Werk eben erst begonnen. Um es durchzuführen, werde er ein paar Jahre brauchen, fuhr Friedrich fort. Man müsse weder Wahrsager noch Prophet sein und könne dennoch leicht voraussagen, daß Joseph sich vorgenommen habe, die preußische Monarchie völlig zu zerschlagen und in Deutschland seine despotische Herrschaft aufzurichten. Sobald er über hinlängliche Finanzmittel verfüge, um einen langen, kostspieligen Krieg zu unternehmen, werde der Kaiser Rußland gegen Preußen aufstacheln, »indem er die Streitigkeiten vergiftet, die immer wieder mit der Stadt Danzig und um den Besitz etlicher Polen an der Netze oder im Kulmer Land aufleben«. Er werde »an den Grenzen Schlesiens Schikanen machen«, indem er neue Zölle erhebe, oder Streitigkeiten anstifte zwischen »dem Pack, das seine Grenzen bewacht«, und der schlesischen Kaufmannschaft. Mit den Sachsen werde der Kaiser nach dem Tod des Markgrafen von Bayreuth, der ohne eigenen Erben war, wahrscheinlich um die Lausitzer Lehen Streit beginnen und sich der preußischen Erbfolge in der Markgrafschaft widersetzen, da er sich des Beistands der Zarin sicher sein könne. »Mit einem Wort: wenn er bloß einen Vorwand braucht, um Händel zu erregen, so wird er ihn leicht finden, und dieses unglückliche Land« – Preußen – »wird einerseits von den Russen in Ostpreußen angegriffen werden, andererseits von den Österreichern, in Schlesien oder in der Lausitz und Sachsen, um direkt auf Berlin vorzudringen ... Der Krieg, den ich voraussehe, wird also in der Hauptsache zwischen Preußen einerseits, Österreich und Rußland andererseits zu führen sein.« Das war Friedrichs Überzeugung, von der er sich nicht abbringen ließ, über fast vier Jahrzehnte nicht.

Die Konsequenz, die der König daraus zog, war auch immer dieselbe: Er »müsse Bündnisse herbeizuführen suchen«, schrieb er, »um wenigstens eine Art Gleichgewicht« – une espèce d'égalité – »zu erreichen und ein Gegengewicht gegen die Übermacht der Feinde«, also gegen das Übergewicht der Habsburger. »Diese Politik«, das ist richtig, »war klar in ihren Zielen und wohlüberlegt in jedem ihrer Schritte. Aber sie war schwunglos – nur auf Erhaltung des Bestehenden gerichtet, nicht auf neue Ziele, nicht von großen Hoffnungen getragen.« Sie setzte zunächst auf alte Ideen. Dazu Friedrich in den *Betrachtungen*: »Warum sollten wir ... nicht auf einen Dreibund zwischen uns, den Türken und den Engländern hinarbeiten? Wenn wir mit Rußland und Österreich im Krieg sind, so können wir uns keine günstigere Diversion erhoffen, als von seiten der Türken. Diese Nation ist uns wohlgeneigt, und ich glaube, in Ermangelung eines Besseren fänden wir da eine Unterstützung, die keineswegs zu verachten wäre.« So hatte der König schon 1756 und 1761, vor und während des Siebenjährigen Krieges, gedacht. Mangels Alternativen baute Friedrichs Politik aber auch auf eine neue, für ihn bislang abseitige Vorstellung: auf die Verbindung mit den kleinen Ständen des Heiligen Römischen Reichs; die deutschen Territorien sollten ihm Halt geben. Friedrich verfolgte diese Strategie seit Jahresbeginn 1784, seit Kaiser Joseph II. plante, den Kurfürsten von Bayern in die österreichischen – oder belgischen – Niederlande zu versetzen, um Bayern, die Oberpfalz und das Erzbistum Salzburg dem Habsburgerreich zuzuschlagen. Und er tat es weiter, als Josephs Tauschplan keinerlei Aussicht auf Erfolg mehr hatte, im Oktober 1784. Am 24. dieses Monats entwarf er das *Projekt einer Ligue zwischen den Fürsten Deutschlands, nach dem Modell der schmalkaldischen nachgezeichnet.* Gleich der erste Satz des Entwurfs offenbart, welches Ziel der König verfolgte: kein weitreichendes, offensives, sondern ein bewahrendes. Die *Ligue* sollte »einzig in der Absicht gebildet werden, um die Rechte und Freiheiten der deutschen Fürsten aufrechtzuerhalten, und zwar ohne Unterschied der Religion«. Sie sollte die Vergünstigungen und Privilegien sichern, die aufgrund des Herkommens und der Goldenen Bulle von 1356 bestanden. Das bedeutete, daß Friedrich die mit der deutschen Königswahl verbundenen Vorrechte der Kurfürsten auf alle Ewigkeit gewahrt wissen wollte: »Ein Bund, wie ich ihn vorschlage, geht ... darauf aus, die Besitzungen eines jeden zu sichern. Er soll verhindern, daß es einem ehrgeizigen und unternehmenden Kaiser gelingt, die deutsche Verfassung umzustoßen, indem er sie stückweise zerstört.«

Das war formuliert für die Kurfürsten, die weltlichen zumal, die er auf seine Seite zu ziehen hoffte, denn in Wahrheit sorgte sich der König kaum um die Reichsverfassung. Sie kümmerte ihn nur, soweit sie ihm Schlesiens Besitz garantierte. Wichtig war Friedrich, daß der Bund »den Kaiser bei allen Ansprüchen hindere und beschränke«, denn das half seiner Sache. Einzig dafür suchte er im Reich Partner, und das hat er auch unmißverständlich formuliert. Erstens: »Der Vorteil dieses Bundes besteht nun darin, daß, wenn der Kaiser seine Macht mißbrauchen will, die vereinte Stimme alle Reichsstände ihm Respekt und Mäßigung einflößen kann.« Zweitens: »Wenn er widerspenstig ist, findet er eine ziemlich starke Partei, die sich mit seinen Kräften messen kann, ungerechnet die Bundesgenossen, die das Deutsche Reich zur Vertretung seiner Interessen bestimmen kann.«

Am 23. Juli 1785 wurde die Fürstenbundakte im Namen der Kurfürsten von Sachsen, Hannover und Brandenburg(-Preußen) unterzeichnet. Sie verbürgte und verteidigte Vorrechte und Freiheiten, »von denen man nicht sagen kann, daß sie durch die kaiserliche Politik unmittelbar verletzt worden waren«. Und sie ging zu Lasten Josephs und Österreichs, ganz wie Friedrich es beabsichtigt hatte. Wichtig für den König war nur: »Der Fürstenbund sollte der preußischen Politik einen Rückhalt geben, den sie in Europa nicht mehr finden konnte; er sollte in Deutschland veraltete Verfassungsformen verewigen«, weil der König glaubte, nur durch die Festschreibung der bestehenden Verhältnisse seinen Ruf und seine Errungenschaften im Gedächtnis der Welt verewigen zu können, »und eine Stärkung des Kaisertums verhindern«. Das tat die *Ligue.* Dank seines Beharrungsvermögens hat Friedrich beides erreicht.

Der »wahren« Kunst gibt er Asyl

So, wie der König seine Eroberung verteidigte, verteidigte er auch seine Auffassung von Kunst. Die lautete in der Reife seines Lebens: Die Kunst solle »nicht die gewöhnliche Natur nachahmen, sondern sich stets zum Heroischsten und Vollkommensten erheben.« 1775 hat Friedrich sich so geäußert. Er hat diese Auffassung seit seiner Jugend nach und nach entwickelt. »Ich habe von meiner Kindheit an die Künste … geliebt«, schrieb er in einem Brief an den Baron Melchior Grimm, Berlin, 26. September 1770. Maßgeblich für die Formung seiner Ansichten über die Kunst waren wohl zunächst seine Mutter Sophie Dorothea und ihr Kunstgeschmack. An ihrem Hof, so Paul Seidel, der Direktor des Hohenzollern-Museums und Autor des Werkes *Friedrich der Große und die bildende Kunst*, habe der Kronprinz die Künste und Kunstwerke kennengelernt, dort auch sei er mit der »von Frankreich herübergekommenen Mode der Ausbildung aller Gebrauchsgegenstände und Wohnungsverzierungen in den graziösen und zierlichen Formen der Regence und später des Rokoko« vertraut geworden. Auch Friedrichs Vorliebe für die »Watteausche Formenwelt«, meint Seidel, habe hier ihren Ursprung: In den Gemächern des Schlosses Monbijou »waltete die Grazie in allem, was den Besucher umgab, da lockten die reizende Formenwelt der Porzellane und der milde Glanz der Kostbarkeiten zu süßen Träumereien, genährt durch den heimlichen Genuß französischer Dichtung und Herz und Sinne bezaubernder Musik«. Das scheint plausibel zu sein, wenn man die rohe und grobe Gegenwelt König Friedrich Wilhelms I. betrachtet, den »pedantischen Militarismus … mit seinen weißgetünchten Wänden und seinen gestrichenen Fichtenmöbeln«, und wenn man Friedrichs Abneigung gegen des Vaters Vorstellungen und Vorlieben bedenkt. Soviel läßt sich dann sicher sagen: Die Eindrücke, die der Kronprinz damals in sich aufgenommen und verarbeitet hat, haben seinem Kunstgeschmack eine Richtung gegeben.

Auf den Geschmack, den guten, den feinen, kam es Friedrich an; diese Überzeugung durchzieht seine Schriften. Der Geschmack bildete die Grundlage seines Kunstverständnisses »Die Augen sind der Kunstrichter der Malerei, wie das Ohr der der Musik. Was gefällt, ist schön; was mißfällt, hat für mich keinen Wert.« Fein und gut war der Geschmack, wenn er dem vergangenen Jahrhundert entstammte, der großen Zeit Ludwigs XIV., »da das vergangene Jahrhundert das gegenwärtige unterrichtet hat«, oder der vorbildgebenden Vorzeit dieser Epoche, dem griechischen und römischen Altertum. Voltaire hatte diese Kriterien im *Zeitalter Ludwigs des XIV.* festgelegt, und Friedrich hat sie nach der Lektüre, noch mehr als er es zuvor getan, zu seinen eigenen gemacht. Die Musik, die Malerei, die Bildhauerei und die Baukunst der Epoche des Sonnenkönigs wurden ihm so zum Gradmesser für Geschmack und Kunst – wegen der Fortschritte, die sie unter Ludwig gemacht hatten in Anspruch und Technik, wegen ihres Strebens nach höchster Vollkommenheit, und weil sie sich an vergangener Größe orientierten. »Colbert … bewog Ludwig XIV. 1667, eine Akademie in Rom zu errichten. Man kaufte in dieser Metropole einen Palast an, in dem der Direktor wohnt, und sendet alle Schüler dorthin, die in der Pariser Akademie Preise errungen haben. Sie werden dort auf Kosten des Königs unterrichtet und erhalten; sie zeichnen nach der Antike und studieren Raffael und Michelangelo. Dieses Verlangen, es nachzuahmen, ist eine edle Huldigung, die man dem alten und neuen Rom erweist.« Solches Begehren hat dann auch Friedrich für sich formuliert und als Anspruch gegenüber der Kunst erhoben: vollkommen und heroisch zu sein.

Als Kronprinz und noch mehr als König hat Friedrich Kunstwerke von Malern gesammelt, die ihm und anderen als vollkommen und groß galten. Er hat sich neben den Gemälden von Watteau, Lancret, Pater und deren Nachfolgern, die nur ein Sechstel seiner Sammlung ausmachten, sehr intensiv um Bilder von Rubens und van Dyck bemüht und um die »Hauptwerke von Rembrandt, Correggio, Guido Reni, Luca Giordano, Carlo Maratta, Poussin und vielen anderen«, um den Kanon also, weil an deren Fertigkeiten »moderne« Künstler nicht heranreichen könnten. Er hat das in dieser Deutlichkeit nicht gesagt; doch man kann diese Auffassung aus seinen Schriften erschließen, etwa aus Briefen an Wilhelmine, datiert Potsdam, 4. Juni 1755: »Es wird lange dauern …, bis unsere Maler Paul Veronese und Tizian gleichkommen«, oder 28. Juni 1755: »Und was die Gemälde betrifft, so verkaufen die Italiener so viele *posticci*« – Fälschungen –, »daß man hereinfällt, wenn man kein großer Kenner ist. Sonst hätte ich schon lange Auftrag gegeben, mir Bilder von Guido Reni, Tizian und Solimena für meine Galerie zu schicken.« Für seine Bildergalerie erwarb er deshalb neben Gemälden der Genannten »einen Tintoretto, zwölf Rubens, elf van Dyck« und noch fünfzig Bilder weiterer namhafter Maler aus Italien und Flandern.

Francesco Solimena, einen »Modernen«, hat Friedrich unter die alten Meister gerechnet, weil dieser allein unter »allen zeitgenössischen Malern … denen ebenbürtig« erschien. Und noch weitere zeitgenössische Maler, die als vollkommen galten, hat Friedrich geschätzt, so Carle van Loo, Jean Restout, Jean Baptist Pierre, allesamt Mitglieder der *Académie française*, ferner Pompeo Batoni und Anton Raphael Mengs. Er schätzte sie nicht zuletzt, weil ihre Werke das Heroische zum Thema hatten und die Künstler in den Gemälden, die er bei ihnen in Auftrag gab, den Sieg des Helden – seinen Sieg – über die Widrigkeiten und Leidenschaften des Lebens feierten. Bis 1771/72 hat Friedrich an »vollkommenster« Kunst kontinuierlich zusammengetragen, was der Markt hergab und was er besitzen wollte. Auch die Musik sollte gutem Geschmack entsprechen. Dafür waren ihm Johann Adolph Hasse und Carl Heinrich Graun Garanten. Ihre klassischen Kompositionen hielt Friedrich zeitlebens hoch und stellte sie über alle neueren Entwicklungen. Er hat das sehr engagiert getan, vehement sogar, wie der Kapellmeister der Berliner Oper, Johann Friedrich Reichardt, berichtet. Von einem Gespräch mit Friedrich, das im Winter 1775/76 stattgefunden hatte, hielt Reichardt fest: »Mehrmalen kam [der König] darauf zurück, daß bei ihm allein noch die wahre Musik, wie sie zur schönsten Zeit in Italien geblüht habe, ein Asyl fände, die Italiener ganz ausgeartet wären und alle anderen nur das modische italienische Geklingle und Geleiere liebten und trieben.« Der König mochte das Modische gar nicht. »Sehr umständlich« setzte er deshalb seinem Kapellmeister auseinander, wie die »echte große Oper« beschaffen sein müsse, nämlich wie die »alte italienische Hassesche und Graunsche«. Jede Hauptperson, darauf bestand Friedrich, müsse »einige bedeutende Arien von verschiedenem Charakter« singen: »... ein Adagio, das recht *cantabile* wäre, wobei der Sänger seine Stimme geltend machen und seinen Vortrag zeigen, auch wohl beim Dakapo seine Kunst in verschiedenen Variationen bequem anbringen könne; – eine Allegro-Arie mit brillanten Passagen, eine *parlante* Actions-Arie und ein Duett für den ersten Sänger und die erste Sängerin, worin sie über eine Melodie im Vortrage wetteifern könnten.« Ferner müßte in allen Singstücken »mit den Tönen angenehm« – also geschmackvoll – »gewechselt werden, so daß nicht zwei Arien aus einem und demselben Tone aufeinander folgten«. Überhaupt habe die Theatermusik immer angenehm zu bleiben, selbst in tragischen und pathetischen Situationen. Daran sollte sich unter keinen Umständen etwas ändern.

»Auf die moderne Musik schalt er«, notierte Lucchesini am 14. Mai 1780 in sein Tagebuch. Besonders Christoph Willibald Gluck, der die Oper zu reformieren begonnen hatte, war ihm ein Dorn im

Auge. »Mit heftigen Ausdrücken und Schimpfworten« fiel der König über den Komponisten her: »Gar keinen Gesang« habe Gluck, er verstünde »nichts vom großen Operngenre«, in Glucks Singspielen gebe es keine richtigen Arien mehr. Die Sängerinnen und Sänger seien nicht mehr die Heroen der Bühne, bedeutete diese Einlassung. Daß sie es seien, war Friedrich aber wichtig, weil sie das Herausragende, Große verkörperten, als Interpreten der Musik und als Mittler der Handlung.

Aus diesen Gründen verteidigte der König die »wahre Musik« so hartnäckig, und darüber hinaus tat er es, weil er sich mit der regelhaft-einfachen und klar strukturierten Musik identifizierte, vor allem mit derjenigen der Oper, mit der Oper überhaupt: Seit er König geworden war, hatte er »den Entstehungsprozeß jeder in Berlin neu aufgeführten Oper intensiv begleitet«. Er hatte sich die Stoffauswahl vorbehalten und bei der Gestaltung und Realisierung der Werke das letzte Wort gehabt. Für die Opern *Silla* und *Montezuma* hatte er gar selbst das Textbuch verfaßt und an dem des *Coriolano* und wohl weiteren zehn Libretti mitgeschrieben. Daß die Berliner Opern wie Tragödien konzipiert waren, daß ihre Handlungen realistischer wurden und nur ausnahmsweise ein *lieto fine*, ein versöhnliches Ende, nahmen, ging auf Friedrich zurück. Auch das sollte Bestand haben. Deshalb hat er festgehalten an der »wahren Musik« und die moderne Musik Italiens, wie Gluck sie vertrat, von der großen Oper ferngehalten.

Der Hartnäckigkeit Folgen am Ende

Was Friedrichs Hartnäckigkeit am Ende bewirkte? Das Gute zuerst: Sie wurde in der Öffentlichkeit – modern gedacht – zu seinem Markenzeichen. Sein Festhalten am Althergebrachten, Bewährten, oft immer Gleichen, an alten Formen auch, stach hervor und prägte sich ein, machte ihn deshalb, was er ja unbedingt wollte, einzigartig unter den Persönlichkeiten der Welt. Daß er beständig blieb, wie er immer schon war, ließ ihn zum Philosophen von Sanssouci werden, zum Alten Mann von Sanssouci, zum Alten Fritz. So sahen es die Zeitgenossen, etwa Johann Wilhelm Ludwig Gleim, der Dichter und preußische Patriot:»Dreißig Jahr hindurch ging ich auf der Spur demselben« – Friedrich –»nach, und überall fand ich den Verfasser des ›Antimachiavell‹ vollkommen bewährt.« Oder der Historiker Johannes von Müller:»Das große Beispiel eines Mannes, der durch unausgesetzte Anstrengung es unter allen Helden seit Cäsar am weitesten gebracht hat.« Joseph Heinrich von Ried, Österreichs Gesandter am preußischen Hof, berichtete nach Wien:»Die Zeiteinteilung des Königs ist streng geregelt. Er steht gewöhnlich um 6 Uhr früh auf, spielt eine halbe Stunde auf und ab gehend Flöte, während er auf den Kaffee wartet; dann kleidet er sich an und arbeitet bis 11 Uhr in seinem Kabinett. Hierauf wohnt er der Wachtparade bei, gibt die Parole aus, und nach der Rückkehr ins Schloß spielt er wieder die Flöte bis zum Mittagessen. Während der Mahlzeit ist er insgemein ziemlich heiter; nach ihr ruht er eine halbe Stunde auf einem Sofa … Hierauf arbeitet er oder geht bis 7 Uhr abends spazieren. Dann beginnt das Konzert, bei dem der König selbst spielt und niemand zugegen zu sein wagt als die Musiker und die nächsten Freunde. Um 9 Uhr soupiert er.« Das sei Tag für Tag seine Lebensführung.

Friedrich hat diesen Anschein durch seine Handlungen und Aussagen beständig befördert, bis zuletzt:»Der König sprach von seiner frühesten stürmischen und ausgelassenen und zugleich arbeitsamen Jugendzeit und dem wissenschaftlichen Verkehr, dessen er sich mit einigen der gelehrtesten Männer Frankreichs, wie Fontenelle und Rollin, befliß«, überliefert Lucchesini in seinem Tagebuch, Potsdam, 10. Oktober 1780; ganz Ähnliches erzählt er auch später noch. Seinen Aufzeichnungen können wir entnehmen, daß der König sich öffentlich, an der Tafel, bis ins hohe Alter als Philosoph präsentierte, als gedankenreicher und kluger Kopf, der in allen Wissensgebieten heimisch sei.»Das Gespräch umfaßte die ganze Welt«, so der Italiener über die Mittagstafel mit dem Fürsten von Ligne und dessen Sohn. Lucchesini hielt aber auch fest:»Von den Naturwissenschaften versteht der König wenig«, und das beobachtete er mehr als einmal: »Der König behauptet, ein Ingenieur zu sein; es ist aber nur eine Stimme« – unter den Geladenen –, »daß er nichts davon versteht. Er möchte für einen Geometer gelten, und hat auch von der Hypotenuse eine klare Vorstellung; aber er verachtet die Geometer, woraus hervorgeht, daß er den Wert der Wissenschaft nicht kennt«, und: »Die Rede kam auf Naturkunde, wovon er nichts versteht; so hat er auch vor den Bestrebungen anderer keine Achtung. Von dem System der Welt macht er sich sehr oberflächliche Vorstellungen. Bei der Erörterung des Haushalts der Natur entwickelt er Ansichten, die mehr dichterisch als sonst etwas sind. Überall blitzt das Genie durch; nur das Wissen in diesen Sachen mangelt sehr.« Was Friedrich aber nicht schadete, weil seine Zeitgenossen Genie über Wissen stellten; und die Nachwelt tat es erst recht. Friedrich, so muß man wohl sagen, inszenierte sich an seiner Tafel: ausgiebig, stundenlang, zeitlebens. Er hat sich durch Tagesablauf und Gespräche zu einem Synonym machen wollen für Arbeitsamkeit, Regelmäßigkeit, Beständigkeit und ebenso für Klugheit, Scharfsinn und Urteilsfähigkeit. Routine und Wiederholung waren ihm also Mittel zum Zweck; er zelebrierte beides absichtlich und auffällig.

Er zelebrierte auch sein Auftreten in der Öffentlichkeit, vor der er sich nach dem Siebenjährigen Krieg nur noch »in seinem verschabten blauen Rock und mit seiner buklichten Gestalt« zeigte, wie Johann Wolfgang von Goethe am 14. November 1781 an seinen Freund Johann Heinrich Merck schrieb; immer war er »in Uniform und Stiefeln«, wie Giacomo Casanova in seinen Memoiren notierte. Friedrich hat dieses Bild seiner selbst so dauerhaft und geschickt befördert, daß man später meinte, »die Uniform des Leibgardebataillons« sei »sein beständiger Anzug« gewesen. Mitnichten: Im kleinen Kreis »war er mit einem gefütterten Wams von rotem« – oder hellblauem oder andersfarbenem – »Sammet und einer Weste von Silber und Goldbrokat« bekleidet. Man kann sich das kaum vorstellen, so sehr hat sich das Bild vom »alten Fritz« eingeprägt im blauen Rock, mit Dreispitz und Stock, mit hängenden Schultern und krumm gebogenem Rücken. Wann erstmals vom »alten Fritz« die Rede war und ob man öffentlich so sprach, läßt sich nicht sagen. Goethe hat die Bezeichnung in einem Brief, Weimar, 5. August 1778, für den König verwandt. Deshalb wohl hat sie sich durchgesetzt; unter Chodowieckis Radierungen kann man diese Charakterisierung noch nicht finden und auch nicht in den frühen friderizianischen Anekdoten. Daß man über ihn sprach, war Friedrich recht. Wohl hätte er die Wendung »Der Weise von Sanssouci« bevorzugt, doch sicherlich war ihm auch »alter Fritz« recht, denn es war schon ein Zipfel der Unsterblichkeit.

Wie den Zeitgenossen fiel auch den folgenden Generationen Friedrichs Hartnäckigkeit auf, sein Festhalten an kennzeichnenden Eigenarten. »Alles soll sein, wie es immer war«, stellt Wolf Jobst Siedler in seinem gedankenreichen Essay *Auf der Pfaueninsel* zu Friedrich fest. Dieses sei, »sieht man es bei Lichte, sein Ratschluß in allen Dingen«. Auch beim Bauen. Früh habe der König seinen Geschmack gebildet, und nun repetiere jedes Schloß das vorige. »Sanssouci soll ein gesteigertes Rheinsberg sein, das Neue Palais wendet ins Größere, was beim Stadtschloß zu Potsdam erfunden wurde. Merkwürdig zeitlos wird alles, man sieht es den Plafonds und Halbsäulen nicht an, ob sie Anfang der vierziger oder Ende der siebziger Jahre gezeichnet wurden. Auch gibt er seinen Baumeistern, denen er alles vorzeichnet, genaue Anweisungen. Freude kann es nicht viel gemacht haben, für Friedrich zu entwerfen: ›wie in Rheinsberg‹, ›nach dem Muster von Sanssouci‹, ›wie in Potsdam‹. Einmal Knobelsdorff, immer Knobelsdorff. Die anderen, Gontard und Unger, müssen wie Knobelsdorff sein.« Auch im Innern der Schlösser brachte »der konservative Zug im Geschmack des Königs sich zur Geltung«; die Abfolge der königlichen Gemächer, erst Audienz- oder Vorzimmer, dann Musikzimmer, dann Arbeitszimmer, danach Schlafzimmer und schließlich Bibliothek, sie war in allen Wohnungen Friedrichs dieselbe. »Spürte er eigentlich in verschlossenen Gedanken, daß seine Epoche, auch im Geschmacklichen, dem Ende entgegengeht«, fragt Siedler und antwortet gleich selbst: »Merken kann man es nicht ... Nein, der Alte ahnt nicht, daß die Zeit seines Rokoko abgelaufen ist.« Doch, er ahnte es! Und gerade deshalb hielt er an den alten Formen – *seinen* Formen – fest. Das eben machte ihn unverwechselbar, »zeitlos«, wie Siedler sagt. Genau so wollte Friedrich wirken, einzig und unverwechselbar in der Art, wie er handelte und wie er sich gab. Er wollte ein Großer werden, darauf war sein Leben und Streben gerichtet, und er hoffte darauf, daß seine beständige Einzigartigkeit seine Zeit zu seiner Epoche machen würde. Die Medaille hatte aber auch eine Kehrseite: Seine Hartnäckigkeit führte zu Skeptizismus;, schließlich zu Erstarrung und Wiederholung, da Friedrich hartnäckig an einmal gefaßten Ansichten festhielt und solche gegen neue Einsichten und Erkenntnisse vehement verteidigte. »Habe ich ein Pferd, das stolpert, sonst aber gut ist, so behalte ich es lieber, als daß ich ein neues nehme, dessen Fehler ich nicht kenne«, so zu Lucchesini am 1. Dezember 1780. Die Folge war, daß Friedrich sich zunehmend Veränderung und Fortschritt verschloß. Er wurde nicht nur innovationsmüde, er wurde innovationsfeindlich. Daß er, wie oft erzählt wird, vorausschauend und hellsichtig die Kartoffel einführte, sie gegen alle Widerstände im Land verbreitete, ist eine Legende. Er tat das weder in Deutschland noch in Preußen. Wohl gab er Order, Kartoffeln anzubauen, mehrmals sogar: »Ohngeachtet Euch durch die, unter dem 5. April 1757, 3. November 1762 und 27. Februar 1766 wie auch noch neuerlich unter dem 13. Februar 1767 ergangenen Verordnungen zu erkennen gegeben worden, wie sehr wir den Kartoffelanbau in hiesigen Landen befördert wissen wollen ..., so haben wir doch aus den davon eingereichten jährlichen Tabellen mit nicht geringen Missfallen ersehen müssen, dass der Anbau dieses sehr nützlichen Erdgewächses noch sehr schlecht betrieben ...«, hieß es am 29. Februar 1768 in einer *Cirkular-Ordre an sämmtliche Schlesischen Land- und Steuerräte*. Der auf Schlesien beschränkte »Befehl« hatte allerdings, wie man dem Rundschreiben entnehmen kann, »Ohngeachtet der ergangenen Verordnungen« keinen Effekt. Gleiche oder ähnliche Befehle sind für andere Provinzen nicht erteilt worden. Als es in drei aufeinanderfolgenden Jahren, 1770, 1771 und 1772, zu Mißernten kam und die Lebensmittel knapp wurden, »öffnete der König seine Magazine« – die für den Kriegsfall gedacht waren – »und brachte das aufgespeicherte Korn« – keine

Kartoffeln – »zu billigen Preisen auf den Markt«. Während der Hungerkrise und auch in den folgenden Jahrzehnten spielten Kartoffeln keine Rolle; sie waren dem König kein Anliegen, ihr Potential hat er nicht erkannt und folglich nicht ausgeschöpft.

Neuerungen stand Friedrich generell kritisch gegenüber, und wenn es um die Ingenieurskunst ging, mangelte es ihm wohl nicht nur an Kenntnis, sondern auch an zukunftsoptimistischer Phantasie. Seine Ausführungen zur Luftfahrt, der wohl wichtigsten und folgenreichsten Innovation des ausgehenden Jahrhunderts, sind dafür ein Beispiel. Dieudonné Thiébault, Professor für französische Grammatik an der *Académie des Nobles* in Berlin und oft in des Königs Gesellschaft, berichtet darüber: »Während des Karnevals, der den berühmten Versuchen von Montgolfier, Robert, Pilâtre de Rozier u. a. folgte« – während des Winters 1783/84 also –, »brachte der König auch die Luftballons aufs Tapet, sah darin aber nur eine Art von Narrheit.« Thiébault teilte auch mit, daß Friedrich das Interesse der Franzosen an dem neuen Fortbewegungsmittel lächerlich gemacht habe und gespottet: »Nun, Ihre Landsleute verschmähen jetzt die Erde und ihre schlichten Bewohner und wollen nur noch den Himmel stürmen. Alle Blicke in Frankreich richten sich auf dies einzige Ziel, niemand blickt mehr auf seine Füße. Das ist schön, das ist bewundernswert! Aber wohin ... wird diese Begeisterung führen? Unterwerfen wir diese wundersamen Hirngespinste dem Urteil des gesunden Menschenverstandes: was kann man an wirklich Brauchbarem davon erwarten? Für die Astronomie kommt nichts dabei heraus, denn Betrachtungen in der Luft haben keine feste Grundlage. Wie will der Beobachter seinen Standort bestimmen? Wird er nicht fortwährend verschoben, selbst ohne daß man es merkt? Welchen Vorteil könnten solche Beobachtungen überhaupt vor denen haben, die auf der Erde gemacht sind? Was bedeuten ein paar hundert Ellen mehr oder weniger im Vergleich zu den Riesenentfernungen der Himmelskörper? Aber wenn die Luftballons für die Astronomie wertlos sind, wozu könnten sie sonst dienen?«

Friedrich war ein Gefangener seiner zementierten Gedankenwelt geworden. Er wollte sein Weltbild nicht mehr weiten, und er konnte es wohl auch nicht mehr. Auf Thiébaults Gegenfragen:»Wer weiß, ob Beobachtungen nach einem bestimmten Plan und in verschiedenen Höhen uns nicht neue, wertvolle Aufschlüsse geben? ... Die meteorologischen Beobachtungen, die man in Europa seit noch nicht hundert Jahren anstellt, haben schon gute Resultate ergeben, und die Physiker erwarten für die Zukunft noch weit größere. Wer weiß, ob die Aerostaten« – die Luftballons – »die Mittel und Erfolge nicht verdoppeln können?«, antwortete er: Das möge wohl sein, »aber Sie werden mir einräumen, daß die Luftschiffe sonst keinen Zweck haben, zumal sie nie lenkbar sein werden«. Darauf beharrte er nachdrücklich, denn Veränderung und Fortschritt waren Dinge, die er nicht wünschte, so wenig wünschte, daß er nur Schädliches oder zumindest Nutzloses darin sehen konnte. Thiébaults Einwand: Es sei nicht sicher, daß ein Luftschiff nie lenkbar sein würde, es sei doch möglich, ein solches zu erfinden:»Die Möglichkeit erkennen, hieße schon, die Mittel erkennen und damit die Entdeckung machen.« Wenn die Lenkbarkeit der Luftschiffe »im allgemeinen für unmöglich gelte, wäre ... das nur ein Beweis, daß sie noch nicht erfunden sei; für unmöglich« dürfte man »nur das wirklich Widersinnige erklären ... Die Vögel schlügen in der Luft auch eine bestimmte Richtung ein, ebenso die Fische im Wasser.« Da der Menschen »Kunst und Geschicklichkeit nur in der Nachahmung der Natur bestände«, müsse man doch sagen:»Alles, was geschieht, läßt sich nachahmen.« Diesen Einwand wollte Friedrich nicht gelten lassen: »Und wem sollte diese Erfindung« – des lenkbaren Fluggeräts – »zugute kommen? Diese Art zu reisen wäre äußerst kostspielig, und kein Mensch wäre so reich oder so töricht, sie zu benutzen.« Hier, so Thiébault, endete das Gespräch:»Ich unterließ es, auf verschiedene andere Verwendungsmöglichkeiten der Luftballons hinzuweisen, z. B. darauf, daß ein Heerführer dadurch Näheres über das Innere einer Festung, eine feindliche Stellung usw. erfahren könnte. Wie ich nur zu wohl wußte, hätte er es nicht gelitten, daß ich in seiner Gegenwart von Dingen sprach, die er besser verstehen mußte als ich.« Das war es eben: Der König wollte nicht wahrhaben, daß die Dinge sich ändern, und stellte sich allem Wandel entgegen. Er hielt an Althergebrachtem fest bis zur Erstarrung. Das führte allmählich und zwangsläufig zur insistierenden Wiederholung all jener Gedanken, die er aufgrund von Lektüre und Leistung für grundlegend hielt – und für richtig bis in alle Ewigkeit.

Wir wissen das durch Lucchesinis Tagebucheinträge der Jahre 1780 bis 1782. Immerzu ließ Friedrich sich über dieselben »encyclopedischen« Themen aus, notierte der Italiener. »Der König entwickelte eine Auffassung der Geschichte, Religion, er sprach über Voltaire, über Kronprinzenerziehung, über Feldherrenkunst und vieles andere«, so Musik, Naturwissenschaften, Geographie. Er tat dies oft geistvoll: »Unerschöpflich mannigfach und anziehend floß die Rede von seinen Lippen, in einem äußerst sanften und ziemlich leisen Tonfall der Stimme, die ebenso einnehmend war wie die Bewegung seiner Lippen, auf denen unaussprechliche Anmut lag«, erinnerte sich der Fürst von Ligne voller Verehrung und setzte dann hinzu: »Wenn ich mich nicht irre, merkte man gerade deswegen nicht, daß er – wie die homerischen Helden – etwas geschwätzig, wenn auch erhaben war.« Das sollte wohl andeuten, daß der König viel, aber wenig gedankentief erzählte – und immer wieder dasselbe. Auch Lucchesini monierte in seinem Tagebuch, daß Friedrich sich ständig wiederholte: »Dieselbe Gesellschaft, fast dieselben Gespräche.« Oder: »Kein großer Unterschied in den Gesprächen.« Und auch: »Das Gespräch bewegte sich um Dinge, die bereits bei anderer Gelegenheit gehört worden sind.« So und ähnlich lauten viele Einträge. Andere Zeugen äußern sich ähnlich, etwa Karl Wilhelm Ferdinand von Braunschweig, des Königs Neffe, oder der Thronfolger, Prinz Friedrich Wilhelm von Preußen.

Die langen Monologe des Gastgebers ermüdeten die Gäste zuweilen, und es störte sie, daß der König nicht zuhören konnte oder wollte und daß er keine andere Meinung gelten lassen mochte als die eigene. Diese Phänomene führen, wie man weiß, zwangsläufig zu Repetition und Rechthaberei, zu Verletzungen auch und zum ständigen Nörgeln an dem, was andere vorbringen. Auch das scharfe, ja übermäßige Kritisieren anderer Ansichten bis hin zu deren Verächtlichmachung ist bei Friedrich zu beobachten. All dies, weil er –

komme, was wolle – an jenen Grundsätzen festhält, die er als richtig – und einzig richtig – erkannt hat, als angeblich »unumstößlich«. Das ist verständlich, denn es ist menschlich. Es ist eine Auswirkung des Alleinseins, der Einsamkeit, des zunehmenden Alters und der Abstand schaffenden Größe, das kommt verstärkend hinzu. Und es ist eine Folge des Eigensinns.

Ein Held im Norden ruft Talente rings herbei,
Und wie des Pulvers Kraft ausstrahlt nach allen Seiten,
Strebt Friedrich, jede Art von Ruhm sich zu bereiten,
Daß gleich an Gunst Apoll ihm und Minerva sei.

CLAUDE ADRIEN HELVÉTIUS
Epistel über die Kunstfertigkeiten

EIGENSINN

$\mathcal{D}$ie Ausführungen der beiden vorstehenden Kapitel legen es
nahe: Friedrich war ein eigensinniger, ja eigensüchtiger Mensch,
ein Egoist sein Leben lang. Immer ging es nur um ihn selbst, niemals
um andere, nicht um seine Schwester Wilhelmine, wie man wegen
des geschwisterlichen Briefwechsels voll liebreizender Worte so
gerne glaubt, nicht um die »Freunde« Algarotti, d'Argens oder Lord-
marschall Keith. Es ging auch nicht – dies muß man hervorheben,
weil meist ja das Gegenteil gedacht wird – um Preußens Zukunft.
Diese Vorstellung stammt aus dem 19. Jahrhundert, ist eine gewollte
Auslegung, eine Interpretation, die dem Staat ein historisches Vorbild verleihen sollte, zuerst dem preußischen, dann dem deutschen;
deshalb wurde sie im 20. Jahrhundert gepflegt, und deshalb wird sie
auch heute noch verbreitet. Um Preußen zu seinen Lebzeiten, war
Friedrich besorgt, das ist nicht zu bestreiten, das sollte, ja, das mußte
groß und bedeutend sein. Wenn das Land unter seinen Nachfolgern
aber wieder herabsank, auch gut, dann würde man ihn und seine
Taten eben noch mehr rühmen! So hat er gedacht, und so hat er
gehandelt. Das war klug und vorausschauend, denn es ist wirklich so
gekommen.

Man wollte das nicht glauben. Schon Friedrichs Zeitgenossen
taten sich schwer damit, etwa Johann Wolfgang Goethe, der 1781 an
seinen Freund Johann Heinrich Merck schrieb: »Wenn das Publikum von einem Helden höret, der große Taten getan hat, so malt es
sich ihn gleich, nach der Bequemlichkeit einer allgemeinen Vorstellung, fein hoch und wohlgebildet; eben so pflegt man auch einem
Menschen, der sonst viel gewürkt hat, die Reinheit, Klarheit und
Richtigkeit des Verstandes zuzuschreiben. Man pflegt sich ihn ohne
Vorurteile, unterrichtet und gerecht zu denken. Dies ist der Fall mit
dem Könige.« Allerdings, fuhr Goethe fort: »Wie er in seinem verschabten blauen Rock und seiner bucklichten Gestalt große Taten

getan hat, so hat er auch mit einer eigensinnigen, voreingenomme-
nen, unrektifizierlichen Vorstellungsart die Welthändel nach seinem
Sinn gezwungen.« Und nicht nur die Welthändel, auch in allen
anderen Angelegenheiten hat er den von dem Dichter beschriebenen
Eigensinn gezeigt.

Um zu werden, was er sein wollte, ruhmreich und groß, mußte
Friedrich energisch auftreten, und das bedeutete eben: eigensinnig
und selbstsüchtig. Er mußte unumstößlich urteilen, auf sich selbst
bezogen denken und handeln, denn nur so lassen sich Welthändel
wie Privatleben wohl in die Richtung zwingen, die man einschlagen
möchte. Friedrich selbst hat es gegenüber de Catt folgendermaßen
ausgedrückt, Rammenau, 29. September 1758: »Wenn man es zu etwas bringen will, muß man viel Ehrgeiz und Selbstgefühl haben. Das
hält einen aufrecht und bildet die Triebfeder zu großen Handlungen;
jeder will in irgendeiner Sache glänzen.« Ähnlich hat er es in der
kleinen Schrift *Die Eigenliebe als Moralprinzip* aus dem Jahr 1770
formuliert, wo es heißt: »Wie viele Züge von Tugend, wie viele unsterbliche Ruhmestaten hat man nicht tatsächlich dem Instinkt der
Selbstliebe zu verdanken?«

Zuweilen hat er sehr genau überliefert, was er werthielt.

Standesbewußtsein

ℬei der Entwicklung seiner Selbstbezogenheit, seiner »Selbstliebe«, wie Friedrich es nannte, spielte sein Standesbewußtsein
eine wichtige Rolle, ebenso bei der Ausprägung seines Eigensinns bis
hin zum Egoismus. Seit wann und warum ihn solches Standesbewußtsein erfüllte, kann man lediglich vermuten, weil Friedrich dazu
nichts gesagt hat und wir über seine ersten Lebensjahre nur schlecht
unterrichtet sind. Wohl nicht von der Hand zu weisen ist der Einfluß seiner Mutter, einer Hannoveranerin aus dem altehrwürdigen
Hause der Welfen. Dieses war im Mittelalter lange bedeutend und
zählte seit 1714, seit Sophie Dorotheas Vater als König Georg I.
Großbritannien regierte, politisch wieder zur ersten Garde unter den

Herrschergeschlechtern dieser Erde. Der Stolz auf die hohe Herkunft war das wesentliche Charaktermerkmal der Mutter, in deren Obhut Friedrich zunächst aufwuchs. Offenbar gab sie diesen Stolz an ihre Kinder weiter. Zwar wissen wir das nicht genau, denn es mangelt an aussagekräftigen Quellen, doch kann man es aus der Tragödie um die Vermählung Wilhelmines und Friedrichs folgern. Die Königin wollte ihre Tochter standesgemäß und zukunftsträchtig mit dem britischen Thronfolger, dem Prinzen von Wales, verheiraten und ihren Sohn mit der britischen Prinzessin Amalie. Sie entfachte dadurch am Hof einen scharfen Konflikt um Preußens außenpolitische Ausrichtung. Allein dieser hat die Gemüter der Geschichtswissenschaft bewegt; daß auch ein beträchtliches Maß an Standesdenken mit im Spiel war, hat man darüber vernachlässigt. Dabei war gerade dies die Ursache des Disputs, denn daß Sophie Dorothea diesen Streit gewollt, ja auch nur erahnt hat, daß ein solcher entstehen könne, darf man mit Recht bezweifeln. So gewieft war sie nicht, und so weit dachte sie nicht, denn die Königin war, wie man treffend geurteilt hat, »ohne große geistige Interessen und Fähigkeiten«. Um die große Politik ging es ihr gar nicht, sondern nur um ihre und des Hauses Reputation: »Ich bin in der größten Verzweiflung«, klagte sie ihrer Tochter, »man will Dich verheirathen, und der König hat die elendeste Parthie ausgesucht, die man nur finden kann. Er besteht darauf, daß Du den Herzog von Weißenfels heirathen sollst, einen elenden jüngeren Sohn, der nur von der Gnade des Königs von Polen lebt. Nein, da stürbe ich vor Gram, wenn Du so niedrig dächtest, darein zu willigen.« Man kann dies in Wilhelmines Memoiren lesen. Wörtlich wird die Königin es so wohl nicht gesagt haben, sinngemäß sicher. Wilhelmine und Friedrich sollten ihrem Rang entsprechend heiraten, und da kamen nach Sophie Dorotheas Dafürhalten nur Nachkommen einer imponierenden Dynastie in Frage.

Friedrich jedenfalls hat wie seine Mutter ein extraordinäres Standesbewußtsein an den Tag gelegt und für sein Leben so einen Fixpunkt gefunden. Deutlich wurde dies spätestens 1728, beim Besuch des Königs von Polen und Kurfürsten von Sachsen. Um nicht an der Zeremonientafel teilnehmen zu müssen, stellte sich Friedrich, durch ein Übel geschwächt, »kränker als er war«, wie Wilhelmine berichtet, »da er dem Kronprinzen von Sachsen nicht den Vorrang geben wollte«, was der König von ihm verlangt hatte. Noch offensichtlicher äußerte sich sein Rangverständnis 1730, bei der Verheiratung seiner Schwester. Friedrich wünschte Wilhelmine »den glänzendsten Thron Europas«, den englischen, und verwarf deshalb die Ehe mit dem Markgrafen von Bayreuth; sie sei Reputation und Rang der Hohenzollern nicht angemessen. Hille, Friedrichs Küstriner Aufpasser, ist Gewährsmann für dieses Wort. Weil der britische Hof in der Hochzeitssache aber hochmütig agierte, vom preußischen König Ungebührliches, mit dem Ansehen des Hauses Hohenzollern nicht zu Vereinbarendes verlangte, konnte Friedrich sich mit dem Heiratsprojekt dann doch abfinden. Ehr- und standesbewußt habe sich der Vater verhalten, lenkte Friedrich ein, »der Ruhm des Königs und des Königshauses erfordere, so zu handeln, wie es geschieht, indem die Prinzessin mit dem Erbprinzen von Bayreuth zusammengetan wird«, urteilte er nun. Daß Friedrich einwilligte, sich mit einer Prinzessin, die »nur« aus der Nebenlinie Bevern des Hauses Braunschweig stammte, zu vermählen, sagt nichts über sein Standesbewußtsein. Er hatte ja gar keine Wahl! Als König hat er die Braunschweiger Verwandtschaft dann aber niemals ebenbürtig behandelt; er hat ihr, von oben herab, nur immer befohlen.

Friedrichs schon früh ausgeprägtes Standesbewußtsein wurde noch verstärkt durch das Selbstverständnis, der Thronfolger zu sein, der künftige König in Preußen. An die Herrschaft gelangt, agierte er in der Gewißheit, Rechenschaft nicht ablegen zu müssen. Dieses Selbstverständnis des absoluten Herrschers hat sich schon früh angekündigt: im Konflikt mit dem Vater, dem König, den der Kronprinz, wissend um seine Stellung im Staat, willentlich provozierte durch widerspenstige Worte und sturköpfige Haltungen. Daß der Vater den acht Jahre jüngeren Bruder August Wilhelm vorzog, weil dieser gefügiger war, daß er vielleicht sogar drohte, diesen zum Thronerben zu erheben, hat Friedrich in seiner stolzen Selbstgewißheit nur bestärkt. Niemals hätte er freiwillig dem Thron entsagt, gezwungenermaßen erst recht nicht. Der Kronprinzenprozeß hat das gezeigt: Nicht einmal wenn es sein Leben kosten sollte, wollte er dem Thron entsagen. Herrscherlich trat er auf im Verfahren wie danach in der Haft zu Küstrin, wo er bald hofhielt, wie das Herkommen es erforderte, obgleich er doch ein Gefangener war. Von einem Ausflug Friedrichs mit Gefolge und Höflingen berichtete Adolf Friedrich von der Schulenburg, Generalmajor und Chef eines Dragonerregiments, dem Minister von Grumbkow, Landsberg, 19. Oktober 1731: »Ich stellte ihm die hiesigen Offiziere meines Regiments vor; er empfing sie als König. Sicherlich fühlt er, was er ist, und wird er jemals König, so wird er es zur Geltung bringen.«

Das tat er, gleich nach Regierungsantritt. Der britische Gesandte Gerlach Adolf von Münchhausen bemerkte bereits im Juni 1740, daß »der König von Preußen eine große Ambition hat und auf seine hohe Dignität« – seine Würde – »sehr attent« – sehr bedacht – »zu sein scheint«. Und der Philosoph Christian Wolff berichtete dem Grafen von Manteuffel, Halle, 6. Oktober 1743: »Es darf niemand mit dem Könige weiter etwas sprechen, als er gefragt wird, und die, welche bey ihm auf dem Wagen sitzen, dörffen kein Wort reden, als bis der König anfängt, und nicht mehr, als er dazu Gelegenheit giebet. Die Unterredungen mit dem Könige sind daher auch sehr kurtze.« Zwischen dem König und dem Philosophen hat überhaupt keine Unterredung stattgefunden, obwohl Friedrich Wolff in Halle hatte sprechen wollen. Als dieser herbeieilte, »war aber niemand da, der bey dem Könige einen hätte melden können«. Wolff entfernte sich schließlich wieder, ohne den Monarchen, der ihn ins Land zurückgeholt hatte, gesehen oder gar mit ihm geredet zu haben. Die Episode zeigt: Friedrich war kein König, der jederzeit und für jeden ein offenes Ohr hatte, auch wenn wir ihn uns gerne so vorstellen. Denn wahr ist: »Obwohl er gelegentlich über Formalitäten lacht, wacht doch niemand eifersüchtiger über sie in allen Dingen, von denen er meint, daß sie seinen Rang, seine Würde und sein Ansehen berühren«, so Sir Andrew Mitchell, der brtitische Gesandte am preußischen Hof, 1766.

Daß er einen ausgeprägten Sinn für den Rang hatte, den er einnahm, hat Friedrich mehr als einmal offenbart. Am deutlichsten wohl im Zusammenhang mit jenen durch die Aufklärung hervorgerufenen Forderungen nach einem kontrollierten Königtum. Auf Schriften, welche die Monarchie in Frage stellten, reagierte er heftig, weil er durch solche Überlegungen seinen Platz in der Geschichte gefährdet sah. Energisch trat er gegen solche Gedanken auf, schrieb geharnischt vor allem gegen die Bücher, die wohl aus der Feder des Barons Paul Heinrich Dietrich von Holbach stammten, gegen den *Essai sur les préjugés* und das *Système de la nature*. Nachdrücklich und vehement wies Friedrich die darin enthaltene Anklage zurück, »daß die Fürsten die Schlächter ihrer Untertanen seien und zum Zeitvertreib sie in ihren Kriegen sich gegenseitig erwürgen ließen«. Sollten sich solche Ansichten durchsetzen, so befürchtete er wohl, würde sein Feldherrnruhm bald verblassen. Auch daß, wie verkündet wurde, die Untertanen das Recht erhalten sollten, ihre Souveräne abzusetzen, so sie mit ihnen unzufrieden seien, kam überhaupt nicht in Frage; dieser Anspruch untergrub ja die Autorität des Herrschers! Auch der Jesuit Busenbaum war ihm ein Dorn im Auge. Dieser setzte sich in dem Buch *Medulla theologiae moralis* mit dem Königsmord auseinander, weshalb der König das Werk durch Kaiser Joseph II. unterdrückt wissen wollte.

Soviel ist sicher: Friedrich betrachtete den einmal geschlossenen Staatsvertrag zwischen Herrscher und Untertanen, wie ihn die Theorie konstruiert hatte, »stillschweigend als unlöslich, unkündbar, den der Staatsgewalt, dem Souverän, dem ersten Diener des Staates erteilten Auftrag als unbedingt und unwiderruflich«. Bei Fürst und Volk handelte es sich nach seiner Meinung nicht um einen Dualismus, sondern um eine Einheit, ja eine Identität. »So sehr Friedrich dem Fürsten das Gefühl der Verantwortlichkeit zur Pflicht macht, so gar nicht räumt er dem Volk das Recht ein, Verantwortung zu heischen ... Monarchie und Absolutismus blieben ihm stets ... gleichgeltende Begriffe.« Sie mußten ihm eins auch gelten, denn sie begründeten seinen herausragenden Rang in der Gesellschaft. Dieser verschaffte ihm, wie selbstverständlich, die Autorität, welche nötig war, seine Sicht auf die Dinge durchzusetzen – und sich dadurch in das Buch der Geschichte einzutragen.

Seine Sicht der Gesellschaft

Aus seinem Standesbewußtsein, aus seinem Sinn für Rangfolge stufte Friedrich den Adligen folgerichtig als Persönlichkeit prinzipiell höher ein als den Bürger:»Spricht er vom Bürger, so denkt er … der überlieferten Gesellschaftsordnung gemäß an den gelderwerbenden, sparsamen Kaufmann. Darum sind für ihn die Bürger dazu da, um durch Handel und Gewerbe das Geld im Lande zu mehren, die Bauern, um Kontributionen zu bezahlen und Rekruten zu stellen, und der Adel als der ›erste und glänzendste Stand des Staats‹ steht naturgemäß dicht neben dem Thron«, umriß Elsbeth Schwenke in ihrer Arbeit *Friedrich der Große und der Adel* des Königs Überzeugung. Womit sie für seine Haltung freundliche Worte fand. Hille drückte sich in dieser Hinsicht in Küstrin schon deutlicher aus:»Er verhehlt seine Verachtung für die Bürgerlichen nicht. Neulich fragte er mich, was ich in der Kammer allein mit Reichow gemacht hätte. Ich antwortete, wir hätten von dem Landrat von Selchow viele Berichte bekommen. Er entgegnete, es sei recht sonderbar, daß ein Edelmann Bürgerlichen Rechenschaft ablegen müsse.« An dieser Betrachtungsweise Friedrichs änderte sich in späteren Jahren nichts; sie war und blieb grundsätzlich.

Als König honorierte Friedrich weder die Leistungen Bürgerlicher noch bürgerliche Leistungen. Ein Beispiel dafür ist sein Dank an die bürgerlichen Offiziere, die während des Siebenjährigen Krieges gute Dienste geleistet hatten. Sie wurden nach Friedensschluß fast alle verabschiedet oder zu den weniger angesehenen Artillerie- und Garnisonregimentern versetzt,»weil sie schließlich doch noch tauglicher erscheinen als die Halbinvaliden, die man sonst dorthin schickt«, so Elsbeth Schwenke in ihrer Dissertation. Das war vorsichtig, fast versöhnlich formuliert, weil die Arbeit zur Zeit der Monarchie entstanden ist, Friedrichs Nachfahren noch regierten und zu deutliche Kritik am König dem wissenschaftlichen Fortkommen hinderlich sein konnte. Friedrich selbst schrieb schärfer, aggressiver: Um in der Armee den notwendigen»Grad der Vollkommenheit zu erreichen, der für das Staatswohl so wichtig ist, hatte man« – hatte er, heißt das, denn Friedrich schrieb ja wie Cäsar von sich in der dritten Person – »alle Bürgerlichen ausgemerzt … Da das Land aber nicht Edelleute genug für die Armee lieferte, nahm man« – nahm folglich er, bevor er Bürgerlichen Offiziersposten anbot – »seine Zuflucht zu Ausländern aus Sachsen, Mecklenburg und dem Reiche … Diese Sorgfalt in der Auswahl des Offiziersersatzes ist wichtiger, als man glaubt; denn im großen und ganzen hat der Adel Ehrgefühl. Es ist zwar nicht zu leugnen, daß hin und wieder auch Verdienst und Talent bei Nichtadligen vorkommt, aber das ist doch recht selten der Fall.« Hier offenbart sich: Friedrich war ein standes- und selbstbewußter Monarch, und es gab »viele Züge an diesem König, die mit Aufklärung wenig zu tun« hatten.

Auch für die Wertschätzung, die Friedrich bürgerlichen Leistungen entgegenbrachte oder eben nicht entgegenbrachte, sei hier ein Exempel angeführt. »Ich bin seit 4 Wochen im Lande des Lateins«, schrieb er aus Leipzig an die Herzogin von Sachsen-Gotha, 12. Januar 1761. »Zu meiner Kurzweil habe ich alle Professoren der hiesigen Universität Revue passieren lassen.« Die Ironie ist unüberhörbar und macht seine innere Einstellung deutlich. »Drei bis vier fand ich, die tüchtig sind und gute Kenntnisse besitzen, darunter einen Professor des Griechischen, der nach meinem Dafürhalten mehr Urteil und Geschmack hat, als man unter deutschen Gelehrten zu finden gewohnt ist.« Friedrich sprach kein Griechisch, konnte des Professors Leistung also gar nicht ermessen. »Ich habe in dem Schwarm aber auch einen entdeckt« – wieder wird seine Geringschätzung deutlich –, »den sich Molière nicht hätte entgehen lassen, wäre er sein Zeitgenosse gewesen. Dieser Prachtkerl erklärte mir mit Magisterwürde« – nach des Königs Geschmack mit zu viel Gelehrtheit –, »er hätte 60 Foliobände zur Welt gebracht und alle Vierteljahre zwei veröffentlicht. ›So sind Sie denn ein Universalgenie?‹ fragte ich ihn. ›Allerdings‹, erwiderte er. ›Aber, Herr Professor, alle Vierteljahre zwei Foliobände! Wie ist das nur möglich? Ich fände nicht einmal die Zeit, sie niederzuschreiben. Wie konnten Sie sie also verfassen?‹ – ›Das kommt daher‹, sagte er und deutete auf seine Stirn. Einer seiner wohlmeinenden Kollegen setzte hinzu: ›Und aus Bayles Wörterbuch, aus Moreri, Chambers und allen bekanten Nachschlagewerken, die er zu einem einzigen verschmolzen hat.‹ – ›Ja, ich habe sie zusammengeschmolzen‹, sagte der Gelehrte. ›Aber ich habe sie erst zur Vollendung gebracht; denn ich habe alle verbessert.‹ Behüte der Himmel Sie, Frau Herzogin, und mich in diesem und in allen künftigen Lebensjahren vor Verfassern von 60 Foliobänden! Ich bin jetzt«, machte Friedrich sich über solch gelehrte Leistung lustig, »derart von dieser Vorstellung betroffen, daß ich beim Anblick jedes Buches zittere, außer wenn es in Duodez[format] ist.«

Der Wissenschaftler, über den der König sich lustig machte, war Karl Günther Ludovici, Professor der Philosophie, und die Leistung, auf die er voller Stolz verwiesen hatte, das *Zedlersche Universallexikon aller Wissenschaften und Künste*, veröffentlicht zwischen 1733 und 1754 in 68 Bänden. Friedrich kannte es mit Sicherheit nicht, da es auf deutsch erschienen war. Er konnte also den Wert des Werkes gar nicht beurteilen. Schon aufgrund des Umfangs hielt er es für überflüssig. Und eigentlich, auch so kann man es vestehen, hatte der Professor sich anmaßend verhalten, schließlich konnte nur er, der König, überschauen, was wichtig war und was nicht. Das war nicht weise geurteilt, sondern überheblich. Noch heute leistet uns Ludovicis Werk wertvolle Dienste.

Er macht sich zum Maß der Dinge

Friedrich, der »die Welthändel nach seinem Sinn zwingen« wollte, wurde immer mehr sich selbst zum Maßstab. »Ich merke wohl, daß Friedrich Ratschläge nicht liebt«, schrieb schon 1731 Adolf Friedrich von der Schulenburg und zeigte an, auf welche Weise sich Friedrichs Geltungsdrang äußerte, nämlich indem er von seiner Auffassung abweichende Ansichten verwarf. Er tat dies von der hohen Warte seiner gesellschaftlichen Stellung herab, wenig schön manchmal, als König fast immer energisch; er wollte das letzte Wort haben. Das ist nach seinem Regierungsantritt besonders aufgefallen und auch kommentiert worden, akribisch von dem kursächsischen Hofrat und Zeremonienmeister, Schriftsteller und Hofpoeten Johann Ulrich König. Dessen 1740 erschienene *Relation, wie der Königl. Preußische Hof und besonders der Gemütscharakter des itzt regierenden Königs Friedrichs II. beschaffen ist,* stellt eine vortreffliche, vor allem aber glaubhafte Quelle dar, denn sie lieferte Nachrichten aus eigener Anschauung oder aus dem Munde der Männer aus Friedrichs Umgebung, der engsten sogar: Franz Isaak Egmont von Chasot, Dietrich von Keyserlingk, Carl Heinrich Graun oder auch, etwas weiter entfernt, Kasimir Christoph von Brackel, russischer Gesandter am Berliner Hof. Zudem hat König die Aufzeichnungen zeitnah notiert und später nicht überarbeitet.

König hatte in Berlin unter anderem die Zeremonien für Friedrich Wilhelms I. Begräbnis ganz genau in Augenschein genommen. Dabei hatte er festgestellt, daß »essentielle Schnitzer ... aus allzu großer Unwissenheit in der Historie und dem Zeremoniell« gemacht worden waren. Einige Fehler, so König, gingen auf den preußischen Zeremonienmeister Baron von Pöllnitz zurück, einige mehr aber auf Friedrich, der, wider besseres Wissen, »vieles von des Pöllnitz Zeremoniell-Entwurf ... selbst ausgestrichen und hingegen einige seltsame und wider einander laufende Dinge veranstaltet« habe. Für die Eigenmächtigkeiten Friedrichs lieferte der Hofrat folgende Erklärung: »Alles rühret daher, daß der König sich annoch einbildet, er wisse alles besser als andere Leute und sogar auch besser als die Kunstverständigen selbst, und daher kommt seine allzu große *Suffisance*« – seine Selbstgefälligkeit –, »deren man ihn nicht mit Unrecht beschuldiget.« Ganz falsch lag er damit nicht. Beispiele für solche Selbstgefälligkeit Friedrichs gibt es so viele, daß es unmöglich ist, sie alle anzuführen. Aber einige muß man nennen, weil wir vom damaligen Geschehen oft falsche Vorstellungen haben und Friedrich nicht verstehen können, wenn wir diese nicht korrigieren.

Spitzzüngig und böse, nicht selten gemein konnte der König werden, wenn man seine Autorität mißachtete und sich seinen Wünschen nicht fügte. Das geschah unmittelbar nach Regierungsantritt gegenüber dem berühmten Kastraten Annibali. Der war eigens aus Dresden nach Berlin gekommen, um bei der Beisetzung des verstorbenen Königs zu singen; in Preußen selbst hatte man ja solche Künstler nicht mehr. Als Friedrich den Kastraten, kaum daß dieser eingetroffen war, bat, »etwas zu singen«, entschuldigte sich Annibali »mit dem vielen Sand ..., der ihm während der Reise in den Hals gekommen«, was der junge König übel vermerkte. Der Kapellmeister Graun nahm den Sänger in Schutz, dennoch habe »der König, als Annibali das erste Mal in Charlottenburg gesungen, zu wiederholten Malen zu besagtem Kapellmeister fast überlaunt gesagt: ›Hört Er dann nicht, daß der Mensch falsch singt? Hört Er nicht, wie er herunterzieht? daß er kein Ohr hat? daß er kein Tempo hält?‹ und dergleichen mehr, worüber besagter Kapellmeister Graun, wie er ... selbst bekannt, weil der König ganz nahe bei ihm und dem Annibali gestanden und dieser es daher unumgänglich hören müssen, vor Angst sich nicht zu lassen gewußt, auch den König immer an den Falten gezupft und durch flehentliche Mienen ein dergleichen ferneres *Raisonnement* abzuwenden gesucht.« Aber Friedrich wollte unter allen Umständen, so sieht es aus, seinem Unmut Ausdruck verleihen durch absichtsvoll verletzende Äußerungen.

Friedrichs Verehrer mögen einwenden, der König habe viel von Musik verstanden und sicherlich zu Recht den Kastraten kritisiert, schließlich habe er unabhängiger urteilen können als Graun. Zeitgenossen und Kenner sahen es anders. Sie hielten Friedrichs Urteil eher für unbedarft. Johann Ulrich König etwa meinte »nicht, daß in diesem Fall der König von Preußen *juge compétent*« – zuständiger Richter – »sein könne«, denn »ob man ihm gleich das Lob eines guten Komponisten und Virtuosen auf der *Traversière*« – der Querflöte – »nicht absprechen kann, so ist doch auch gewiß, daß er noch allzu wenig andere als seine eigene Musik gehöret, die sich noch dazu nach seinem eigenen Gutbefinden richten muß«. Dennoch hatten die Worte Friedrichs zur Folge, daß Annibali vorübergehend deutlich weniger Engagements und kaum erste Rollen bekam. Es mußte für sein Fortkommen erst öffentlich werden, daß der König unrecht hatte.

Daß Friedrich eine schlecht begründete, vorgefaßte Meinung vertrat, weil man seinen Wünschen nicht entsprochen oder ihm anderweitig mißfallen hatte, geschah nicht selten. Im Tagebuch von de Catt kann man lesen, 25. November 1759: »Er ist empfindlich, wenn seine *scripta*« – Texte – »nicht gut vorgelesen werden.« Der Schweizer hatte dies an jenem Tag getan und dadurch des Königs Stimmung verdüstert. Einen Brief Rousseaus fand Friedrich deshalb »widerlich und schlecht geschrieben«. De Catt: »Wie immer, wenn er voreingenommen ist, etwas schlecht zu finden, liest er ... so zusammenhanglos, daß der Stil jeder Vernunft bar zu sein scheint und das Ganze nicht anders als *malum*« – schlecht – »erscheinen kann.« Des Königs Urteil über Rousseaus Schreiben: »Das ist feige und steht auf schwachen Füßen.«

Man kann daraus ersehen, wie Friedrich um sich selbst kreiste und wie abhängig er war von seiner jeweiligen Stimmung. War sie gedrückt, fand Friedrich fast alles »schlecht«. In solcher Verfassung gewährte er nicht einmal einem Lieblingsschriftsteller Gnade. »Er las Lukrez, das ganze dritte Buch, die Naturbetrachtungen findet er schlecht, den Rest ausgezeichnet«, berichtet de Catt. »Dann las er aus der *Thebaïde*« – von Racine, den er liebte, wie er selbst oft sagte –, »und wenn er nicht *invenire bonum*« – wenn er nichts Gutes entdecken kann – »*legit modo singulari*« –, liest er auf eine besondere Weise« –, nämlich unzusammenhängend, vorsätzlich falsch betonend, den Text entstellend. Solche Stimmungen hielten unterschiedlich lange an; sie konnten Stunden währen oder auch Tage dauern. Dann schlugen sie um, von heute auf morgen. Hernach war er guter Dinge, zeigte sich munter und optimistisch und las anderen seine eigenen Schriften vor. Zu de Catt: »Ich habe den traurigsten Eingriff über mich ergehen lassen, den die Heilkunst kennt: zwei Klistiere, das hat mich erleichtert, daher fühlt sich mein Geist freier. Kommen Sie her, ich habe ein Gedicht für meine Schwester von Bayreuth gemacht, über die Freundschaft.« De Catts Tagebuch enthält viele solcher Episoden.

Ein Beispiel noch von dem Feldherrn Friedrich dafür, welch ernste Folgen solche Selbstgefälligkeit haben konnte. Die Rede ist von Maxen, von dem Gefecht und der Kapitulation eines preußischen Armeekorps unter dem General Finck am 20. November 1759.

»Finck hätte vorsichtiger sein müssen, hätte Nachricht geben müssen, hätte Infanterie in Dippoldiswalde lassen müssen und, anstatt sich auf Maxen zurückzuziehen, in Böhmen einfallen sollen«, so der König nach den Aufzeichnungen de Catts vom März 1760. Finck hätte »zurückgehen müssen; denn seine Ordre lautete, alle schwachen Detachements, auf die er stieß, anzugreifen, sich aber bei der Annäherung überlegener Streitkräfte zurückzuziehen. Er verließ sich sehr zur Unzeit auf seine Stellung, die an sich nicht schlecht war. Hätte er nur Mannschaft genug zu ihrer Besetzung gehabt! Seine Vertrauensseligkeit stürzte ihn ins Verdereben ... Hätten die preußischen Generale nach dem Unglück, das sie betroffen, noch einen Schatten von Besinnung bewahrt, so hätten sie sich jetzt noch mit Ehren aus ihrer üblen Lage retten können.« General »Wunsch wollte mit der Kavallerie durchbrechen, aber Finck und die anderen hingen mehr an ihrer Bagage als an ihrer Ehre und untersagten ihm jede Feindseligkeit. Des preußischen Namens unwürdig, waren die Generale feig genug, sich dem Feinde zu ergeben und die Waffen zu strecken. Das Korps, das sich so schimpflich unterwarf, war 16 Bataillone und 35 Schwadronen stark«, so Friedrich in seiner *Geschichte des Siebenjährigen Krieges*. Allein Finck war verantwortlich, nicht der König! Der war überhaupt nie verantwortlich, so Friedrichs Standpunkt: »Wenn mein Plan nicht gelingt, ist es nicht meine Schuld«, erklärte er de Catt kurz und bündig. Der Gedanke, sein Vorhaben sei nicht sinnvoll, sei gefährlich oder gar undurchführbar gewesen, kam ihm gar nicht. Finck hatte versagt. So lautet auch das Fazit in vielen modernen Darstellungen, die Friedrichs Vorlage folgten.

Wie Friedrich die Dinge darstellt, haben sie sich aber nicht zugetragen. Chester Verne Easum, der Biograph des Prinzen Heinrich, der die Quellen genau ausgewertet hat, schrieb über Finck: »Sein eigenes Wissen um den Charakter des Königs konnte ihn erwarten lassen, daß er Tadel erhalten werde, wenn er ohne ausreichenden Grund zurückgehe, aber herausgehauen würde, wenn er tapfer durchstand. Er erhielt keinen Rückzugsbefehl, auch keine sehr scharfe Warnung; also blieb er, wo er war.« Daß Finck bei Maxen überhaupt Posten bezogen hatte, ging auf den Befehl des Königs zurück, entsprach also Friedrichs Plan. Dieser hatte die eindringlichen Warnungen seiner Offiziere und seines Bruders Heinrich, die Stellung sei schlecht gewählt, in den Wind geschlagen. »Sie werden sehen, Finck ist verloren«, hatten die Offiziere gesagt. »Es ist unerhört, daß Seine Majestät sich vom Marschall Daun irreführen läßt«, hatten sie sich empört und prophezeit: der König sendet »Finck mit zehntausend Mann weg, so daß dieser in Gefangenschaft geraten muß!« Glaubt man de Catt, war es wegen des *Détachements* – der Entsendung – des Generals sogar zwischen Heinrich und Friedrich zum Streit gekommen. Der Prinz habe das Verhalten seines königlichen Bruders mißbilligt, habe Friedrich ernstliche Vorhaltungen gemacht. De Catt: »Er hat ihm dargelegt, daß es unvermeidlich sei, daß Finck und sein Korps in die Gewalt des Feindes fallen.« Höchst unzufrieden mit des Königs Antwort und entschlossen, das Heer zu verlassen, habe der Prinz sich dann zurückgezogen: »Sie wollen es durchaus, mein Bruder; nun gut, aber wenn ein Unglück geschieht, und es wird sicherlich geschehen, so schreiben Sie es sich selber zu«, soll Heinrich gesagt haben. So weit kam es noch! Er, Friedrich, war der König, und als solcher gab er nichts auf die Ansichten seines Bruders und seiner Generale.

Wenn es ihm nicht paßte, gab er auch nichts auf das Urteil seiner Juristen. Der berühmte Prozeß um den Müller Arnold bezeugt das. Dessen Geschichte wird meist so erzählt: Dem neumärkischen Wassermüller Arnold sei durch die Richter übel geschehen; sie hätten ihn seines Rechts und seiner Mühle beraubt. Erst ein Eingriff des Königs habe beides dem Mann zurückerstattet, weshalb man den Monarchen preisen müsse. Friedrich habe unbestechlich und ohne Ansehen der Person geurteilt, »im Sinne eines allgemeinen aufgeklärten und reformorientierten Rechtsempfindens ... Hier gab sich der König deutlicher als für die meisten sonst nachvollziehbar als ein Herrscher zu erkennen, dem es mit der Gerechtigkeit in Staat und Gesellschaft und mit der Verhinderung von Willkür und Amtsmißbrauch tatsächlich ernst war«, formulierte man kryptisch, um Friedrich nicht der Willkür zu zeihen. So wollte Friedrich vor den Zeitgenossen und der Nachwelt erscheinen: über den Dingen stehend, unabhängig, gerecht.

Deshalb griff er hier ein. Doch man muß diese Geschichte anders erzählen, wahrhaftig, das heißt, weniger von Friedrich eingenommen, auch weniger gewunden, was allerdings schwerfällt, wenn man dem König keinen Tort antun möchte. Deshalb sei gleich vorweg gesagt, was sich aus den Quellen ergibt: Friedrich hat das Recht gebeugt, nicht seine Richter, denn die hatten nach Recht und Gesetz geurteilt. Der Müller war dem Grafen Schmettau, seinem Grundherrn, die Erbpacht schuldig geblieben und hatte deshalb die Mühle verloren. Daß Karpfenteiche, angelegt von einem von Gerstorff, der Mühle das Wasser entzogen hätten, wie Arnold klagte, wollten die Richter nicht glauben, nicht die der ersten Instanz und auch die der zweiten nicht. Der Küstriner Gerichtshof entschied ebenfalls gegen den Müller. Da wandte sich dieser direkt an den König. Friedrich, mißtrauisch seiner Justiz gegenüber, setzte am 22. August 1779 eine Kommission ein, die die Sache untersuchen sollte. Auch deren Mitglieder kamen bis auf eines zu dem Ergebnis, alles sei rechtens gewesen und der Müller »nichts weiter als ein durch eigene Trägheit verschuldeter, zahlungsunwilliger Querulant«. Nur ein Oberst von Heucking war anderer Ansicht. Dem Votum dieses Beisitzers folgte der König, nicht weil es überzeugend war, sondern weil er es wollte. Friedrich befahl der Kammer in Küstrin, »die Sache mit dem Arnold sogleich in Ordnung zu bringen, ihn sofort gäntzlich klaglos zu stellen und allen seinen Beschwerden, ohne den mindesten Anstand, abzuhelfen«. Wenn dem nicht Folge geleistet werde, »werde Seine Königliche Majestät alle zum Teufel jagen«.

Als Arnold einen weiteren Prozeß, in dem es um eine Entschädigung ging, auch nicht gewinnen konnte, machte Friedrich seine Drohung wahr. Der Großkanzler von Fürst, verantwortlich für das Justizdepartement, sowie jene Richter, die das Urteil gefällt hatten, wurden nach Potsdam zitiert. Friedrich wollte »in Ansehung der wider den Müller Arnold aus der Pommerziger Krebsmühle in der Neumark abgesprochenen und hier *approbierten* höchst ungerechten Sentenz ein nachdrückliches Exempel statuieren, damit sämtliche Justiz-Collegia in allen Dero Provinzen sich daran spiegeln und keine dergleichen Ungerechtigkeiten begehen mögen«. Fürst wurde entlassen, die Richter Busch, Bandel, Neumann, Friedel, Graun und Schlecker »in einem Wagen nach dem gemeinen Stadtgefängnisse« abgeführt. Der König wies den für das Kriminaldepartement zuständigen Minister von Zedlitz an, was mit ihnen zu geschehen habe: Sie sollten inhaftiert werden. Der Minister konnte aber keine Verfehlung feststellen, und so verhängte Friedrich selbst den Arrest: ein Jahr auf der Festung Spandau. Das war Willkür, eine Einschränkung der Justiz für die Zukunft auch, denn öffentlich hatte Friedrich mehrfach verkündet, in Justizangelegenheiten habe allein das Gesetz und nicht der König zu sprechen. Rehabilitiert wurden die Kammergerichtsräte erst nach Friedrichs Tod von seinem Nachfolger Friedrich Wilhelm II.

Friedrich hörte nicht auf andere, er nahm von ihnen keine Ratschläge an, es sei denn, sie kamen von Voltaire – und selbst denen folgte er nicht gleich und offensichtlich. Er tat das aus Selbstgefälligkeit und dem daraus erwachsenen Geltungsdrang. Durch diese Charakterzüge war er regelrecht dazu verurteilt, sicher, gefestigt und überzeugend aufzutreten. Spätestens nach seinem Fluchtversuch wollte und mußte er der Gespräche Inhalt und der Politik Richtung bestimmen. Er hat deshalb sein Regierungssystem wie den gesamten Staat ganz auf sich zugeschnitten. »Auch die unwichtigsten Dinge müssen ihm vor Augen kommen und unterliegen seiner Entscheidung«, berichtete Louis-Marie de Saint-Maurice, Marquis de Pons, der fränzösische Gesandte in Berlin, 1774 nach Paris. »Da er von niemandem Rat nimmt als von sich selbst, müssen alle Maßnahmen den Stempel seines Charakters tragen, und das ist tatsächlich der Fall. Die Hauptzüge dieses Charakters sind: Ruhmesliebe oder Sucht nach Berühmtheit, schrankenloser Ehrgeiz, eine täglich zunehmende Neigung zum Geiz und ausgesprochene Selbstsucht. Sie sind auch die Grundlage und das Prinzip seines Benehmens; besonders die Selbstsucht hat man nie weiter getrieben. Das ist der auffälligste Charakterzug. Immerfort tritt er hervor, kommt in jeder Kleinigkeit zum Ausdruck. Jeder Schritt wird durch sein persönliches Interesse bestimmt, und vielleicht bezieht sich auch jeder Gedanke von ihm darauf.«

Die Frage: »Soll ein Fürst selbst regieren?«, beantwortete Friedrich ohne zu zögern mit »ja«, das sei »notwendig«. Nur der Fürst selbst – nur er, Friedrich, allein, muß man hier lesen – könne das Interesse des Staates erkennen und verfolgen. Ein Minister hingegen habe, sobald seine Interessen berührt werden, stets Nebenabsichten. Für Fürsten, die nicht selbständig urteilten, hatte Friedrich deshalb nur Spott und Verachtung übrig. So für August III. von Sachsen-Polen, der sei »sanftmütig aus Trägheit, verschwenderisch aus Eitelkeit, unfähig zu jedem Gedanken, der Kombination erfordert, ohne Religion, aber seinem Beichtvater« – und dem Grafen Brühl – »gehorsam, ohne Liebe, doch ein gefügiger Ehemann« gewesen. Über Ludwig XV. von Frankreich urteilte er nicht milder: »Der schwache König bildet sich ein, selbst zu regieren, während seine Minister sich in seine Macht teilen und ihm nur einen leeren Namen lassen.«

Man hat diese Einstellung des Königs im 19. und 20. Jahrhundert gelobt und gefeiert. Sie sei ein Ausdruck seiner Größe gewesen. Noch heute heißt es anerkennend: »Der König hielt alles in Betrieb.« Die Zeitgenossen waren da skeptischer, sie empfanden sein Mißtrauen gegenüber den Staatsdienern und seine Einmischungen in alles und jedes eher als lähmend: »Kein Departement oder Minister getraute sich ohne seine Entscheidung in den geringsten Sachen Beschlüsse zu nehmen, und Vorschläge, die sie dazu einschickten, mußten mit äußerster Behutsamkeit gefaßt sein, um nicht einer vielleicht schon vom König über die Sache gefaßten Idee in die Quere zu kommen und um nicht das so reizbare Mißtrauen desselben gegen Privatabsichten der Ratgeber zu erwecken. Nur Staatsmänner, die bereits sein Zutrauen erworben hatten, gingen hierin freier, doch nie ohne Ängstlichkeit zu Werke.« Das Ganze sei »ein Theaterstück mit einer einzigen Star-Rolle« gewesen, hat George Peabody Gooch dazu bemerkt. Mit Recht!

Friedrich wollte allen überlegen sein, nicht allein aufgrund seines Ranges als König, sondern auch seines Geistes und seines Wissens wegen. *Seine* Anschauung und darüber hinaus er selbst sollten das Maß der Dinge sein; was die Zeugen, die ihn gekannt, berichten, läßt keine andere Auslegung zu: »Der Kronprinz«, meldete Hille an

Grumbkow, Küstrin, 8. Februar 1732, »tut sich außerordentlich viel auf seinen Geist zugute, und tatsächlich besitzt er Geist. Er hört sich gern dafür loben.«

Er verträgt keinen Widerspruch

Friedrich war derart von sich eingenommen, daß er andere Meinungen nicht gelten lassen und mit Kritik nur schlecht oder gar nicht umgehen konnte. Widerworte schätzte er ganz und gar nicht, auch wenn er in der Rheinsberger Runde erklärte: »Es ist eine Notwendigkeit, in der Gesellschaft widersprochen zu werden, damit man das Gespräch verlängern kann.« Oder zu Camas, 27. Oktober 1738: »Etwas Streitsucht gehört in die Wissenschaft; das ist das Öl, das diese Art von Unterhaltung nährt.« Für Friedrichs Geduld mit anderer Leute Auffassung sind sie kein Beleg, lediglich dafür, daß Friedrich Vergnügen am Streitgespräch hatte. Daß er am Ende einer Diskussion eine andere als seine Meinung zuließ, kann man ihnen nicht entnehmen. Das tat er nämlich nicht.

Wahr ist aber auch: Durch sein zunächst recht ungekünsteltes, offenes Wesen, auch durch sein breites, wiewohl nur oberflächliches Interesse an vielen Dingen hat Friedrich zu Widerworten geradezu herausgefordert. Das ist durch viele Quellen belegt. Widerworte fielen vor allem im Gespräch mit Leuten vom Fach, mit Sprachgelehrten, Naturwissenschaftlern, Philosophen, Wissenschaftlern, überhaupt mit Menschen, die sich auf ihrem Gebiet besser auskannten als der König. Allerdings durfte der Widerspruch nur äußerst vorsichtig vorgebracht werden. Daß er ihn überhaupt zuließ, manchmal sogar öffentlich, unterschied Friedrich von allen anderen Regenten der Zeit. Es wies ihn öffentlich, und das wollte er durchaus, als einen »aufgeklärten« Monarchen aus. Dafür haben ihn die »Aufklärer« bewundert.

Widerspruch, selbst wenn er ihn herausgefordert hatte, konnte er dennoch nur schlecht ertragen. Sein Verhalten gegenüber dem Leipziger Philologen und Orientalisten Johann Jakob Reiske im

Dezember 1760 offenbart das. Reiske hatte sich Friedrichs Ansichten nicht anschließen können und eine eigene Auffassung vertreten, woraufhin der König das Gespräch abrupt beendete mit den Worten:»Nun, nun, Er soll Recht haben«, sich abwandte und von dannen schritt. Solches Gebaren ist auch in anderen Fällen überliefert, etwa gegenüber Johann Stephan Pütter.

Der Göttinger Staatsrechtslehrer und Publizist hatte sich im Dezember 1762 Friedrich skeptisch gezeigt, hatte ihm zu verstehen gegeben, daß er nicht alles glauben mochte, was der König erklärte, mit der Folge, daß Friedrich ganz unvermittelt das Thema wechselte und ohne echtes Interesse fragte, woher Pütter denn stamme?»Mit meiner Antwort: ›Aus Iserlohn in der Grafschaft Mark‹«, berichtete der Göttinger Professor später, »hatte diese königliche Unterredung auf einmal ein Ende.«

Wirklich geistvolle Gespräche kamen so nicht zustande, allenfalls oberflächliche. Man kann das den Aufzeichnungen Johann Heinrich Samuel Formeys entnehmen. In seiner 1789 veröffentlichten Lebensbeschreibung hielt der ständige Sekretär der Akademie der Wissenschaften zu Berlin über des Königs Besuche fest:»… wenn irgendein Gegenstand aufs Tapet kam, durfte man sich nicht übereilen, seine Meinung zu äußern, noch viel weniger entschiedenen Ton anschlagen; denn sonst hätte der König sofort das Gegenteil behauptet, woraus dann eine Kontroverse zu entstehen pflegte, die das Gespräch sehr lebhaft machte und gewöhnlich damit endete, daß man in gleichgültigen Dingen seiner Meinung beitrat«, in wichtigen Angelegenheiten aber seine Ansicht für sich behielt, muß man ergänzen, denn der König wollte am Ende immer recht haben. Ungeahndet konnten allein Prinz Heinrich und Voltaire widersprechen, doch auch deren Widerworte weckten oftmals des Königs Unmut, und manchmal bekamen sie gar seine Ungnade zu spüren.

Für gewöhnlich zeigte Friedrich»eine Art von Eigensinn oder Eigenwillen, der keinen Widerspruch duldet«, wie Johann Heinrich Ludwig Manger, einer von Friedrichs Architekten, in der *Baugeschichte von Potsdam* überliefert.»Knobelsdorff, Le Geai und Gontard« – auch sie Baumeister des Königs – »würden vielleicht länger in seiner Gnade geblieben seyn, wenn sie nicht den Versuch hätten wagen wollen, darzuthun, daß auch ein König zuweilen in einer Kunst, die nicht Sein Hauptwerk ist, Unrecht haben könne.« Rechthaberisch sei der König gewesen, vermutete Johann Ulrich König, weil er »allzu *jaloux* von seiner Autorität« gewesen sei, zu sehr auf seine Stellung und seinen Rang bedacht, was ihn öfters »zum Eigensinn ... verleitet« habe. Der Gedanke läßt sich nicht so leicht von der Hand weisen, denn Autorität und Im-Recht-Sein war für Friedrich ein und dasselbe, das Immer-Recht-haben-Wollen die Folge davon. Es war geradezu ein Zwang, verführte ihn nicht selten dazu, wider die Vernunft zu handeln. König hat uns dafür ein Bei-spiel überliefert: »Der Geheime Staatsrat Samuel von Marschall, ungeachtet er selbst ehemals der Erfinder und Angeber der Rekru-tenkasse gewesen, nahm dennoch anizt aus politischer Vorsicht An-laß, dem jungen König die Abschaffung bemeldter Rekrutenkassa unter vielen Vorstellungen anzuraten; als aber der König sich eine Zeit lang bedacht, sagte er kurz: ›Nein! sie soll bleiben.‹ Wie nun der Baron von Keyserlingk nach der Hand gegen den König erwähnt, Ihro Majestät hätten doch gleichwohl als Prinz so sehr wider besagte Kasse geschmäht und dieselbe als eine landverderbliche Sache so-gleich abzustellen gedrohet, sobald Sie den Thron besteigen würden, so antwortete der König: ›Ja, ich hätte es auch getan, wann dieser mich nicht dazu bereden wollen.‹« Friedrich wollte bestimmen, nicht beraten und schon gar bevormundet werden.

Ein Gespräch mit dem König war unter diesen Voraussetzungen nicht eben einfach. Wie wir vom Fürst von Ligne wissen, bestritt Friedrich eine Unterhaltung am liebsten alleine: »Man mußte ihn mit etwas Pikantem fesseln, sonst sprang er ab und ließ einen nicht mehr zu Wort kommen.« Widerworte, mag er gedacht haben, waren dann nicht zu erwarten. Er führte das Wort auf eine extrovertierte, geradezu schaustellerische, sich selbst in den Mittelpunkt schiebende Art. »Aus den ersten, meist nichtssagenden Worten eines beliebigen Gesprächs wußte er etwas Bedeutendes zu machen. Was man vom guten oder schlechten Wetter sagte, setzte er sofort ins Geistreiche um, und nie vernahm man von ihm etwas Plattes. Durch Beispiele von den Römern oder Griechen oder modernen Feldherren veredelte er alles, was bei anderen trivial oder alltäglich geblieben wäre«, berichtete höflich und in wohlgesetzten Worten der Fürst. Und an anderer Stelle:»… der König … kam zu mir, um mich durch den Zauber seiner Unterhaltung und die kecken und lustigen Einfälle, die ihn kennzeichneten, zu bestricken.« Friedrich war an *Esprit* gelegen, der Art, wie man erzählte, leicht, witzig, viele Wissensgebiete streifend. Diese genau, gar erschöpfend betrachten wollte er nicht.»Da er alle Menschen nach ihrem glänzenden Auftreten und französischen Esprit beurteilt«, hatte Hille schon 1732 aus Küstrin an Grumbkow geschrieben,»wird jemand, der nichts als den nackten Menschenverstand besitzt, nie in den Wettbewerb eintreten können, besäße er gleich alle Kenntnisse, Tüchtigkeiten und Tugenden. Eine Ansicht, deren Vortrag ein Bonmot, eine Pointe würzt, wird über die bestbegründete obsiegen, die schlicht und nackt vorgetragen wird.« Wie immer nahm Hille kein Blatt vor den Mund.

Friedrich mußte so auftreten, sagt man, denn alles andere, das Inhaltsvolle, Tieferdringende, Wissenschaftliche, wäre bei dem »mondänen Geselligkeitsideal«, welchem der König anhing,»Pedanterie« gewesen. Widerspruch, mag man daraus schließen, sollte wohl doch nicht sein, denn der wirkt ja leicht schulmeisterlich. Wurden Widerworte dennoch gewagt, durften sie die Ebene des *Esprits* nicht verlassen. Sie mußten geistvoll sein. Das aber ist, wenn es um Inhalte geht, nur ausnahmsweise möglich. Unterhaltungen mit Friedrich verliefen darum immer gleich – einseitig eben.

»Voreingenommene Vorstellungsart«

*D*ie Welthändel nach seinem Sinn zu zwingen«, so hat Goethe des Königs Absichten beschrieben. Das muße so sein, wenn Friedrich seinen Namen im Buch der Geschichte lesen wollte, und das wollte er! Friedrich folgte bei dem, was er tat, aber nicht nur dem »Instinkt der Selbstliebe«, wie er selbst es ausgedrückt hat, sondern auch einem historisch-großen Vorbild: Ludwig XIV. von Frankreich. Nach diesem hatte Voltaire ein ganzes Zeitalter benannt: *Siècle de*

Louis XIV. oder, erhabener und klangvoller noch, *Siècle de Louis le Grand.*

Der französische König und seine Zeit faszinierten Friedrich. Er fand, daß die Regierung des Bourbonen großartig war, wohl nicht in politischer und privater Hinsicht, denn am Ende von Ludwigs Leben blieben Enttäuschungen auf beiden Gebieten nicht aus, aber dessen militärische Erfolge beeindruckten ihn und mehr noch, welche Blüte in Wissenschaft, Literatur und Kunst unter Ludwig XIV. erreicht worden war. Mit Voltaire hat Friedrich sich über den *Roi soleil* immer wieder ausgetauscht; er hat aufmerksam das Werden von Voltaires Werk über den französischen König begleitet, was man im Briefwechsel der beiden nachlesen kann. Man erfährt dort auch, was genau Friedrich umtrieb, wenn er an den Staat und die Epoche des *Roi soleil* dachte, etwa in dem Brief vom 6. Juli 1737: »Wir sind den Franzosen zu Dank verpflichtet, bei sich die Wissenschaften zu neuem Leben erweckt zu haben.« Auf diese Weise faßte er seine Sicht auf die Gelehrsamkeit des letzten Jahrhunderts zusammen.

»Die Franzosen haben das Gestrüpp und die Dornen beseitigt, die der Menschheit den Ruhmespfad versperrten, den man in der schöngeistigen Literatur einschlagen kann. Ist denn nicht nur allzu gerecht, daß die übrigen Nationen Frankreich für den ihnen allen geleisteten Dienst dankbar bleiben?« Vorbild sein müßten die Franzosen auch auf dem Feld der Dicht- und Wortkunst, bedeutete das.

»Was die Deutschen angeht«, hielt Friedrich dagegen, »so ist ihr Fehler nicht ein Mangel an Geist. Gesunder Menschenverstand ist ihnen zugefallen ... Die Deutschen sind tüchtig und gedankentief; haben sie sich einmal einer Sache angenommen, dann erweisen sie sich als beharrlich. Ihre Bücher sind von betäubender Konfusion. Wenn man ihre Schwere ein wenig behöbe und sie ein wenig mit den Grazien aussöhnen könnte, so zweifelte ich nicht daran, daß auch meine Nation bedeutende Gestalten hervorzubringen vermöchte. Dennoch gibt es eine Kalamität, die auf immer verhindern wird, daß wir in unserer Sprache gute Bücher bekommen; der Gebrauch der Worte ist nicht festgelegt ... Es bleibt unseren Gelehrten also nichts anderes übrig, als in fremden Sprachen zu schreiben; aber da es höchst schwierig ist, diese zu beherrschen, steht zu befürchten, daß unsere Literatur niemals Fortschritte machen wird.« Nach eifrigem Studium und reiflicher Überlegung gelangte Friedrich also zu dem Schluß, daß auf den Gebieten der Wissenschaft und Literatur »Fortschritte« nur durch Vermittlung Frankreichs möglich seien, also durch Franzosen selbst oder Männer, deren Bildung französisch war, die französisch schrieben und sprachen. An dieser Überzeugung hielt er ein Leben lang fest. Sie stand über seinen Bemühungen, ein kunstverständiger, kunstsinniger Herrscher zu sein.

Eine zweite Überzeugung nannte Friedrich in der Gedächtnisrede auf Voltaire, gelesen nach dessen Tod in der Berliner Akademie am 26. November 1778. Da heißt es: »Ludwig XIV., der nach jeder Art von Ruhm dürstete, vergaß auch den Ruhm nicht, die außerordentlichen Männer zu belohnen, die unter seiner Regierung auftraten«, was wohl bedeuten sollte, »Fortschritte«, wie Friedrich sie für seine *gloire* gleich Ludwig XIV. wollte, gehen vom Herrscher aus, nur er allein könne erkennen, was wichtig ist und somit seiner Förderung würdig.

Dies ist, wenn man schaut, was in Europa rundum geschah, im Grunde kein schlechter Ansatz und unter Berücksichtigung der Zeitumstände auch ein verständlicher. Man hat dies am Ende des 19. Jahrhunderts so gesehen und sieht es zum Teil noch heute so: »Die ... Orientierung des Preußenkönigs an der französischen Kultur erhält im Zusammenhang mit den beiden Aspekten der universalen Gelehrtenrepublik und des für den Adel in ganz Europa verbindlichen Persönlichkeitsideals« – gemeint sind der friedliche Gedankenaustausch über Grenzen hinweg und das Leitbild des *honnête homme* – »so etwas wie einen rationalen Kern. Die Erlernung und Beherrschung des Französischen als der Sprache der Diplomatie und der kulturellen Kommunikation in Europa war für die standesgemäße Erziehung eines Thronfolgers im 18. Jahrhundert eine Selbstverständlichkeit. Daß Friedrich darüber hinaus ein passionierter Liebhaber französischer Poesie und Kunst war, ist eine Besonderheit dieses Preußenkönigs wie seine rationale Haltung gegenüber Glaubensfragen. Wenn er sich Voltaires Ideen über die Rolle der epochemachenden Kulturzeitalter und deren zyklischen Verlauf zu eigen machte« – auf Griechenland folgte Rom, auf Rom die Zeit »der Medici und einiger Päpste«, auf diese diejenige Ludwigs XIV. –, »bewahrte er der französischen Kultur des ›Siècle de Louis XIV.‹ nicht nur den Status einer noch nicht wieder erreichten Vollkommenheit. Die Siècle-Idee gab« ihm »zugleich einen Maßstab an die Hand, wie der Stand der deutschen Sprache und Literatur vergleichend zu beurteilen und die unverkennbare Rückständigkeit schließlich einmal zu überwinden war: nämlich durch die Verpflichtung der bedeutendsten Wissenschaftler und Künstler nach Preußen, um Modelle zur Nachahmung durch die Landeskinder zu haben.« Das ist nicht ganz falsch, aber eben auch nicht ganz richtig.

Für die Deutung spricht eine ganze Reihe von Friedrichs Äußerungen, etwa die gegenüber Wilhelmine, Potsdam, 16. November 1746: »... ich glaube nicht, daß die Künste in Frankreich verkümmern; vielmehr bin ich überzeugt, sie finden dort den meisten Ansporn in ganz Europa ... Aus Paris erwarte ich Maler und Bildhauer für die Akademie, aber sie sind noch nicht eingetroffen ... Wir haben einen ausgezeichneten Dekorationsmaler namens Bellavita bekommen und erwarten noch die Astrua, eine sehr gute Sängerin. Das sind lauter Fremde. Machen sie keine Schule bei uns« – soll heißen, werden sie nicht zum Vorbild –, »so erleben wir dasselbe wie Franz I., der« – gleich Friedrich in Preußen – »die Künste aus Italien nach Frankreich brachte, aber ohne Erfolg.« Auch was er Jean Le Rond d'Alembert am 28. Januar 1773 schrieb, spricht für diese Auslegung: »Unsere biederen Deutschen haben zwanzig Mundarten und keine Sprache mit festen Regeln. Das Fehlen dieses wesentlichen Werkzeuges schadet der Pflege der schönen Literatur. Der Sinn für gesunde Kritik ist bei ihnen noch nicht recht heimisch. Ich suche die Schulen in diesem so wesentlichen Zweig der humanistischen Studien zu verbessern, aber vielleicht bin ich ein Einäugiger, der den Blinden den Weg weisen will.« Und auch die beiden folgenden Briefstellen vom Beginn des Jahres 1781 unterstützen die Interpretation. 6. Januar: »... sende ich Ihnen eine kleine Schrift, deren Zweck ist, die Fehler der deutschen Literatur und die Mittel zu ihrer Verbesserung anzugeben«, und

24. Februar: »Die Schrift, die ich Ihnen übersandte, ist das Werk eines *dilettante*« – eines anteilnehmenden, gebildeten Interessierten, meinte das –, »dem der Ruhm seines Volkes am Herzen liegt und der wünscht, daß es sich in der Literatur ebenso vervollkommne, wie die Nachbarvölker es seit einigen Jahrhunderten getan haben.«

Gustav Berthold Volz hat diese Stellen aus Friedrichs Korrespondenz bereits 1913 zusammengetragen und veröffentlicht, um des Königs bildungspolitische Absicht zu belegen und ihn gegen Kritiker, Zeitgenossen wie Nachgeborene, in Schutz zu nehmen. Die nämlich wollten Friedrichs Vorhaben nicht erkennen; sie sahen nur, daß er Fremde, meist Franzosen oder Französisierte, den Einheimischen vorzog. Was er auch tat. In der Akademie tummelten sich fast überwiegend französische Gelehrte, der eine oder andere Schweizer noch, Deutsche aber kaum, und von diesen wenigen waren die meisten Friedrichs Vertraute, Akademiemitglieder ehrenhalber. Für deutsche Gelehrte war es schwer, berufen zu werden, und wohl noch schwerer, als Gelehrte ein Auskommen zu finden, selbst wenn sie in Europa als Koryphäen galten. Für Friedrich konnten sie solche niemals sein, weil ihm deutsch gleichbedeutend mit minderwertig und ungebildet war. Bekannt und bezeichnend ist das Beispiel Johann Joachim Winckelmanns. Die *Geschichte der Kunst des Altertums*, 1764 erschienen, hatte den bereits bekannten Archäologen und ersten Kunsthistoriker berühmt gemacht. Er hatte die wissenschaftlichen Grundlagen für diese Disziplinen gelegt. 1765 wollte ihn die Akademie nach Berlin berufen. Man fragte an und stieß auf Bereitschaft. Gern wollte Winckelmann kommen; 2000 Taler im Jahr erbat er sich als Unterhalt. Friedrich aber befand: »Für einen Deutschen sind 1000 Taler genug.« Also blieb Winckelmann in Rom, was dem König nur recht war.

Immer wieder griff Friedrich ein, »wenn etwas geschah, was seiner Meinung von der Überlegenheit der französischen Bildung widersprach«. Seine Empörung über Lessings Berufung kostete die Akademiemitglieder die Wahlfreiheit, »so daß Christoph Martin Wieland, dessen Schriften mehrmals von der Akademie preisgekrönt worden waren, nicht Mitglied werden konnte«. Nach Friedrichs Tod wurde er als Auswärtiges Mitglied berufen, und zwar 1789 durch Friedrich Wilhelm II., den Neffen und Nachfolger Friedrichs auf dem Thron.

Allein französische Bildung und Sprache, die an den Alten sich orientiert hatten, so Friedrichs Gewißheit, konnten den Deutschen und ihrer Sprache die Zukunft weisen. »Geschmack wird sich in Deutschland nur durch besonnenes Studium des klassischen Schrifttums verbreiten, sowohl des griechischen wie des lateinischen und« vor allem des »französischen«, so an Voltaire, 8. September 1775. An dieser Überzeugung hielt er eigensinnig fest und schränkte dadurch seine Wahrnehmung ein, wie sich leicht zeigen läßt. Friedrich an d'Alembert, 6. Januar 1781: »Eine Sprache verdient nur wegen der guten Schriftsteller erlernt zu werden, die ihr zur Zierde gereichen, und daran fehlt es uns völlig. Aber vielleicht werden sie eines Tages erscheinen, wenn ich im Elysium herumspaziere, wo ich dem Schwan von Mantua« – Algarotti – »die Idyllen eines Deutschen namens Geßner und Gellerts Fabeln darbringen werde.« Lessing und Wieland, um nur diese beiden zu nennen, hatte der König verpaßt. »Sie werden mich auslachen, weil ich mich bemüht habe, einem Volke, das sich bisher auf nichts verstanden hat als aufs Essen, Trinken, Lieben, Kämpfen, einige Begriffe von Geschmack und attischem Salz beizubringen. Oft treibt ein Wort, das in fruchtbares Erdreich fällt, Keime und trägt unverhofft Früchte.«

Was genau wollte er eigentlich verbessern? Vor allem wohl die Harmonie der Sprache. Wohlklang der Wörter sei nur dem Latein und dem Französischen eigen, nicht aber dem Deutschen, meinte er: »Die Vokale schmeicheln dem Ohr, aber zu viele Konsonanten hintereinander beleidigen es, weil sie schwer auszusprechen sind und gar keinen Wohlklang haben. Auch haben wir in unseren Hülfs- und Zeitwörtern viele, deren letzte Silben fast gar nicht gehört werden und dadurch sehr unangenehm sind, als *sagen, geben, nehmen*. Man darf diesen Worten am Ende nur noch ein *a* hinzusetzen und sie in *sagena, gebena, nehmena* verwandeln, so werden sie unserem Ohr gefallen.« Die Franzosen dagegen hätten durch ihre Aussprache viele Wörter sanfter gemacht, die das Ohr sonst beleidigten. Das würden die Deutschen wohl nie tun, aber er hoffte, daß sie, geschult an den Alten und den Franzosen, die die Klassiker sich erschlossen hatten, Werte wie Regelmäßigkeit, Wohlklang, Klarheit, Geschmack verinnerlichen und schließlich danach streben würden. Dann würden sie auch seine Leistung erkennen, dem diese Werte heilig waren. In diesem Sinn hat er sich öfter geäußert. Deutsch aber richtig sprechen und schreiben gelernt hat er nie. Wie so oft hat er sein Urteil ohne ausreichende Kenntnis des Gegenstandes gefällt. Bei den Geschichtsschreibern hat das kaum Bedenken ausgelöst. Friedrichs Sätze galten nach seinem Tod als prophetisch und groß. Der König habe die deutsche Klassik erahnt, sie gar schon gesehen, habe durch seine Kritik letztlich den Grundstein dafür gelegt. Dergleichen kann man heute noch lesen. Zwar wird eingeräumt, Friedrich habe in der 1780 erschienenen Schrift *De la littérature allemande (Über die deutsche Literatur; die Mängel, die man ihr vorwerfen kann; die Ursachen derselben; die Mittel, sie zu verbessern)* seine Aversion gegen die deutsche Literatur nicht verborgen und immer wieder »in eigentümlicher Erstarrung« auf seine, wie Goethe sagte, voreingenommene Vorstellungsart bestanden, habe also Französisches über Deutsches gestellt. Aber wichtiger als »dieser an Borniertheit grenzende Eigensinn« sei, was der König mit seinem Werk und dessen Veröffentlichung – es war zeitgleich in Französisch und Deutsch erschienen – habe erreichen wollen, nämlich dieses: »Den von allen erwünschten Fortschritt« – der deutschen Kultur – »vor allem durch die Vervollkommnung der Sprache zu erzielen … Der König wollte also Anmut und Wohlklang in der deutschen Sprache befördern, mit denen er sich identifizierte und auseinandersetzte, ohne an ihrer Weiterentwicklung wirklich teilzuhaben.« Das war die Auslegung, die der König selbst vorgegeben hatte: Wie Moses sehe er »das *gelobte Land* von Ferne, werde aber nicht selbst hereinkommen«, schrieb er am Ende seiner Abhandlung über die deutsche Literatur für den Fall, daß alles anders kommen sollte, als er annahm.

Das war ohne Zweifel klug und groß gedacht. Friedrichs an »Borniertheit grenzender Eigensinn« wurde so nämlich zur liebenswerten Schwäche eines großen Königs mit hehren Absichten. In

Wahrheit verstellten die Vorurteile ihm den Blick. »Es hilft wenig, seinem Verdikt über die deutsche Literatur mit dem pauschalen Hinweis auf die fortgeschrittenere französische Entwicklung vermeintliches historisches Recht widerfahren lassen zu wollen. Denn auch mit Blick auf Frankreich war sein Blickwinkel eingeschränkt und erwiesen sich die Fundamente seines ästhetischen Urteils als antiquiert.«

Friedrich Gundolf hat in seiner Betrachtung von des Königs umstrittener Schrift bemerkt: Friedrich habe sich blamiert »durch greisenhafte Rückständigkeit«. Schaut man auf das, was er tat, so wird offenbar: Wie Ludwig XIV. hat er nicht gehandelt. Über den Sonnenkönig hat Friedrich in seiner *Gedenkrede auf Voltaire* gesagt: »Er überhäufte nicht nur Bossuet, Fénelon, Racine und Boileau mit Wohltaten, sondern dehnte seine Freigebigkeit auch auf alle Schriftsteller aus, in welchem Lande sie auch wohnten, wenn nur ihr Ruf bis zu ihm gedrungen war.« Friedrich zeigte sich, sieht man von Voltaire ab, Schriftstellern gegenüber niemals freigebig, und er förderte keinen einzigen. Anders als Ludwig XIV. nahm er zeitgenössische Dichter überhaupt nicht wahr, und er wollte das auch gar nicht. »Er las die Autoren der französischen Klassik … und Voltaire, der das Denken der Frühaufklärung mit der klassischen Form verband.« Aber: »Sein Interesse an der zeitgenössischen Aufklärungsliteratur, beispielsweise an Rousseau und Diderot, war sehr begrenzt.« Gemeinhin »strafte er die zeitgenössischen französischen Aufklärer mit kompletter Nichtbeachtung«. Das lag an der politischen Ausrichtung ihrer Schriften. Weil Friedrich die Epoche Ludwigs XIV. Vorbild war, mußte er spätestens seit 1750 gegen Rousseaus Kulturkritik opponieren, weil diese wesentlich Staats-, Gesellschafts- und Monarchiekritik war. Seit 1772 verzichtete Friedrich daher auch auf seinen literarischen Agenten in Paris. Dieser hatte ihn bislang über den französischen Buchmarkt unterrichtet. Nun interessierten den König Neuerscheinungen überhaupt nicht mehr.

Die Entwicklung der Sprache und Literatur im Heiligen Römischen Reich deutscher Nation lief völlig an Friedrich vorbei. Das hätte, folgt man seinem Wollen und auch seinen Worten, aber nicht der Fall sein dürfen:»Ich suche ... zu verbessern«, hatte er ja über die deutsche Literatur geschrieben. Doch wie will man fördernd Fortschritte erreichen, wenn man nicht weiß, wo man steht, es auch gar nicht wissen will? Wenn man die Voraussetzung gar nicht mitbringt, also kaum Deutsch kann, es als Sprache nicht lernen und nicht einmal lesen mag? Viele haben versucht, Friedrich die deutsche Literatur nahezubringen, Suhm und d'Argens etwa, der zusammen mit seiner Frau, der Tänzerin Babette Cochois, Deutsch in Berlin studierte, ebenso Bielfeld und Andrew Mitchell, der englische Gesandte, schließlich Carl Theophil Guichard, besser bekannt als Quintus Icilius, der dem König nach dem Siebenjährigen Krieg Gesprächspartner war, ferner Ewald Friedrich von Hertzberg, zuletzt Friedrichs Außenminister. Sie alle bemühten sich vergeblich,»prallten an dem irrationalen Widerwillen des Königs gegenüber der deutschen Sprache ab«.

Doch war Friedrichs Haltung, sich dem Deutschen zu verweigern und am Französischen festzuhalten, wirklich so irrational? Corina Petersilka, die des Königs *Zweisprachigkeit* untersucht hat, hält es für»nicht zu weit hergeholt, Friedrichs Abneigung gegenüber dem angeblich so ungeschlachten preußischen«– deutschen –»Idiom mit seinem schwierigen Verhältnis zum Vater in Verbindung zu setzen«. Das hat etwas für sich, betrachtet man Friedrich Wilhelms Widerwillen gegen die französische Sprache und das, was er mit Frankreich verband, nämlich Verschwendung, Verweichlichung, Verderbtheit, auch wie er seine Verachtung alles Französischen seinem Sohn aufzuzwingen suchte. Friedrich wollte sich vom Vater abgrenzen, wollte eine eigene, weithin anerkannte Persönlichkeit sein. Da war das Französische hilfreich, ja notwendig.

Plausibel ist auch eine andere Deutung, nämlich die, daß Friedrich sich als Kronprinz und König nicht mit der Sprache der Untertanen abgeben wollte; von deren Idiom wollte er sich deutlich abheben. Das war seinem Standesbewußtsein geschuldet und zugleich rationales Kalkül, denn darin spiegelte sich seine Auffassung vom herausragenden Rang, den der Herrscher einnehmen sollte. Daß Friedrich Französisch favorisierte, daß er in dieser Sprache schrieb und sprach, war folgerichtig auch aus einem weiteren, für ihn sehr persönlichen Grund: Er mußte es tun, wenn er sein Ziel, ein Großer zu werden, erreichen wollte! Denn nur wenn er sich über das Französische mitteilte, wurde er von denen verstanden, die ihn verstehen sollten: von den Angehörigen der »guten Gesellschaft«, wie er in seinem Politischen Testament von 1752 sagte, was die Welt der Macht meinte u n d die des Geistes, die Regierenden u n d die Intellektuellen Europas, deren Urteile, wie er wußte, seinen historischen Ort bestimmten. Sie alle, Politiker, Schriftsteller, Gelehrte, Künstler, verstanden Französisch; Deutsch dagegen nur einzelne im Heiligen Römischen Reich. Deshalb seine Ablehnung alles Deutschen, deshalb seine unbedingte und ständige Förderung alles Französischen. Es mußte so sein, denn davon hing nach seiner Überzeugung sein Platz in der Geschichte ab.

Weil er gar nicht hinschaute, konnte er die Entwicklung des Deutschen nicht sehen. Zur Kenntnis genommen hat er nur Literatur, die imitierte, was er vorgegeben hatte, nämlich die Alten und ihre französischen Nachfolger: Christian Fürchtegott Gellerts Fabeln, weil diese diejenigen Aesops und La Fontaines nachahmten; Rudolf Ludwig von Canitz' Gedichte, weil sie, »jedoch nur schwach«, die Verse Horaz' kopierten. So und nicht anders sollten die deutschen Dichter nach Friedrichs Vorstellung schreiben. Den Nachruhm, der deutschsprachigen Schriftsteller eigenständige Entwicklung gefördert zu haben, wie Ludwig XIV. diejenige der französischen gefördert hatte, verschmähte der König. Er begnügte sich, wie Christoph Martin Wieland verbittert feststellte, »nachdem er in vierzig mit jedem andern Ruhm beladnen Jahren Nichts für unsre Litteratur getan hatte«, mit dem »Verdienst ..., uns die Dürftigkeit und Mängel derselben öffentlich vorzurücken«. Daß dieser Vorwurf ihn einmal in schlechtes Licht setzen könnte, hat Friedrich in seiner »unrektifizierlichen Vorstellungsart« wohl nicht für möglich gehalten.

Nachfolgefrage

S elbstbezogen war auch Friedrichs Erziehung des Mannes, »der
würdig ist, anderen zu gebieten«, so seine Formulierung für den
Thronfolger. Selbstbezogen deshalb, weil es eine Unterweisung, eine
ernsthafte Vorbereitung des Nachfolgers auf das »Amt« wie die
»Würde« des Königs gar nicht gab. Friedrich bildete nicht aus, leitete
nicht einmal an. Die Unterrichtung erfolgte rein theoretisch, festgehalten in allgemeinen Richtlinien, in den Instruktionen für den Major
Adrian Heinrich Borcke, 24. September 1751, und Christian Friedrich
Gottlieb Behnisch, 26. Juli 1773, sowie über das große Abstraktum im
letzten Teil des Politischen Testaments von 1752. Friedrichs Ausführungen im Politischen Testament von 1768 sind eine Zusammenfassung des 1752 Geschriebenen, leicht gekürzt und ein wenig umgestellt.
Sie offenbaren allerdings deutlicher noch als die Sätze des Jahres 1752,
daß es Friedrich allein um die Verbreitung seiner Sichtweisen ging
und nicht um eine sinnvolle Prinzenerziehung. »Ich möchte, daß ...;
Mir scheint, daß ...« heißt es da immer wieder.

Für den schon vierundzwanzigjährigen Kronprinzen blieb das
Testament von 1768 ohne Belang. Wichtig für ihn waren die Anweisungen desjenigen von 1752. Sie offenbaren: Friedrichs Erziehungs-
theorie war mehr auf seinen eigenen als auf den Vorteil seines Nachfolgers bedacht. Im Abschnitt über die »Erziehung des Thronfolgers«
im Testament von 1752 wird ganz deutlich, daß der König den Kronprinzen für die Zukunft des Staates zu formen nur vorgab, daß Friedrichs Ausbildungsplan nicht offen war, nicht auf die Persönlichkeit
des Thronfolgers und die Zukunft ausgerichtet, sondern eben auf ihn
selbst, auf sein Leben und Wirken und damit auf die Vergangenheit.

Friedrich wünschte sich einen Kronprinzen nach seinem Eben-
bild, der, was Ruhm und Ehre anlangte, an ihm gemessen werden
sollte. Natürlich mußte der Vergleich zu seinen Gunsten ausfallen.
Darauf zielten sein Ehrgeiz und seine Instruktionen. Dem Kronprinzen müsse ein Gouverneur mit festem und mildem Charakter ausgesucht werden, der den vorgeschriebenen Erziehungsplan genau
befolge. Die gleiche Aufmerksamkeit sei der Wahl der zu dessen per-

sönlichem Dienste bestimmten Bediensteten zu widmen, »damit er in seiner Jugend nur die Eindrücke in sich aufnimmt, die er empfangen soll«, schrieb der König. Was der Kronprinz empfangen sollte, bestimmte natürlich Friedrich, und er ließ sich dabei auch durch Erfahrungen aus seiner Jugend leiten. Friedrichs Lehrer waren lax gewesen, hatten seines Vaters Willen nicht durchsetzen können. Solches sollte nicht wieder vorkommen. Weiter hat Friedrich verlangt: »Vom sechsten bis zum zwölften Jahre muß er lesen, schreiben, rechnen lernen, einen kurzen Überblick über die alte Geschichte bekommen, Geographie und die moderne Geschichte von Karl V. bis auf unsere Tage kennenlernen … Beim Geschichtsunterricht kann man ihm edlen Wetteifer einflößen, es großen Männern gleichzutun, und Abscheu gegen das Andenken der Fürsten, die in Trägheit versunken sind oder sich mit Verbrechen beflecken. Sind solche Betrachtungen kurz und dem kindlichen Verständnis angepaßt, so schlagen sie tiefe Wurzeln und zeitigen Früchte.« Friedrich wußte das aus eigener Erfahrung. Liebte der junge Thronfolger Jagd, Musik, Tanz, Spiel oder ähnliche Dinge, so wollte der König ihm dies nicht verwehren, »sondern ihn so viel davon kosten lassen, daß er sie selbst satt bekommt«. Dann verlöre er daran schon die Leidenschaft. Das war Friedrich wichtig: Leidenschaft für irgen detwas sollte sein Nachfolger nicht haben, denn die förderte ja den Eigenwillen, machte den Thronfolger zu einem eigenen Charakter, machte ihn individueller, weniger steuerbar. Dem mußte vorgebeugt werden.

Erst mit zwanzig Jahren sollte der Prinz aus der Vormundschaft entlassen werden: »Es ist dann anzunehmen, daß er mit Strenge erzogen, oft wegen seiner Fehler getadelt und bestraft, wegen seines Stolzes gedemütigt, wegen seiner Indiskretionen bloßgestellt, wegen seiner Spöttereien verspottet, wegen seiner Schroffheiten gestraft, wegen seines mangelnden Fleißes gerügt und vor allem, daß seine sämtlichen Fehler gebessert sind.« Der Kronprinz sollte also mit zwanzig keinen eigenen Willen mehr haben, sondern sich Friedrichs Willen vollständig unterwerfen. Nun konnten »ihm klare Vorstellungen gegeben werden: von der Form der Regierung, der Verfassung des Landes, von den allgemeinen und besonderen Pflichten eines

Heerführers, von der europäischen Politik, der Kunst der Diplomaten, von der Einrichtung der Finanzen, der Manufakturen, des Handels, von der öffentlichen Ordnung und den Grenzen, die die Grundlage der Rechtspflege bilden.« Dies geschah aber nicht. Es blieb Theorie. Noch 1768 hat Friedrich geschrieben:»Wird der Prinz 20 Jahre alt, so ist es an der Zeit, ihm einen Begriff von der Staatsregierung zu geben«. In Wahrheit dachte er gar nicht daran! Wenn sie seinen Interessen zuwiderliefen, hat Friedrich sich um seine eigenen Vorgaben nicht geschert, nicht gegenüber seinem Bruder August Wilhelm, nicht gegenüber dessen Sohn Friedrich Wilhelm. Keinen von beiden hat er in die Regierungsgeschäfte je eingeführt, er hat sie vielmehr vom Steuer des Staates ferngehalten. Seinen Bruder hat er an die Spitze eines Heeres gestellt, wohl wahr: an die Spitze des desolaten, bei Kolin geschlagenen königlichen Heeres. Er hat es getan, um August Wilhelm die Niederlage anzulasten, nur darum. Als Thronfolger hat er ihn dadurch willentlich beschädigt.

Und wie erging es Friedrich Wilhelm, nach August Wilhelms Tod 1758 Prinz in Preußen?»Nur sporadisch war der Neffe zwischen 1766 und 1774 mit Justiz- und Verwaltungsangelegenheiten vertraut gemacht worden. Der Prinz von Preußen hatte Protokolle von Sitzungen des Generaldirektoriums und des Militärdepartements verfaßt und war vom Minister Hertzberg über Verträge mit anderen Staaten unterrichtet worden. Danach war er bis zur Thronbesteigung, abgesehen vom eintönigen Militärdienst, ohne angemessene Beschäftigung geblieben.« An den Treffen Friedrichs mit Kaiser Joseph II. in Neiße 1769 und in Mährisch-Neustadt 1770 hatte Friedrich Wilhelm zwar teilnehmen dürfen, sich aber immer im Hintergrund halten müssen. Allein des Prinzen Reise nach Rußland 1780 bildete eine Ausnahme, denn ihr lag ein Auftrag Friedrichs zugrunde. Gewöhnlich aber erregte jedwede Begegnung hoher Staatsdiener mit Friedrich Wilhelm Friedrichs Mißfallen. Anders als des Königs Theorie vorgaukelte, kam es kaum zu politischen Gesprächen in Berlin oder Potsdam. Friedrich wünschte das nicht. Deutlicher konnte er kaum demonstrieren, wie gleichgültig ihm die Zukunft des Staates war. Allein der Minister von Hertzberg wagte, sich mit dem Thronfolger zu unterhalten, ihn zu unterrichten. Wenig sympathisch wirkt auch, daß Friedrich den Kronprinzen zwang, sich früh zu vermählen mit einer Prinzessin, die dieser weder liebte noch schätzte. Am 14. Juli 1765 heiratete Friedrich Wilhelm Elisabeth Christine die Jüngere. War es nur Zufall, daß sie den gleichen Namen trug wie Friedrichs Gemahlin und ebenfalls aus dem Hause Braunschweig stammte? Erinnerte er sich nicht mehr an seine Theorie von 1752: »Ohne triftige Gründe scheint es mir verkehrt, einen Prinzen jung zu vermählen«? Er hat sich wohl absichtlich nicht daran gehalten, obwohl er doch um die Folgen einer zu frühen und ungewollten Vermählung wußte, er hatte es ja am eigenen Leibe erfahren: »Die Fürsten werden sehr schnell ihrer Gemahlinnen überdrüssig.« Doch der Thronfolger sollte wohl durchmachen, was er selbst einst hatte durchstehen müssen: In jungen Jahren an eine ungeliebte Frau gebunden zu werden. Der Thronfolger sollte leiden, wie er einst gelitten hatte.

Am Ende seiner Ausführungen hielt Friedrich vorsorglich fest: »Ich wage zu behaupten, man wird nur einen mittelmäßigen Prinzen aus dem präsumptiven« – wahrscheinlichen – »Thronfolger machen, wenn man den von mir vorgeschlagenen Erziehungsplan nicht befolgt«, und präzisierte dies, sich selbst von allen eventuellen Irrtümern freisprechend: »Indessen bin ich weit entfernt zu behaupten, daß ein Prinz bei solcher Erziehung nicht irgendwelche Fehler habe. Er muß nur, wie Heinrich IV.« – von Frankreich – »sagte, genug hervorragende Eigenschaften besitzen, um ein kleines Laster zu verdecken.« Wieder einmal klaffte das, was der König schrieb, und das, was er tat, weit auseinander. Bei den »Maximen und Erwartungen, die sich wie ein roter Faden durch das gesamte Œuvre« – des Königs – »ziehen«, hatte »es jeder Thronfolger schwer, vor seinen Augen zu bestehen«, hat Johannes Kunisch zu Recht festgestellt. Das aber war der Sinn der Sache: Er sollte gar nicht bestehen, nicht vor Friedrichs Augen, nicht vor den Augen der Mitwelt und auch nicht vor denen der Nachwelt. Der König hat, wann immer er konnte, mit voller Absicht in der Öffentlichkeit schlecht über den Kronprinzen geredet. So vor auswärtigen Gesandten am 25. November 1763, wie von Ried, der Vertreter Österreichs, an den Grafen Kaunitz nach Wien berichtete:

Über den Erbprinzen von Braunschweig habe sich der König wohlwollend und hoffnungsvoll geäußert und bedauert, daß der Prinz in Preußen dessen Qualitäten nicht habe. So ebenfalls am 14. November 1770 zu seiner Schwester Ulrike, der Königin von Schweden: »Ungeschickt in allem, was er tut, ungehobelt, halsstarrig, launenhaft, ein Wüstling, verdorben in seinen Sitten, töricht und widerwärtig, das ist er nach der Natur gemalt. Er macht mir hundertfachen Kummer und verbreitet Bitterkeit über meine alten Tage ... Er ist der Ausschuß der Familie.« So und ähnlich äußerte er sich mehr als einmal im Jahre 1774 gegenüber James Harris, dem britischen Vertreter am preußischen Hof, der aber Friedrichs Motiv zumindest teilweise durchschaute: »Der verdrießliche und sogar kindische Zorn, den der König diesen Sommer gegen seinen Nachfolger an den Tag legte«, schrieb Harris, Frist Earl of Malmesbury, »war mehr seinem Mißmut geschuldet, diesem bald Platz machen zu müssen, als einem wirklichen Klagegrund über den Prinzen.«

Friedrich wollte keinen Thronfolger mit eigenem Kopf, sondern wünschte sich geradezu einen kopflosen, sittenlosen, liederlichen, dummen Nichtsnutz, damit man sich seiner um so sehnsüchtiger erinnere. Das war eitel und verantwortungslos, aber leider wohl auch wahr. Wie sonst lassen sich die Anstrengungen des Königs, den Kronprinzen öffentlich als Dummkopf darzustellen, erklären? Friedrich hat auch hier die Dinge nach seinem Sinn gezwungen und sich durchgesetzt. Noch heute sehen wir Friedrich Wilhelm II. mit seinen Augen, erblicken einen Thronfolger, der Friedrichs Erbe, weil er nichts taugte, angeblich verspielt hat. Wir lasten ihm die Fehler seines Vorgängers an!

Von der Freundschaft

@ls einfacher Privatmann, der zu sein ich mir oft gewünscht habe«, hat Friedrich einmal zu Henri de Catt gesagt, »würde ich ruhig und nach meinem Geschmack leben; ich würde sicherlich einige Freunde haben und wollte sie mir sorglich warm halten. Ich würde leben! Denn ohne die süße Freundschaft verdient das Leben den Namen nicht. Seien Sie versichert, daß ich den ganzen Wert dieses Gefühls kenne.« Man möchte ihm so gerne glauben, doch das fällt schwer, wenn man einmal genauer hinsieht, wie er sich gegen seine »Freunde« verhielt.

Friedrichs Selbstbezogenheit und sein Geltungsdrang machten den Umgang mit ihm nicht einfach. Dies erweist sich im großen wie im kleinen Kreis, an der Tafel, in bald jedem Gespräch. »Er sucht sogleich die lächerlichen Seiten bei jedem hervor und spottet gern«, notierte schon Adolf Friedrich von der Schulenburg nach einer Diskussion mit dem Kronprinzen. Der Graf hat das gut erkannt. Friedrich konnte seinen Spott nie zügeln, zum Leidwesen aller Menschen, die mit ihm zu tun hatten, und ebenso zu seinem eigenen Jammer, weil ihn am Ende auch die letzten Vertrauten verließen. Standesbewußtsein und Geltungsdrang, sein Bestreben, bald alle an Geist überragen und immer der Erste sein zu wollen, verführten ihn immer wieder dazu, sich auf Kosten der anderen hervorzutun. Zwar resümierte Ulrich Friedrich von Suhm 1740, daß Friedrichs »Neigung, die Fehler und Lächerlichkeiten seiner Nächsten hervorzukehren«, sich seit seiner Jugend »stark verändert« hätte, denn nun sei der Kronprinz der erste, der Menschen mit solchem Bedürfnis tadle.

Man mag das aber nicht recht glauben. Zurückhaltung hat sich Friedrich wohl nur gegenüber wenigen Vertrauten auferlegt, zu denen Suhm sicherlich gehörte. Der hatte, als er solches schrieb, Friedrich drei Jahre lang nicht gesehen. Womöglich hatte sich das Bild des Prinzen in seiner Erinnerung ein wenig verklärt, war mehr Wunsch als Wirklichkeit, zumal Suhm, wie er schrieb, gegen Friedrich eine »zärtliche Zuneigung« hegte. Mit seiner Einschätzung stand er auf jeden Fall allein. Selbst Friedrich von Oppeln-Bronikowski, ein Verehrer Friedrichs, der des Königs Werke ins Deutsche übertragen hat und somit bald jede seiner Äußerungen kannte, bilanzierte am Ende seines wissenschaftlichen Lebens knapp zweihundert Jahre später: Friedrich habe es nicht verstanden, »seine Menschenverachtung in sanfterer Form auszulassen … Man braucht nur an die Behandlung von Poellnitz und Guichard, von La Mettrie und Bastiani, an die

Hänseleien von d'Argens und anderen oder an die Satiren zu denken, mit denen er Anwesende wie Abwesende zerpflückte.«

Daß Friedrich die Menschen verachtet habe, ist wohl zu viel gesagt. Er war sehr mißtrauisch, das stimmt, auch sehr forsch und immer bemüht, sich in den Vordergrund zu spielen, oft auf verletzende Weise, auch das ist richtig. Karl Theophil von Guichard hat das vielfach erfahren müssen. »Er gehörte zu den Opfern, an denen Friedrich bei allem Wohlwollen beständig seinen Witz übte, da sie für die Abwehr weder das Ansehen noch die Schlagfertigkeit ... hatten. Bald kamen über diese kleinen Drangsale ... eine Fülle von Geschichten in Umlauf.«

Guichard war klassisch gebildet und der Öffentlichkeit als Verfasser eines Werkes über die Kriegführung der Griechen und Römer bekanntgeworden. Der König hatte ihm 1759, nach einer Disputation über die Schlacht bei Pharsalus, den Namen Quintus Icilius gegeben. Es war Guichard, der Friedrich abgeraten hat, die Inschrift *Nutrimentum spiritus* – Nahrung für den Geist – über der Berliner Bibliothek anbringen zu lassen, weil dieses seltsam verkehrtes Latein sei, *nutrimentum* meint ja Lebensmittel oder Speise. Doch der König hat sich über diesen Einwand hinweggesetzt. Er hat den gelehrten Offizier zu seiner Unterhaltung benutzt, ihn aber nicht für voll genommen. »Als Quintus zu seinem Sitz in der Akademie der Wissenschaften auch ein Gehalt erbat, wurde er mit der Belehrung abgewiesen: ›Die Akademie nimmt nicht Leute an, deren Bücher so schändlich wie Seine seind kritisieret worden.‹« Für Friedrich war Guichard in späteren Jahren nur noch der *Seigneur de Wassersuppe*, nach dem Gut, welches Guichard im Havelland gehörte, oder weil Icilius auf Anweisung des Königs angeblich seine Kriegsbeute abgeben mußte, so daß er sich nur noch »Wassersuppe« leisten konnte. Nie machte er ein Hehl daraus, welches Vergnügen ihm derlei Scherze bereiteten. Mehr als eine Herr-und-Diener-Beziehung konnte so nicht entstehen. Friedrich ließ durch sein Verhalten offenbar gar nicht zu, daß ein anderer Mensch in eine enge, gar innige Beziehung zu ihm treten konnte. Sein Ziel und die Art, wie er es zu erreichen trachtete, standen dem im Wege.

Vielleicht hat er trotz häufiger Spötteleien zu Keyserlingk ein vertrautes Verhältnis gehabt. Das wird oft angenommen, denn der »Schwan von Mitau« oder »Cäsarion«, wie Friedrich ihn nannte, war sprachgewandt, immer fröhlich, oft ausgelassen und extrovertiert bis zur Preisgabe allen Selbstschutzes. Dergleichen hatte Friedrich in den drückenden, vielfach verkrampften Verhältnissen innerhalb der eigenen Familie nie erfahren und schätzte es deshalb sehr. Der »von Gicht und anderen Leiden viel Geplagte« diente ihm auch durch seine Selbstbeherrschung im Schmerz als Muster und Vorbild. Trotz großer körperlicher Leiden blieb Keyserlingk »gleichmütig, beherrscht und geduldig, und die wenigsten ahnten überhaupt, daß er litt«. Solches Beispiel gab Friedrich Halt, half ihm, »Kummer zu ertragen und Krankheiten zu besiegen«, wie er der Gräfin Camas offenbarte. »Der König war krank«, notierte de Catt im April 1758 in sein Tagebuch. »Er litt so sehr, daß es ihm unmöglich war, die Augen offen zu halten. Trotzdem unterhielt er sich dauernd.« Diese Keyserlingk abgeguckte Haltung hat in den Augen der Nachwelt besonders viel zu Friedrichs historischer Größe beigetragen. Leider ist Keyserlingk früh gestorben, am 15. August 1745. Von ihm hätte Friedrich als Herrscher noch viel mehr abschauen, vielleicht annehmen können, vor allem ein wenig *laissez-faire*, überhaupt Leichtigkeit und mehr Offenheit gegenüber anderen. Das hätte ihm im Leben viel Bitternis erspart. Friedrich fühlte das und beklagte den erlittenen Verlust sehr. Ohne fremde Hilfe, ohne Keyserlingks Vorbild und Beistand war ihm leichte Lebensfreude nicht möglich. Gern läse man den Briefwechsel der beiden, doch der ist verschollen.

Vielleicht stand Friedrich auch Graf Rothenburg nahe. So jedenfalls scheint es, denn den Tod des nur zwei Jahre Älteren hat der König, wie er schrieb, tief betrauert. »Gestern ist Rothenburg in meinen Armen verschieden ... All mein Denken heftet sich an den Verlust eines Freundes, mit dem ich zwölf Jahre in engster Freundschaft gelebt habe«, so an Wilhelmine am 30. Dezember 1751. Wie innig das Verhältnis der beiden tatsächlich war, läßt sich nicht sagen. Des Königs Korrespondenz mit dem Grafen ist ohne persönliche Note. Wenn man Friedrichs Beziehung zu Wilhelmine betrachtet, ist eine große Nähe nicht sehr wahrscheinlich. Dafür spricht auch, daß Friedrich nur zwei Monate später beinahe beiläufig schrieb, Rothenburg habe »Sich Selbst umb das leben« gebracht »und Sich das podagra« die Gicht – »mit ungerschen« – ungarischen – »Wein und einer hitzigen Suppe ins leib« gejagt.

So liebevoll-innig, wie man gern glaubt, war auch die Beziehung zur Schwester nicht. Man sollte sich von all den beschwörenden Formeln in den Briefen der beiden nicht täuschen lassen, nicht von dem stetigen »liebster Bruder«, »liebste Schwester« und auch nicht von dem immer wiederkehrenden »bestimmt verläßt mein Herz Sie nie« oder dem »zweifeln Sie niemals an meiner zärtlichen Freundschaft«. All dies war Konvention, gehörte im 18. Jahrhundert zum Stil der Korrespondenz. Beide huldigten »dem Freundschaftskult der Aufklärung mit zahllosen, fast in jedem Brief wiederholten Versicherungen ihrer freundschaftlichen Zuneigung«. »Doch trotz aller Nähe, sei sie gemeinsamen (leidvollen) Erfahrungen, übereinstimmenden musischen, literarischen und philosophischen Interessen, vergleichbarer von französisch-deutschem Kulturtransfer geprägter Bildung geschuldet, sind ihre Briefe mitnichten die intimen Herzensergüsse zweier Königskinder, als die sie von Volz vor mehr als achtzig Jahren, aber auch jüngst noch von einem Nachkommen der beiden und seinen Mitherausgeberinnen romantisierend dargestellt worden sind. Und natürlich sind sie ebensowenig Zeugnisse lauterer Wahrheit, zu denen sie Volz als scheinbares Gegenbild zu Wilhelmines vorgeblich die historische Realität entstellenden Memoiren stilisiert hatte. Bei aller Freundschaft, Sympathie und gemeinsamen Neigungen sind beide sich ihres Standes und Ranges bewußt: Immer ist Friedrich Kronprinz und ab 1740 König, immer ist Wilhelmine Markgräfin.«

Friedrich hat, weil er Kronprinz und König war und überdies egozentrisch, Wilhelmine auch jenseits aller Briefkonvention nicht nahekommen können. Man merkt das an den Stellen, die auf die Konvention keine Rücksicht nehmen. Das konnte auch gar nicht anders sein, weil für Friedrich philosophisches und literarisches, musikalisches, auch künstlerisches Wissen Macht bedeutete, er seine

Kenntnisse stets hervorkehrte und sich Wilhelmine gegenüber fast immer überlegen gab. Ein paar Beispiele: Wilhelmine schrieb von unerklärlichen Ereignissen: »Bevor wir noch wußten, daß der Prinz krank sei, hörte man im Zimmer des Erbprinzen furchtbares Jammern, und es war, als ob jemand umherginge.« Friedrich legte ihr das spöttisch als Aberglaube aus, den er selbst längst hinter sich gelassen habe. »Damit ich an Geister glaube, muß ich schon Zeuge ihrer Wundertaten sein, und wenn ich sie nicht sehe, vermag ich nicht an sie zu glauben.« Damit befolgte er Voltaires aufklärend-programmatische Forderung: »Vertrauen wir uns selbst, sehen wir alles mit unseren eigenen Augen.« Daß er mit Voltaire korrespondierte, rieb er ihr bei jeder Gelegenheit unter die Nase: »Voltaire steht im Briefwechsel mit mir … Dem Verkehr mit ihm verdanke ich alle seine neuen Stücke und die vollständigste Sammlung aller seiner bisher erschienenen Schriften.« Nicht selten dozierte er und belehrte sie. Auf ihre Zeilen: »Dein Briefwechsel mit Voltaire muß sehr reizvoll sein, wenn seine Briefe ebenso hübsch sind wie seine Bücher … Ich weiß nicht, ob Du den *Paysan parvenu* gelesen hast, er ist auch in seiner Art. Er ist sehr gut geschrieben und voll guter Moral«, antwortete Friedrich besserwisserisch: »Die *Paysanne parvenue* ist keineswegs von Voltaire.« Das hatte Wilhelmine auch nicht behauptet. »Der Autor heißt Marivaux und ist ein miserabler Schriftsteller.« Da irrte Friedrich: Der Autor war Charles de Fieux, Chevalier de Mouhy.

Friedrich gab sich schulmeisterlich selbst dann, wenn er nicht überragend sein konnte, weil er die Dinge, von denen er schrieb, nicht gesehen, nicht erlebt und vor allem nicht gefühlt hatte. Das betraf etwa Italien, für das Friedrich sich, wie Wilhelmine, begeisterte. Er dachte an die Epoche des Römischen Reiches, an dessen große Geschichte und kulturellen Errungenschaften, wenn seine »Fantasie«, wie er schrieb, im Süden weilte. Er ging daher gar nicht darauf ein, als seine Schwester ihm von ihrer italienischen Reise 1755 im Überschwang berichtete, »so viele schöne Dinge«, sondern belehrte sie ausführlich und mit erhobenem Zeigefinger, schrieb vom Verfall und der Nichtigkeit Italiens und der Italiener: »Du wirst Italien wie eine alte Buhlerin finden, die sich für ebenso schön hält wie in ihrer Jugend, und deren früherer Glanz sich noch aus einigen Resten schöner Züge erkennen läßt. Die Spuren römischer Größe, die die Zeiten überdauern, die berühmten Reichtümer, die frommer Betrug dem Aberglauben des barbarischen Europa abpreßte ... das etwa kannst Du in Italien finden. Dazu füge die Meisterwerke der Künste, die einst unter Augustus und Leo X. blühten, und für die Gegenwart die Herren Soprane, schlechte Komponisten, elende Maler, noch tiefer stehende Bildhauer, den zum ersten Beichtvater der Könige gewordenen Papst, schwache Kleinstaaten, viel Tücke, Geist, aber kein Genie, ein Volk, geschaffen, um das Joch des ersten besten Eroberers zu tragen, ein göttliches Klima, schlechte Gesellschaft, viel Glaubenseifer, keine Religion, viel Unwissenheit und Vorurteile. Kurz, Italien in unserem Jahrhundert läßt sich nicht mehr mit dem von Cäsar und Augustus vergleichen, und vergleicht man es mit dem Leos X., so ist es eine schlechte Bleistiftzeichnung nach einem schönen Gemälde von Guido Reni.«

Auf diese Weise brachte Friedrich Wilhelmine um alle Freude und sich selbst ebenso. Der Neid, Italien nicht selbst besucht zu haben, es wohl auch niemals zu können, diktierte ihm die Worte. Diese sollten angeblich trotz des »Genres des familiär-vertrauten Briefes« dazu dienen, das »Spiel mit Wissen und Macht so zu inszenieren, daß die selbstbewußte, nicht ganz dünkelfreie Markgräfin sich nicht von einem Oberlehrer mit erhobenem Zeigefinger instruiert« fühlte, »sondern als Gleichgesinnte im Plauderton unterhaltsam mit den neuesten Erkenntnissen ... versorgt und ... immer erst genommen«. Das sollten sie keineswegs, im Gegenteil: Sie waren dazu angetan, Wilhelmine zu ernüchtern und zu verstören.

Friedrich gelang es nicht, seiner Schwester nahe zu sein, weil er stets nur an sich und seine Gefühle dachte und nie daran, was sie bewegte, nicht an das, was sie erhoffte oder was sie sich wünschte. Seine Selbstbezogenheit machte es ihm unmöglich, Verbundenheit, Vertrautheit, gar Intimität glaubhaft auszudrücken. So hat es die Markgräfin, die das im Gegensatz zu ihm durchaus konnte, am Ende ihres Lebens empfunden. Sie selbst sei stets voller Verehrung für den Bruder gewesen, habe ihm immer Liebe entgegengebracht, habe an seinem Geschick Anteil genommen und auch sein Wohlergehen stets über das ihre gestellt. Friedrich jedoch habe solche Wärme und Innerlichkeit nicht erwidert, von seiner hohen Warte sei er zur Schwester nicht eine Stufe herabgestiegen.

In Wilhelmines letzten Briefen klingt die Enttäuschung darüber an. »Ich gebe Dir mein Ehrenwort, alle Leiden, die mich heimsuchen, machen auf meinen Geist nur einen flüchtigen Eindruck. Ich bin überglücklich, Dich in einer Lage zu wissen, die mich alles hoffen läßt. Nein, lieber Bruder, nach den furchtbaren Kümmernissen des letzten Jahres kann mich nichts mehr schrecken als ihre Wiederkehr. Diese entsetzliche Zeit hat mein Leben um viele Jahre gekürzt. Ich werde sie nie vergessen.« So und ähnlich schrieb sie ihm von ihrem Krankenlager im Frühjahr 1758, in der Hoffnung, von Friedrich Zuspruch und ein wenig Trost zu erfahren. Doch dazu war er nicht fähig. Er bedauerte sich, nicht die Schwester, schrieb ihr Ende Juli zurück: »O Du, die Du mir die liebste aus der Familie bist und auf Erden meinem Herzen am nächsten stehst, ich beschwöre Dich bei Allem, was Dir teuer ist, erhalte Dein Leben, damit ich wenigstens den Trost habe, mich an Deinem Busen auszuweinen.« Und: »Da ich schon sehr lange ohne Nachrichten von Dir bin, zittre ich für Dein Leben. Bei Gott, laß durch einen Diener schreiben: ›Der Markgräfin geht es gut‹, oder: ›Sie war unpässlich.‹ Das ist besser als die grausame Ungewißheit. Bitte befreie mich daraus durch eine Zeile.«

Wilhelmine empfand sehr wohl, daß Friedrich allein um seinetwillen Furcht hatte, sie zu verlieren, las es auch aus dem nächsten Brief heraus, geschrieben im Lager bei Skalitz am 4. August: »Ich höre, daß Du sehr krank bist. Du kannst Dir denken, wie besorgt, bekümmert, ja verzweifelt ich bin«, teilte Friedrich ihr mit. »Wenn ich Dich je um ein Zeichen der Freundschaft bat, wenn Du mich je geliebt hast, so bitte ich Dich jetzt, es mir zu beweisen. Erhalte Dich am Leben, wenn nicht um Deinetwillen, so doch für einen Bruder, der Dich anbetet, der Dich als seine beste Freundin, als seinen Trost ansieht.« Das war alles andere als tröstlich, aber er ging noch einen Schritt weiter: »Ich werde Mittel und Wege finden, mich aller meiner Feinde zu entledigen und, wenn es dem Himmel gefällt, den

Staat zu retten. Aber Dein Verlust wäre für mich unersetzlich; Du würdest mir den Dolch ins Herz stoßen« – und ihn dadurch schwerer treffen als jeder Gegner, sollte das wohl heißen. Wilhelmine verstand es so:»Du schiltst mich wieder aus, lieber Bruder.« Friedrich spürte vielleicht, daß er es übertrieben hatte mit seiner Selbstsucht, doch das wollte er partout nicht wahrhaben. Er war doch nur besorgt um sie! Gereizt, ja beleidigt erwiderte er Wilhelmine:»Wonach ich jetzt in Deinen Briefen suche, ist Dein Gesundheitszustand; darüber aber sprichst Du so unbestimmt, daß ich wenig Trost in Deinem Briefe fand. Bei Gott, lerne mich besser kennen als bisher, und glaube nicht, es spräche irgend etwas wie Eitelkeit oder Selbstsucht bei der innigen, unverbrüchlichen Freundschaft und Anhänglichkeit mit, die ich Dir zeitlebens gewidmet habe.« Und dann verlangte er von der Todkranken:»Wenn Du mich lieb hast, so gib mir einige Aussicht auf Deine Wiederherstellung.« Der Brief endete mit der Versicherung:»Nein, ohne Dich wäre mir das Leben unerträglich. Das sind keine Redensarten, das ist lautere Wahrheit.«

Die Wahrheit war das nicht! Man merkt es, wenn man die Briefe an Wilhelmine mit denen vergleicht, die er an Michael Gabriel Fredersdorf geschrieben hat, seinen Kammerdiener,»Geheimen Kammerier« und vielleicht sogar Freund, soweit dies in einem Herr-Diener-Verhältnis überhaupt möglich ist. Fredersdorf gegenüber hat Friedrich echte Fürsorge bewiesen.»Wenn ein Mittel in der welt währe, Dihr in zwei minuten zu helffen, so wollte ich es Kaufen; es Mögte auch so theuer seindt, wie es immer wollte«, schrieb er dem stets Kränkelnden. Auch kümmerte er sich, dessen Leiden zu lindern:»Deine unartige Krankheit hat mir viel zu schaffen gemacht. Nun studire ich mit Cothenius« – seinem Leibarzt –,»um zu sehen, ob es nicht möglich wäre, Dir bald zu helfen; aber noch sind wir nicht recht eins. Ich wünsche von Hertzen, daß Du wieder Kräfte sammeln mögest.« Auch wenn er an sich selbst dachte, war er achtsam auf den anderen:»Wohr« – wenn –»heüte gegen Mittag die Sone Scheint, So werde ich aus-reiten. Kome doch am fenster! Ich wollte Dihr gerne Sehen; aber das fenster mus feste zu bleiben und in der Camer mus Stark feüer Seindt!«

211

Tief im Herzen wußte Friedrich wohl, daß er Wilhelmine verletzte, aber jeder Versuch, es gut zu machen, mißriet ihm zur kläglichen Rechtfertigung: »Damit Du siehst, wie ich bin. Jeder andere wäre auf dem Gipfel der Freude nach einem so großen Siege wie dem vom 25.« – nahe Zorndorf –, »bei dem über 30 000 Russen gefallen sind. Ich persönlich hatte das Unglück, einen Flügeladjutanten zu verlieren, den ich selbst erzogen hatte und der mir besonders ergeben war. Der brave Junge setzte sich in einem kritischen Augenblick an die Spitze einer Schwadron, attakierte und warf ein russisches Korps. Leider fiel er, mit siebenundvierzig Wunden bedeckt. Seitdem sind meine Augen zu Tränenbächen geworden, und was meine Vernunft auch sagt, ich bleibe untröstlich. So bin ich nun. Dir vertraue ich all meine Schmerzen und meinen geheimen Kummer an. Bedenke also, was aus mir würde, hätte ich« – hätte ich! – »das nicht wieder gutzumachende Unglück, Dich zu verlieren. O liebe, göttliche Schwester! Tue das Unmögliche, um wieder gesund zu werden! Mein Leben, mein Glück, mein Dasein liegen in Deinen Händen. Ich beschwöre Dich, mache, daß ich bald Trost erhalte und nicht zum Unglücklichsten aller Sterblichen werde!« Er kannte eben nur ein Leid, und das war sein Leid.

Von ihrem bedenklichen Zustand schrieb Wilhelmine daraufhin kein Wort mehr. Enttäuscht und resigniert und wieder ganz untertänig und konventionell schrieb sie in ihrem letzten Brief an den König: »Da ich meinen Eifer für den Staat und für Dich nicht durch wesentliche Dienste beweisen kann …, so erlaube ich mir, zu Deinem Vergnügen beizutragen, indem ich Dir ein paar Kleinigkeiten schicke, die Du hoffentlich bald genießen kannst!« Sie starb in der schmerzlichen Gewißheit, daß der Bruder sich für ihr Schicksal nur interessierte, soweit es ihn betraf.

Der Marquis d'Argens mußte das ebenfalls erfahren. Auch zu ihm, wird behauptet, habe Friedrich »ein enges Freundschaftsverhältnis« unterhalten, ja, es wird sogar behauptet: »Der König liebte den Marquis seiner Ehrlichkeit und Biederkeit wegen und schätzte die provencalische Naivität und Witzigkeit dieses Gelehrten, der, zumal in seiner Jugend, auch manches Frivole und Anrüchige erlebte und schrieb, ja, wegen Unsittlichkeit in einzelnen Schriften, berüchtigt war.« Dieses vor allem habe für Friedrich zum Reiz des Marquis gehört. »Je älter d'Argens wurde, desto inniger wurde die Freundschaft zwischen ihm und dem König.« In Wahrheit, das belegt die Korrespondenz der beiden, blieb die Kluft zwischen König und Untertan stets bestehen. Friedrich hat das so gewollt. Gleich Guichard diente d'Argens ihm als Zielscheibe seines Spotts, den Marquis vorzuführen war für ihn nichts weiter als überheblich-unterhaltsamer Zeitvertreib, geschah zu seinem persönlichen Vergnügen. In bald jedem Brief mokierte sich der König über d'Argens' Eigenheiten, vermeintliche Leiden und seltsamen Aberglauben. »Werde ich die Ehre haben, Sie der Bewunderung, die ich für alle Ihre Krankheiten hege, und des Eifers zu versichern, mit dem ich gegen jedermann behaupten werde, daß Hippokrates, Galen und sogar Äskulap niemals langwierigere Krankheiten zu behandeln hatten, als die Ihrigen sind.« Mit solchen und ähnlichen Sätzen machte sich Friedrich lustig auf Kosten anderer. Wie Friedrich Wilhelm I. seine »lustigen Räte« hielt Friedrich den Marquis d'Argens zum Narren.

Der Marquis hat das trotz mancher Verletzung über viele Jahre mit Langmut ertragen, weshalb man angenommen hat, daß Friedrichs Verhalten so schlimm nicht gewesen sei. Nur gutmütig »gefoppt« habe er d'Argens. Doch der dachte darüber anders. In Eguilles zur Kur weilend, weit weg vom König, wagte er in einem Brief vom 2. Dezember 1764 aus ehrlichem Gekränktsein, Friedrich Vorwürfe zu machen wegen dessen eigensinniger Spottlust: »Ich denke, Sire, wenn Sie über die Krankheiten eines armen einundsechzigjährigen Philosophen spotten, so ist das ebenso verdammlich, wie wenn ich einem alten Kriegsmanne die Schußwunden vorwerfen wollte, die er erhalten hat. Wollte Gott, Sie wären ein ebenso großer Arzt, wie sie ein großer König sind. Schon längst hätte ich dann die Kräfte des Herkules.« Friedrich, der Widerworte nicht vertrug, gefiel solche Gegenwehr gar nicht. »Wie die Zeitungen sagen, fressen sie Kinder und Frauen. Pfui! Wie sind Sie zu dieser gräßlichen Gewohnheit gekommen? Solange ich Sie kenne, ist Ihnen so etwas nicht passiert; allein auf Reisen ändert man seine Sitten ... Was wird mein Bruder, der allerchristlichste König von Frankreich, sagen, wenn er erfährt, daß mein Kammerherr, dieses Ungeheuer, naht, um die Kinder im Versailler Park, im Gehölz von Senard und im Walde von Fontainebleau zu verschlingen? In der Provence hat man eine Schwadron Dragoner gegen Sie geschickt, in Paris wird man die Garderegimenter marschieren lassen ... Sie werden gut tun, über Brüssel nach Wesel zurückzureisen; aber fressen Sie um Gottes willen unterwegs keine Kinder! Das Fleisch ist billig, Sie können es überall bekommen.«

Ob Friedrich dies für Satire hielt? Denkbar ist es, doch nicht sehr wahrscheinlich. Er wollte, gefangen in seiner Selbstsucht, d'Argens demütigen. Und das gelang ihm. Der Marquis fühlte sich durch die Worte des Königs verletzt und beleidigt und beschloß, nie mehr nach Preußen zurückzukehren. Dies aber konnte Friedrich nicht zugeben. Ob und wann d'Argens ihn verlassen durfte, wollte er allein bestimmen. Um den Marquis zur Rückkehr zu zwingen, griff der König wieder zur Feder: Ein Hirtenbrief des Bischofs von Aix erschien, in welchem d'Argens als gefährlicher Ketzer, auch »umtreiblerischer« Mensch gebrandmarkt wurde, vor dem sich alle Anständigen und Frommen in acht nehmen müßten. Der Brief wurde in ganz Frankreich verbreitet. Das verfehlte seine Wirkung nicht. Das Pamphlet ruinierte den Ruf des Marquis, so daß dieser im Frühjahr 1766 zum König zurückkehren mußte. Friedrich wollte ihn als Gesellschafter um sich haben und wohl mehr noch, um seinen Sarkasmus an ihm zu erproben, zu seinem Vergnügen also. Der König, heißt es, »fand wieder so viel Gefallen an dem alten Lied der Spötterei«, daß dem Marquis das Leben zur »Qual« wurde.

Zwei Jahre lang hielt d'Argens das aus. Dann erbat er in einem Brief an den König, Potsdam, 26. September 1768, seinen Abschied. Es ist dies ein sehr bedeutender Brief, weil er die Beziehung der beiden resümiert. »Sire«, hieß es zunächst, »da Ew. Majestät es nicht für richtig halten, mir einen Urlaub zur Wiederherstellung meiner Gesundheit zu bewilligen, wage ich, Sie um die Erlaubnis zu bitten, mich für immer zurückziehen zu dürfen.« Der König vertraue ihm nicht, sollte das heißen, sonst hätte er den Urlaub gewährt. Dann: »Ich verlasse den Dienst Ew. Majestät nicht, um einem anderen Fürsten zu dienen; weder Geld noch Ehrgeiz noch irgendein anderer Gedanke an Vorteile veranlassen mich zu meiner Bitte, sondern nur die Unfähigkeit zum Dienst, Sire.« Ein Hinweis dies, daß Friedrich ihm auch seine Krankheit nicht abnahm, ihm für den Weggang ein falsches Motiv unterstellte. Und schließlich schrieb der Marquis: »Ich bitte damit wohl um keine zu große Gnade, da ich doch mehr als ein Vierteljahrhundert in Ehren und ohne Tadel gedient habe.« Das war der Schlüsselsatz: D'Argens empfand, daß er all die Jahre dem König nur gedient hatte, als Kammerherr, Gesellschafter, Unterhalter, zum Zeitvertreib eben, wie dieser es gewünscht hatte; daß er entgegen Friedrichs Beteuerungen aber niemals als »Freund« behandelt worden sei.

Auch Friedrichs Antwort ist lesenswert, weil man erfährt, was der König unter »Jemandem-freundschaftlich-verbunden-Sein« verstand, nämlich ihm zur Verfügung zu stehen und sich ihm zu fügen. »Sie verlangen plötzlich und ganz unverhofft Ihren Abschied, ich muß Ihnen gestehen: ich weiß nicht, was Sie eigentlich wollen«, schrieb er d'Argens. »Ich habe Sie in meinem Hause mit aller erdenklicher Freundschaft behandelt und mich gefreut, Sie hier zu haben. Nicht um Ihnen Vorwürfe zu machen, erinnere ich Sie hieran, sondern, damit Sie über den wunderlichen Streich nachdenken.« Und man erfährt auch, daß Friedrich beleidigt war, wenn man ihm nicht Genüge tat. »Mein Herr Marquis, Sie können tun, was Ihnen beliebt«, schrieb er und verbannte den »Freund« aus seiner Welt: »Zu den Philosophen dürfen Sie nicht mehr gerechnet werden. Sie bestärken mich in der Meinung, die ich immer gehabt, daß die Fürsten nur in der Welt sind, um Undankbare zu machen.« Später hat er diese Worte wohl bereut.

Weil er selbstbezogen war und autoritär, weil er, wie er einmal selbst schrieb, seine Freunde »besitzen«, das heißt über sie bestimmen wollte und »über nichts als sich selbst und über seinen hunde weint[e], wen[n] sie krank seindt oder sterben«, wie Friedrich Wilhelm II. festhielt, verlor Friedrich am Ende fast alle seine Vertrauten. Bereits 1753 hatte ihn Algarotti verlassen, aus ähnlichen Gründen wie d'Argens: Er fühlte sich nicht geschätzt und verstanden. Wie der Marquis empfand er sich als Diener des Königs, nicht als Freund.

Aus Anrede und Grußformel seiner Briefe kann man solches ersehen: »Sire« schrieb Algarotti immer, und er versicherte zeitlebens »der untertänigste und gehorsamste Diener Seiner Majestät« zu sein. Nur George Keith, der Lord Marschall von Schottland, ein unabhängiger Geist von hoher Herkunft, blieb bis zu seinem Tod 1778 in Potsdam, wohl weil ihn der König als Mann von Rang achtete und nicht gewagt hat, es mit ihm sich zu verderben.

Trotz Familie und Vorleser war Friedrich ein einsamer Mann. Er hat dies schon früh beklagt, doch sich nicht gefragt warum. »Dieser so große Fürst«, schrieb d'Alembert 1763, »hat inmitten all seines Ruhmes ein großes Unglück: er steht zu hoch über seinem Volke« – und über allen in seiner Umgebung, muß man hinzufügen – »und hat keinen, der ihn in seiner unermüdlichen Arbeit unterstützt und ihm durch Unterhaltung eine Erholung von ihr bereitet.« Der Eigensinn hat Friedrichs Seele nicht gutgetan.

Eigensinnig auch zuletzt

*D*er Eigensinn hat Friedrich am Ende auch körperlich nicht wohlgetan, weil er auf seine Gesundheit keine Rücksicht nahm und wider den Rat der Ärzte nicht im entferntesten daran dachte, die ihm schädlichen »üppigen Eß- und Trinkgewohnheiten zu ändern«. Obgleich er gewarnt war durch das Beispiel seines Vaters, stellte er das Vergnügen und die Lust an Essen und Trinken, die er lebenslang empfand, über die Leiden und Gefahren, die für seinen Körper vom übermäßigen Genuß reichhaltiger Speisen und schwerer Getränke ausgingen – was in dieser Konsequenz seinem Eigensinn einen sympathischen Zug abgewinnt. Friedrich gab sich nicht der Illusion hin, der Wassersucht – ein Kennzeichen für Herzschwäche, Nierenentzündung oder Leberzirrhose –, die seinem Vater das Leben zur Qual gemacht hatte, entgehen zu können. Doch er tröstete sich damit, daß der Vater diese Krankheit lange ausgehalten hatte. »Steiget sie in den Leib, sagte Er, und er hat einen gewissen Umfang bekommen, so läßt man ihn punctiren. Ich kann immer noch Jahr und Tag leben.« Da Friedrich sich seit Jugendjahren für einen Heilkundigen hielt, glaubte er, seine Leiden selbst am besten behandeln zu können. Er therapierte sich und seine Vertrauten, ließ sich sogar selbst zur Ader. Vor jeder Mahlzeit beruhigte er sein Gewissen mit der Behauptung, »er sondere von jeder Speise das Schädliche und Unverdauliche ab; und begnüge sich jede Schüssel blos zu schmecken«. In Wahrheit aß er übermäßig.

Friedrich war selbst dann nicht bereit, Diät zu halten, als er nach dem Bayerischen Erbfolgekrieg die Wassersucht bekam, und nicht einmal, als es ihm besonders schlecht ging. Er aß einfach zu gerne. Daß er wirklich wassersüchtig war, wollte er sich nicht eingestehen: »Engbrüstig bin ich, aber die Wassersucht habe ich nicht«, behauptete er in geradezu kindlicher Naivität. »Mein Leib ist dick, weil ich aufgebläht bin. Da ist kein Wasser«, redete er sich das Leiden schön. Sein Schweizer Arzt Johann Zimmermann »besah die ganz bis an die Lenden mit Wasser angefüllten Beine des Königs«. Zunächst »schwieg« er, wie er selbst berichtete, riet dann aber zur Mäßigung. Doch der König ließ sich lieber das Wasser aus seinen geschwollenen Beinen und Lenden abzapfen, als eine Diät zu beginnen. Als ihm schließlich – Mitte Juli 1786 – Wasser aus dem linken Fuß lief, das, wie ein betroffener Beobachter festgehalten hat, »einen Geruch hatte, den die Personen, die um Ihn waren, kaum ertragen konnten, … war Er doch mit seinem Zustand zufrieden und freuete Sich über Seine zuweilen außerordentliche Eßlust, die Er auch durch unverdauliche Speisen befriedigte.«

Diese Speisen »mußten nach französischer und italienischer Art stark gewürzt seyn. Käse- und Mehlspeisen, Schinken, Saurer- und grüner Kohl, Pasteten, Polenta, Kuchen waren ihm besonders angenehm.« Was sich etwa hinter einer Polenta verbarg, wie Friedrich sie liebte – Lord Marschall Keith hatte sie an des Königs Hof eingeführt –, hat Zimmermann in seinen *Unterredungen* mit dem König überliefert: Die Polenta, ein »Italiänisches Gericht«, bestand zur Hälfte aus Parmesankäse. Dazu wurde »Saft von ausgepreßtem Knoblauch« gegeben, Käse und Knoblauch dann so lange in Butter gebacken, »bis eine harte und eines Fingers dicke Rinde« entstand.

Über alles wurde anschließend »eine ganz aus den heißesten Gewürzen bestehende Brühe« gegossen. Dazu nahm der König gerne einen »ganzen Teller voll aus einer Aalpastete, die so heiß und würzhaft« und fett, muß man wohl hinzufügen, »war, daß sie in der Hölle gebacken schien«. Dies jedenfalls versicherte einer von Friedrichs Tischgenossen.

Solche Speisefolge genoß der König zuletzt am 30. Juni 1786 – mit wenig schönen Folgen, wie vorherzusehen war. »Noch an der Tafel schlief er ein und bekam Konvulsionen. Kein Wunder bei einem vierundsiebzigjährigen Greis«, berichtete Dieudonné Thiébault, ein Franzose, den Friedrich als Professor für französische Grammatik nach Berlin berufen hatte. Und fast entschuldigend setzte er hinzu: Der König »war [eben] Feinschmecker und liebte besonders die lecker zubereiteten Gerichte«. Doch die Wirkung blieb nicht aus: »Dieses einem Menschen schon schwer zu verdauende Gericht mußte ganz natürlich ihm« – Friedrich –, »der schon sehr entkräftet war, noch ungleich nachteiliger werden. Er bekam davon eine Art Kolik, die ihn beinahe das Leben gekostet hätte. Jedoch konnte hier die Geschicklichkeit des Arztes die wirksamsten Mittel brauchen, weil nur ein Teil der Eingeweide litt«, so der in Sanssouci weilende Feldpropst Johann Gottfried Kletschke. »Im Essen«, schrieb Anton Friedrich Büsching, der Autor der berühmten *Erdbeschreibung* und Schuldirektor des Grauen Klosters in Berlin, sei der König ohne Rücksichtnahme auf seine Gesundheit und entgegen dem Rat der Ärzte stets seinem Appetit gefolgt, »welcher so heftig war, daß wenn der Küchenzettel, welcher Ihm Abends für den Mittag des folgenden Tages gebracht wurde, Speisen enthielt, die er vorzüglich gerne aß, Er ihn nicht nur am folgenden Morgen und Vormittag mehrmals und mit Vergnügen ansahe, sondern auch die Mittagsstunde« – die Zeit der Tafel – »kaum erwarten konnte«.

Am 4. August war auch das linke Schienbein Friedrichs rosenfarbig entzündet, und aus den Bläschen, die sich auf der Oberhaut gebildet hatten, rann, wie aus dem offenen Fuß, eine übelriechende Flüssigkeit, »täglich mehr denn ein Quart«. Um diese Zeit begannen die Kräfte des Königs merklich zu schwinden. Doch freute er sich über

»den von der Natur bewirkten Ausfluß der Feuchtigkeit und hoffte, besser zu werden«. Er ignorierte seinen Zustand und gab weiterhin »seinem starken Appetit zu unverdaulichen Speisen« nach. »Allein in der Nacht vom 12ten auf den 13ten August stellte sich ein Fieber ein, welches ... Seinen Kopf so einnahm, oder so betäubte, daß Er die Todesgefahr nicht bemerken konnte; Er aß aber doch ordentlich zu Mittag, welches das letzte Mal war.« Danach schlief er ein.

Friedrich erwachte erst wieder am 14. August gegen 11 Uhr, fast vierundzwanzig Stunden später, nahm um 1 Uhr ein wenig Suppe und Rindfleisch zu sich und aß gegen 5 Uhr von einer Seespinne, einer Salzwasserkrebsart, oder einem Seefisch, hier gehen die erhaltenen Erinnerungen der Beobachter auseinander. Den Rest des Mahls befahl er für den nächsten Tag aufzuheben. Wirklich verspeiste er um 11 Uhr am 15. August, was von der Seespinne oder dem Fisch übriggeblieben war. Anschließend fiel er wieder in tiefen Schlaf, aus dem er gelegentlich erwachte, meist jedoch, ohne sich bewußt zu sein, was um ihn herum geschah. Erst am nächsten Tag löste Friedrich sich für längere Zeit aus seinem Schlaf- und Dämmerzustand. Er erhob sich aus seinem Sessel und ging aus eigener Kraft zu seinem Nachtstuhl. Von seinem Kammerhusaren Schöning – der Vorname ist nicht überliefert – ließ er sich schließlich zurück zu seinem Sessel geleiten. In diesem schlief er fest ein. Gegen 8 Uhr abends wachte er auf, weil er fror. Er »verlangte beständig mit Kissen bedeckt zu werden« und fiel schließlich in einen sehr unruhigen Schlaf, denn »es stellte sich ein beständiger kurzer Husten mit starkem Röcheln auf der Brust ein«. Um 1 Uhr nachts erwachte er wieder. Er versuchte zu sprechen, was er sagte war »aber schwer zu verstehen und bestand in Phantasien, als nun ist mir wohl, nun will ich mich ordentlich niederlegen«. Während des Sprechens nahm sein Röcheln stark zu. Aus dem Schlaf, in den er schließlich fiel, ist Friedrich nicht mehr erwacht.

Unser Schuldbuch sei vernichtet!
Ausgesöhnt die ganze Welt!
Brüder – überm Sternenzelt
Richtet Gott wie wir gerichtet.

FRIEDRICH SCHILLER,
Ode an die Freude

EINSICHT

Von der Einsicht handelt das letzte und kürzeste Kapitel dieses Buches. Bei Friedrichs Hartnäckigkeit und seinem Eigensinn kann man sich Einsicht und eine darauf gründende Veränderung bei ihm auch nur schwer vorstellen. Die Quellen scheinen diesen Eindruck zu bestätigen. Immer wieder hat der König gesagt: »Meine wohlüberlegten Grundsätze sind unerschütterlich, hoffen Sie nicht [auf] eine Änderung in meinen Absichten.« Und die Zeitgenossen haben berichtet: Friedrich »wollte sich ... nie dem Vorwurf eines begangenen Irrtums aussetzen. Er beharrte also auf Entscheidungen, auch nachdem er einsah, daß die Voraussetzungen falsch wären, denen zu Folge er sie gegeben hatte.« Bei genauer Lektüre bemerkt man aber sehr wohl Anzeichen von Einsicht, etwa wenn Friedrich auf seinem Standpunkt »beharrte, selbst nachdem er einsah ...«, wie Christian Garve notierte. Einsichten haben den König nach Überlieferung der Zeitgenossen also nicht bewegen können, seine Irrtümer und Fehler auch zu korrigieren.

Doch das ist nur auf den ersten Blick richtig. Soviel stimmt: Vor Publikum und demonstrativ hat Friedrich, wie andere Herrscher auch, ein Einsehen wohl nie gezeigt, sich selbst nie verbessert, einen Irrtum nie eingestanden. Ein »Hier habe ich gefehlt!« ist aus seinem Munde nicht überliefert. Das wäre seinem Selbstverständnis als König zuwidergelaufen und seiner öffentlichen Darstellung, also seinem Image; es wäre ihm auch zu plump erschienen. Friedrich zog es vor, seine Gedanken eher versteckt zu offenbaren, in Bezugnahmen und Anspielungen, nicht geradeheraus; wer sie erschließen wollte, mußte über Kombinationsgabe und Kenntnis verfügen. Zu höchster Vollendung gelangte diese Taktik bei der Darstellung seiner Größe im Neuen Palais. Diese herauszustellen gelang ihm, ohne daß er sich selbst in Szene setzte, allein durch kluge Spielerei mit dem Wissen der Welt. Die Öffentlichkeit ließ er über des Marmorsaals Deckenbild wissen: Er wünsche sich nicht in den Olymp erhoben, seine Initialen seien auf dem von Genien getragenen Schild zu übermalen – auf daß man seine große Bescheidenheit lobe. Er spekulierte darauf, daß jedermann glaubte, die Buchstaben FR, Fridericus Rex, seien wirklich vorhanden und würden, bescheiden verdeckt, in den Himmel gehoben. Diese kluge intellektuelle Inszenierung war ein Effekt, durch den sich Friedrich absetzte von den übrigen Herrschern seiner Zeit.

Auf solche Effekte müssen wir achten, wenn wir nach der Einsicht des Königs suchen. Denn Friedrich hat sehr selten und nur im ganz kleinen Kreis zugegeben, daß eine Sache sich wohl anders verhielt, als er gedacht und behauptet hatte; noch seltener hat er sich dann korrigiert. Er tat es öfter, als er älter war, mit bald sechzig und mehr Lebensjahren, wohl weil er glaubte, daß nun sein Ruf fest gegründet sei und er sich eine Änderung seines Verhaltens, auch des Bildes, das er von sich verbreiten ließ, erlauben dürfe. Vielleicht tat er es auch in der Hoffnung, durch ein Abweichen von der Regel seinen Ruhm noch zu mehren; denn an diesen dachte er immer.

Wenn es dem Ansehen dient

Friedrichs Tun war selten frei von Berechnung. Von einer Ansicht wich er meist nur ab, wenn es seinem Ansehen zuträglich war oder der Wandel seiner Meinung nicht sogleich auffiel. Er selbst hat das nicht gesagt. Hinweise, von Dritten überliefert, offenbaren solches aber. Sehr deutlich zeigte sich dieses Verhalten bei der Verpflichtung der Sängerin Mara für die Berliner Oper. Auf diese trafen beide Punkte zu. Ihr Engagement bedeutete für Friedrich Reputation *und* kaum merklichen Wandel der Ansicht. Denn die Mara war keine Italienerin, wie man meinen könnte und viele auch glaubten oder hofften, sehr zur Freude Friedrichs, der einheimischen Künstlern riet, ihre Namen zu italianisieren, andernfalls würde »doch keiner glauben«, daß an dem, was sie machten, »was Rechtes dran« sei. Selbst der Marquis de Rossignan, der sardinisch-piemontesische Gesandte, hätte der Mara die Italienerin gerne geglaubt: Er habe zwei

Opern gesehen, berichtete er nach Turin am 26. Oktober 1775, die sehr gut gelungen seien, mit sehr schönen Stimmen, darunter eine »mit Namen Mara, die Italien alle Ehre machen würde«. Der Familienname der Sängerin klang italienisch. Sie führte ihn, seit sie 1773 Johann Baptist Mara geheiratet hatte, einen Cellisten der preußischen Hofkapelle. Dessen Vorfahren stammten allerdings aus Böhmen. Sie selbst war Deutsche, geboren und getauft in Kassel auf den Namen Gertrud Elisabeth Schmeling. Unter diesem Namen war sie 1771 nach Berlin gekommen. Friedrich hatte sie zunächst nicht anhören wollen. »Es hatte einige Schwierigkeiten, weil ich eine Deutsche war ... Der König glaubte, eine Deutsche sänge mit deutscher Methode und Vortrag, dieses gefiel ihm nicht«, berichtete die Mara in ihren Memoiren. Daß er schließlich einem Vorsingen zustimmte, war der Begeisterung seines Konzertmeisters Benda und dem General von Tauentzien geschuldet.

Friedrich ließ die Schmeling eine frei gewählte Arie vortragen, wollte danach aber vom Blatt gesungen ein berühmtes Bravourstück hören, *mi paventi, il figlio indegno* – »Du erschreckst mich! Der unwürdigen Sohn ...« – aus der Oper *Britannico* von Carl Heinrich Graun. »Der König liebte die alte wahre italienische Composition von alten Meistern, solche als Porpora, Pergolesi usw., von Deutschen Hasse und Graun. Die Komposition der neueren Meister, solche als Traetta, Piccinni, Sacchini, Cimarosa, nannte er dummes Zeug.« Dennoch gestattete Friedrich der Sängerin, nachdem sie engagiert worden war, in jede der Hassischen oder Graunschen Opern, die in Berlin gegeben wurden, ein paar von ihren »modernen Arien einzulegen, indem er sagte: ›es ist zwar dummes Zeug, welches aber doch hübsch klingt, wenn es gut gesungen wird‹.« Er gestattete es, weil ihm die Arien gefielen, wenngleich er – »dummes Zeug« – darauf beharrte, daß diese Musik keinen bleibenden Wert habe. Er konnte es erlauben, weil diese Änderung seiner Ansicht ohnehin nur wenigen auffallen würde. Die Mara mutmaßte allerdings, daß ihr die Erlaubnis noch aus einem weiteren Grund erteilt worden sei: »Ich glaube, daß er einsah, daß ich meine Fähigkeiten besser in denselben« – modernen Arien – »zeigen konnte, und er mit seiner neuen

Primadonna etwas prahlen wollte.« Sie vermutete das zu Recht, denn sie verlieh der Berliner Oper großen Glanz. »Ein Publikum ..., das eine Schmähling« – eine Mara – »gehört hat und noch beständig hört«, könne sich freuen, war der Tenor der Kenner.

Daß die Sorge um seine Reputation und um seinen Ort in der Geschichte Friedrich hin und wieder doch von »wohlüberlegten Grundsätzen« abweichen ließ, kann man auch einem Bericht Johann Georg Sulzers, Direktor der philosophischen Klasse der Berliner Akademie, entnehmen. Dieser hat in seiner *Lebensbeschreibung, von ihm selbst aufgesetzt* unter dem 31. Dezember 1777 über ein Gespräch mit Friedrich folgendermaßen berichtet: »Der König fing die Unterredung, wie ich vermutet hatte, gleich damit an, daß er mich über den jungen Schulz befragte« – es ging um die Aufnahme des Mathematikers in die Akademie. »Als ich von Schulz als einem tüchtigen Astronomen sprach, sagte der König, daß er nicht absehe, warum wir uns so sehr für die Astronomie interessierten, da wir keine Marine hätten noch jemals haben würden.« Man kann diesen Worten entnehmen, daß Friedrich fixiert war auf das, was er gelesen hatte und was ihm einleuchtete, weil es verständlich und praktisch war: Astronomie, die Wissenschaft der Stern- und Himmelskunde, war nützlich nur zum Navigieren. Wer nicht navigierte, brauchte solche Wissenschaft nicht. Sulzer erkannte dies und argumentierte klug mit Friedrichs Ansehen in der Welt: »Ich antwortete hierauf, daß Europa Se. Majestät als einen allgemeinen Beförderer aller Wissenschaften ansehe, daß die Astronomie, als eine der wichtigsten, von allen europäischen Nationen mit großem Eifer getrieben werde und daß es der Akademie zu großer Ehre gereichen würde, wenn sie das Ihrige zur Vervollkommnung dieser Wissenschaft beitragen würde, daß folglich dieses ein Gegenstand wäre, der so gut als irgend ein anderer die Aufmunterung von seiten Sr. Majestät verdiente.« Weil er über Sinn und Zweck der Astronomie mit dem König gar nicht erst diskutierte, hatte Sulzer Erfolg, und es kam, »wie ich es gewünscht hatte, daß Herr Schulz mit einer Pension als Mitglied der Akademie aufgenommen ward«. Sulzer hatte Friedrich zwar nicht vom Nutzen der Astronomie für Preußen überzeugt, von ihrem Wert für des Königs Ansehen aber schon. Allein aus diesem Grund wurde Schulz' Aufnahme in die Akademie genehmigt; aus diesem Grund fiel es Friedrich nicht allzu schwer, Einsicht zu zeigen. Der Ruhm überwog die Grundsätze.

Er erkennt seinen Fehler und bittet um Verzeihung

*D*aß er ohne zu zögern und ohne jeden Gedanken an Größe von seinen »wohlüberlegten Grundsätzen« abwich, seine Meinung revidierte oder gar ein Einsehen zeigte und um Vergebung bat, kam höchst selten vor und war nur außerordentlich schwer zu erkennen. Es geschah im Grunde nur zweimal, und zwar nach den schweren Niederlagen im Siebenjährigen Krieg bei Hochkirch, am 14. Oktober 1758 gegen ein Heer der Österreicher, und am 12. August 1759 bei Kunersdorf gegen die Armee der Russen und Österreicher. Beide Niederlagen gingen auf das Konto des Königs. Sie kosteten das Leben vieler Soldaten – vollkommen sinnlos, durch seine Schuld, aufgrund der Fehler, die er begangen hatte. In beiden Fällen hat Friedrich seine Vertrauten und Offiziere um Verzeihung gebeten, allerdings nicht offen, nicht in klaren Worten, sondern hintersinnig verklausuliert.

Zunächst zu Hochkirch. Das für Friedrich ungewöhnliche Zugeständnis, einen Fehler begangen zu haben, ist erstmals nach dieser Schlacht zu beobachten, in der die preußische Armee nicht nur ein Drittel ihrer Soldaten verlor, sondern auch einen ihrer bedeutenden Befehlshaber, den Feldmarschall James Keith.

Dazu kam es, weil der König nach dem Sieg über die Russen – bei Zorndorf – auch die Österreicher schlagen wollte. Er rückte deshalb mit seinen Truppen in die Nähe der Daunschen Armee und bezog ein Lager bei Hochkirch. »Die Sicherung dieses Lagers hing von der Behauptung der sogenannten Steinberge ab, die der Preußische General Retzow den Auftrag hatte zu besetzen; er fand sie aber schon in Besitz der Österreicher.« Diese dort anzugreifen, war unmöglich. Friedrich wollte das aber nicht einsehen und wiederholte den Angriffsbefehl »mit dem Zusatz: Retzow sollte ihm mit seinem

Kopf für den Angriff haften«. Der General antwortete darauf: »Seinen Kopf lege er zu des Königs Füßen«, dessen Befehle wären ihm heilig, »aber noch heiliger wäre ihm sein Gewissen; er könne es nicht vor Gott und vor der Welt verantworten, ohne den mindesten Nutzen so viel brave Menschen aufzuopfern; er würde nicht angreifen und überließe alles übrige dem Willen Sr. Majestät.« So hat es Johann Wilhelm von Archenholz überliefert, ein preußischer Offizier, der die wohl wichtigste zeitgenössische Geschichte des Siebenjährigen Krieges geschrieben hat. Archenholz erläutert darin auch, was von Friedrichs Stellung zu halten war: »Der mangelnde Besitz dieser Berge machte das Preußische Lager ganz unhaltbar.« Und weiter: »Der König aber, den man noch nie angegriffen hatte und der Dauns übertriebene Behutsamkeit kannte, wollte selbst in dieser gefährlichen Stellung dem Feinde trotzen und blieb stehen.« Das Lager sei »sicher«, behauptete er. Seine Generäle waren anderer Ansicht: An diesem Ort stehenzubleiben sei riskant, so die einhellige Meinung. Der Feldmarschall Keith soll sogar bemerkt haben: »Wenn die Österreicher uns in diesem Lager in Ruhe lassen, so verdienen sie, gehangen zu werden.«

Die Österreicher ließen die Preußen nicht in Ruhe. In der Nacht vom 13. auf den 14. Oktober überfielen sie Friedrichs Lager. Es war finster, so Archenholz, »und die Verwirrung über allen Ausdruck … Die Österreicher gleichsam wie aus der Erde hervorgestiegen, mitten unter den Fahnen der Preußen im Heiligtum ihres Lagers! Einige hundert wurden in ihren Zelten erwürgt, noch ehe sie die Augen öffnen konnten; andre liefen halb nackend zu ihren Waffen. Die wenigsten konnten sich ihrer eignen bemächtigen.« Feldmarschall Keith versuchte vergeblich, die Situation zu retten. Am Ende waren 9000 Mann tot, verwundet, vermißt oder gefangen. Und Keith selbst war auch tot.

Friedrich verfaßte nach diesem Debakel Verse für George Keith: *An den Lord Marschall. Auf den Tod seines Bruders.* Es ist ein langes Gedicht, das weit über zweihundert Zeilen umfaßt. Doch das Sterben des Generals steht darin gar nicht im Mittelpunkt. Um Keiths Tod geht es nur zu Anfang, in den beiden ersten Strophen:

Ihr weint, Mylord, und Eure Tränen rinnen
Um einen Helden, Bruder, Freund so wert,
Und selbst der Ruhm, der seinen Tod verklärt,
Gibt keinen Trost den trauervollen Sinnen.

Mehr durch Verdienst als gleiches Blut geschlungen,
Ward dennoch rauh gelöst ein edles Band.
Das Aug' erlosch, die Stimme ist verklungen,
Sein Lorbeer schmiegt sich um des Grabes Rand.

Sank er im wilden Kampf nicht todeswund,
Er hätte neuen Sieg gefügt zu Siegen,
So aber ließ der Blitz aus ehrnem Schlund
Den so Triumphbereiten jach erliegen.

So lauten die Zeilen eins bis zwölf in Thassilo von Scheffers Übersetzung. Das ist im Grunde recht wenig als Nachruf und Charakterisierung eines Mannes, der zu Friedrichs geschicktesten Generälen gehörte, der wohl auch zum Kreis der Vertrauten zählte, im weitesten Sinn wenigstens, und ab und zu an des König Tafel saß. Nicht einmal den Namen des Gefallenen nennt Friedrich. Kein Wort verliert er über das Wesen des Gefallenen, keines über dessen Eigenart, nichts darüber, welcher Art Keiths Verdienste gewesen waren oder wie er sie erworben hatte. Statt dessen folgen diese Verse:

Traurige Ehrsucht, wieviel Freunde, Helden
Und edle Opfer streckst Du roh und blind!
Und keine Stätte, wo nicht Tränen melden,
Wie elend Eltern, Witwen, Waisen sind.
Durch keine Klagen können neu genesen,
Die unsrer Heimat treuer Hort gewesen.
O Ruhm, dich kauft man nur um Qual und Pein:
Mit Tränen wasch' ich blut'gen Lorbeer rein.

Die letzten Zeilen wirken im französischen Original und in Prosa übersetzt noch deutlich stärker: *Ah! la gloire s'achète au prix de trop d'horreurs; Mes lauriers teints de sang sont baignés de mes pleures* — »O weh! Den Ruhm erkauft man nur um den Preis des Entsetzens.

Meine blutgefärbten Lorbeeren sind von meinen Tränen durchnäßt«,
was heißen soll: Um seinen Ruhm zu mehren, habe Friedrich keine
Rücksichten genommen, nicht auf seine Soldaten und nicht auf deren Angehörige. Daß er es nicht tat, sei falsch gewesen. Und dann
nimmt das Gedicht eine weitere Wendung:

> In aller Not, in meines Volkes Harm
> Trifft auch zu Hause mich des Unglücks Arm.
> O bittres Schicksal, kaum zwei Winter wichen,
> Und wieviel Liebe ist im Tod verblichen!
> Denn Mutter, Bruder, Schwester sah ich sterben.
> …
> Jung, töricht, schwach und rat- und ruhelos,
> Ward ich von Anbeginn in Sorgen groß,
> Und Laster, Schmerz, Bedrängnis mich befiel.
> Was ist des Weges Richtung, Sinn und Ziel?
> In meiner Jahre engem Zirkeltanz
> Wand mir der Schmerz so manchen Dornenkranz.

Das klingt wieder wie gewohnt selbstbezogen, egoistisch fast. Doch
das war es in diesem Fall nicht, denn hier ist der Blick auf das eigene
Ich wichtig. Hier offenbart sich der König als ein fragender, zwei-
felnder, wankelmütiger Mensch wie jeder andere Sterbliche, und als
ein empfindsamer obendrein: Ich kann den Schmerz der nächsten
Angehörigen verstehen! Ich habe ihn selbst erlitten! Auch ich habe
mir nahestehende Menschen verloren! Das sollten diese Verse ausdrücken, und auch, wie ernst, wie bitter ernst er sie meinte:

> Wähnt bitte nicht, Mylord, daß meine Rede
> Aus Platos Träumen sich den Ton erschlich;
> Mit falschem Pathos lieg' ich stets in Fehde.
> Nein, hart erzogen spricht mein eigen Ich!

Doch, so der Dichter-König weiter, er habe nicht anders gekonnt, sei
gezwungen gewesen so zu handeln, denn:

Ich sah die Feinde mir mein Land verwüsten,
Oft lähmte mir Fortuna Schwert und Arm;
Die sich die Nächsten nennen müßten,
Sah schweigend ich in meiner Gegner Schwarm;
Wie oft der Tod mir nahte, wild erbittert,
Ich bebte niemals in der tiefsten Brust,
Und aller Gram, den ich ertragen mußt',
Er hat doch nie mein standhaft Herz erschüttert.
Selbst Glanz und Pomp und unumschränkte Macht,
Mein stolzer Sinn hat sie wie Tand verlacht.
Wie oft stand Land und Leben auf dem Spiel,
Fürsten bekämpften mich unzählig viel ...

Umgeben von Feinden, habe er hartnäckig und standhaft versucht,
sich zu wehren, weil er niemals untergehen wollte.

Und doch sah mich das Schicksal nie gebrochen,
Nur wenn die Freundschaft ihm zum Opfer fiel,
Dann hat es mich ins tiefste Herz gestochen.

Das Kämpfen war das eine, das war zu ertragen, doch der Tod des
Feldmarschalls habe ihn schwer getroffen, wie schwer, sucht er zu
bezeugen, indem er von seinem Schmerz über den Verlust Wilhelmines erzählt:

Für ewig, Schwester, sankst Du mir in Schlaf,
Und Gottes harte Hand ob meinem Haupt,
die oft mich schlug und mir so viel geraubt,
sie wußte, wo sie mich am schlimmsten traf.
Was mahnst Du mich an meiner Jugend Land?
Seit ich erklomm des Lebens erste Stufen,
War treue Liebe uns ein einend Band.
...
Sie starb. Verhaßt ward mir des Tages Licht!
Schon wollt' Hand ans eigne Leben legen,
Doch da, o höchstes Leid! gebot die Pflicht,
Aufs neu zu trotzen des Geschickes Schlägen.

Das klingt, als wolle er dem Bruder des Gefallenen versichern, daß ihm der Tod von James Keith so nahegegangen sei, wie der seiner eigenen Schwester. Doch bei genauerem Lesen offenbart sich ein sehr viel tieferer Sinn. Erst die letzten Zeilen der Strophe offenbaren, was der Vergleich wirklich aussagen sollte: Daß er, Friedrich, König von Preußen, in einer verzweifelten, ihn körperlich und seelisch bis an die Grenzen belastenden Lage die Anschläge der Gegner habe parieren müssen, aufgrund seiner Verfassung das Geschehen aber nicht vollständig habe überblicken können. Diese Verfassung beschreibt er in den folgenden Versen, in denen von Schwäche, schwankendem Grund, Bedrohung für Leib und Leben die Rede ist:

> Du eitler Traum von Stolz und Majestät!
> Ist freier doch ein Volk als sein Gebieter.
> Mein schwacher Arm ist jetzt der einzige Hüter
> Des schwanken Staats, der hart am Abgrund steht.
> Von ganz Europa wurden wir bedroht,
> Dem Lande mußt' ich mich zum Opfer geben,
> Eilen zum Kampf, für Streit und Rache leben,
> Und meine Losung hieß Gefahr und Tod.

Und dann, ganz am Ende des Gedichts, heißt es klar und deutlich:

> Und doch, wie schwer für ein gequältes Herz,
> In der Verzweiflung kummervollen Banden,
> Zu helfen und zu retten allerwärts,
> Wo stets aufs neu Gefahr und Not entstanden.
> Wie schwierig, wider all die wilden Scharen
> Mit rasch gerafften Kriegsvolk loszufahren,
> Zugleich an hundert weit getrennten Plätzen
> Zu raten, rüsten, ordnen und entsetzen!
> Ich fühle, wie die Bürde mich erdrückt.

Der König bekennt: Ich war bei Hochkirch in meiner Verzweiflung nicht derjenige, der ich hätte sein müssen, war unbedacht, auch ungeduldig, die Last war zu schwer für mich, ich habe sie nicht tragen können – und habe einen schweren Fehler begangen, der den treuen und tapferen Feldmarschal Keith und mit ihm viele andere das Leben gekostet hat. Es tut mir unendlich leid. Ich bitte dafür um Vergebung.

Soweit der tiefere Sinn des Gedichts. Damit die Beichte noch wirkungsvoller sei, offenbarte er sogar seine Gefühle beim Ableben der Schwester. Dabei kann er unmittelbar nach Hochkirch von Wilhelmines Tod nicht erschüttert gewesen sein, denn er hatte noch gar nicht davon erfahren.

Warum hat er sich einer derart komplizierten und »verschlüsselten Kommunikation« überhaupt bedient? Weil er als Monarch nicht wagen konnte, eventuell aufkommende Zweifel an seiner Person offen anzusprechen, »ohne dabei ... seine königliche Autorität einzubüßen«.

Den Weg der »verschlüsselten« Verständigung mit seinen wichtigsten Offizieren beschritt er auch nach der verheerenden Niederlage bei Kunersdorf 1759. Andreas Pečar hat am Beispiel der Schlacht und ihrer Folgen auf dieses Phänomen und wie man es betrachten sollte jüngst erst aufmerksam gemacht.

Friedrich hatte unbedingt die verbündeten Russen und Österreicher schlagen wollen. Den Soldaten hatte er deshalb keine Ruhe gegönnt. »Es war fast schon Mittag ..., ehe seine ersten Regimenter sich und ihre Geschütze ... in ihre Ausgangsstellungen für den Angriff geschleppt hatten. Sie waren neun Stunden auf den Beinen gewesen und litten unter Hunger, Durst und der sengenden Hitze [des Tages]. Es war ein männermordender Marsch, nur das Vorspiel für eine mörderische Schlacht.« Sie wurde mörderisch, weil Friedrich seinen Schlachtplan nicht sorgfältig durchdacht hatte. Zwar gestanden die Zeitgenossen dem König zu, daß er »seine Dispositionen zur Schlacht, im allgemeinen genommen, besonders zweckmäßig eingerichtet« habe, was im Klartext bedeutet: Friedrich hatte keine Fehler bei der Formierung seiner Soldaten gemacht. Es gab aber mancherlei Schwierigkeiten, »und wir haben Ursache zu glauben«, schrieb Friedrich August von Retzow, ein Sohn des bei Hochkirch so standhaften Generals, »daß Friedrich II. dergleichen wohl ahnte, jedoch dem Glücke auch seinen Anteil am Siege überlassen wollte oder vielmehr mußte. Hierher können wir unter anderen rechnen: daß es dem König an hinlänglicher Kenntniß des Terrains, worauf er fechten wollte, fehlte.« Und dieser Mangel an Geländekenntnis wurde den Truppen zum Verhängnis.

Dabei ließ sich das Vorhaben zunächst ganz gut an. Die Preußen erkämpften sich einen Vorteil. Die Generäle rieten dem König, sich damit zufriedenzugeben. Doch Friedrich wollte nicht. Seine Anordnungen seien »vollkommen« gewesen, heißt es bei Retzow, auf den *roi connétable*, den König und Feldherrn, Rücksicht nehmend. Sie dürften »unter anderen Umständen ihres Zweckes wohl nicht verfehlt haben. Allein zu wenig genaue Kenntniß des Terrains; daß er an diesem Tage von seinen Kriegern vielleicht zu viel forderte und daß er zu eben der Zeit die Russen in die Nothwendigkeit versetzte, lieber mit den Waffen in der Hand zu sterben, als am hellen Tage eine Flucht zu ergreifen, die man ihnen so sorgfältig zu versperren suchte, dies alles waren Umstände, die ihm alle bisher errungenen Vorteile und die Ehre des Sieges entrissen.« Friedrich selbst hat das in einem Brief an den Minister Graf Finckenstein vom 12. August 1759 folgendermaßen formuliert: »Ich habe den Feind heute gegen elf Uhr angegriffen. Wir warfen ihn bis zum jüdischen Friedhof nahe Frankfurt zurück. Alle meine Truppen waren im Kampf und taten Wunder, aber der Friedhof kostete uns eine gewaltige Zahl von Menschen. Unsere Truppen gerieten in Verwirrung ... Unsere Verluste sind sehr hoch; von einem Heer von 48 000 Mann habe ich nicht mehr als 3000. In dem Augenblick, da ich dies schreibe, flieht alles, und ich bin nicht mehr Herr meiner Leute.«

Er war es nicht mehr wegen der gravierenden Fehler, die er begangen hatte. Er hatte seinen Soldaten entgegen allen Regeln vor dem Angriff keine Rast gegönnt; er hatte es fahrlässig unterlassen, das Gelände zu erkunden, und wußte daher nichts von dem unüberwindlichen, tödlich-tiefen Graben, den es aufwies; und er hatte wider besseres Wissen nicht auf seine Generäle gehört. Diesen Fehler beging er wenige Monate später, im November, vor der Gefangennahme des Finckschen Korps bei Maxen noch einmal.

Um Verzeihung bittend für sein im Grunde unverzeihliches Verhalten bei Kunersdorf und die hohen Verluste, die es zur Folge gehabt hatte, teilte Friedrich sich seinen »führenden Offizieren« – und darüber hinaus der Öffentlichkeit – »auf verschlüsselte Art und Weise mit« durch eine Schrift, die er im Herbst 1759 verfaßte. Unmittelbar nach Beendigung des Feldzugs machte er sich zügig an diese Aufgabe, damit das Werk vor Beginn der nächsten Kampagne vorliege: die *Réflexions sur les talents militaires et sur le caractère de Charles XII, Roi de Suède* (zu deutsch: *Betrachtungen über die militärischen Talente und den Charakter Karls XII., Königs von Schweden*).

Als Motiv für die Niederschrift ist bislang einzig die »Selbstvergewisserung« Friedrichs in Betracht gezogen worden: Der König habe »Trost und Hoffnung in dem Nachweis« gesucht, »daß Karl so gehandelt hat, wie er selbst nie gehandelt hätte«, was – etwas umständlich formuliert – besagt, daß »er trotz einer womöglich unentrinnbaren Blindheit gegenüber eigenen Fehlern Maximen verpflichtet war, die einen Untergang abzuwenden ermöglichten«. Solche Interpretation ist nicht ganz falsch, trifft aber das eigentliche Anliegen der *Betrachtungen* nicht ganz, die Friedrich sofort nach Fertigstellung an seine Brüder Heinrich und Ferdinand, an Fouqué und Seydlitz verschenkte, also an vier hochrangige Generäle des preußischen Heeres, sowie an den Marquis d'Argens und Voltaire. Alle Beschenkten waren wichtige Multiplikatoren, wie man heute sagen würde, die die öffentliche Meinung und die Ansicht innerhalb der Armee beeinflussen konnten. Bedenkt man dieses, ist die Botschaft der Betrachtungen viel umfassender zu verstehen: Der König wollte mit seinem Werk den Offizieren wie der Öffentlichkeit versprechen, nie *wieder* so fahrlässig zu verfahren, wie Karl XII. es einst getan und er selbst bei Kunersdorf ebenfalls.

Zu erkennen ist dieser tiefere Sinn ganz deutlich: »Zu meiner eigenen Belehrung ...«, verkündet Friedrich im ersten Satz seiner Schrift, und das meinte er wörtlich: Er – für sich – wollte aus dem Geschehenen Lehren ziehen. Es sei nützlich, »die Ursachen seines Mißgeschicks zu ergründen«, ein Satz, der sich zwar auf des Schwedenkönigs Unglück bezieht, aber ebenso Friedrichs Verhängnis betrifft. Weiter heißt es:»Wer einen Helden eines Fehlers zeiht, erinnert nur daran, daß er ein Mensch ist.« Er selbst sei auch nur ein Mensch, ebenso Karl XII., mit allen Stärken und Schwächen, sollte das bedeuten. Es sei »in vieler Hinsicht entschuldbar«, wenn ein Mensch »nicht alle Vollkommenheiten eines Kriegsmannes« in sich vereine. Das ist seine Bitte: dem unvollkommenen Menschen zu vergeben. Daß Friedrich um Vergebung seiner Schuld bat, wird hier und in den folgenden Sätzen offenbar:»Man muß die Regeln [der Kriegskunst] nach vielen Fehlern auf eigne Kosten lernen.« Und:»Hierbei muß ich bemerken, daß alle, die in früher Jugend Armeen führten« – ohne Lehrmeister wie er selbst –,»sich eingebildet haben, die ganze Kunst bestände nur in Tapferkeit und Verwegenheit. Pyrrhus, der große Condé, selbst unser Held sind Beispiele dafür. Seit die Erfindung des Schießpulvers das System der gegenseitigen Vernichtung von Grund auf verändert hat, erscheint auch die Kriegskunst in ganz anderer Gestalt.« Hier stellte er seine Einsicht unter Beweis, und daß er gelernt hatte.»Körperkraft, das Hauptverdienst der alten Helden, gilt heute nichts mehr. List siegt jetzt über Gewalt, Kunst über Tapferkeit. Der Kopf des Heerführers hat mehr Einfluß auf den Erfolg eines Feldzuges als die Armee seiner Soldaten. Klugheit bahnt dem Mute die Wege; die Kühnheit bleibt für die Ausführung aufgespart. Wer den Beifall der Kenner erringen will, muß noch mehr Geschicklichkeit als Glück haben.« Er werde sich dies in Zukunft zu Herzen nehmen, lautet die Botschaft dieser Sätze. Warum hatte er es bei Kunersdorf nicht getan? Auch darauf läßt sich in den *Betrachtungen* eine Antwort finden:»Vielleicht verwöhnte ihn das Glück durch zuviel Gunst und verdarb ihn. Vielleicht glaubte er, die Kunst sei für den unnütz, dem nichts widersteht. Vielleicht verleitete ihn seine ... Tapferkeit ..., bloß verwegen zu sein.«

Für alle Fehler, die sein Handeln heraufbeschworen hatte, wollte Friedrich nicht die Schuld auf sich nehmen, doch zu einem bekannte er sich in aller Öffentlichkeit, und der war unverzeihlich und sollte ihm nie wieder unterlaufen:»Zu meiner Belehrung will ich nun die Regeln, die uns die großen Meister der Kriegskunst hinterlassen haben, mit der Handlungsweise des Königs« – Karls XII., seiner eigenen – »vergleichen. Nach diesen Regeln dürfen Armeen nie aufs Spiel gesetzt werden.« Genau das aber hatte Friedrich bei Kunersdorf getan! Und: »Unser Held hätte bei mancher Gelegenheit sparsamer mit Menschblut umgehen können ... Man soll sich aber nur dann schlagen, wenn man weniger zu verlieren als zu gewinnen hat«, nicht aber, weil man »sich nicht anders zu helfen weiß«. Diese Regel hatte Friedrich bei Kunersdorf nicht beachtet, nun aber zeigte er sich einsichtig. Ebenso in der folgenden, deutlich um Verzeihung bittenden Passage: »Es war ein unverbesserlicher Fehler, dem Zaren« – und seiner Armee – »die Wahl seiner Stellung zu überlassen und ihm Zeit zu geben, sich darin gut einzurichten.« Von Vorteil sei allein die Überzahl gewesen, doch »Karl« – Friedrich, ist hier zu denken – »überließ ihm auch noch die Vorteile des Geländes und der Kunst: das war zu viel.« Mit der Folge: »Die Russen hatten ein vorteilhaftes Terrain inne.« Dennoch hatte Karl XII. sie bei Poltawa – und Friedrich bei Kunersdorf – angegriffen! Es sei ein »schwerer Fehler« gewesen, »unter ungünstigen Verhältnissen eine Schlacht« zu liefern. Hätte man nur »ebensoviel Mäßigung wie Mut« besessen und »seinen Triumphen selbst ein Ziel gesetzt!«, lautet der Vorwurf des Königs an die eigene Adresse. Friedrichs *Betrachtung* endet mit einem schweren Selbstvorwurf: »Aber, wird man sagen, mit welchem Rechte wirfst du dich zum Richter der berühmtesten Krieger auf? Hast du, großer Kritiker, denn selbst die Lehren befolgt, die du so freigebig erteilst?« Die Antwort lautet: »Ach nein!« – und zwischen den Zeilen ist zu lesen: Bitte verzeiht mir, es soll nicht wieder vorkommen!

Wiedergutmachung fürs Gewissen – und auch fürs Publikum

Daß Friedrich den eigenen Fehler so schnell einsah und umgehend Abbitte leistete, war ungewöhnlich und ist sicherlich den militärischen Umständen geschuldet. Sonst tat er das, wenn überhaupt, erst Monate und Jahre später, weil dann das Ereignis, bei dem er gefehlt hatte, niemandem mehr so recht erinnerlich war; und auch weil er sich selbst dann in ein besseres Licht rücken konnte. Auf solche Weise hat er gegenüber dem General Fouqué gehandelt. Fouqué hatte seine Stellung bei Landeshut in Schlesien aufgegeben, worauf ihm der König am 11. Juni 1760 einen verletzenden Brief schrieb: »Ich dank's Euch mit dem Teufel, daß ihr meine Berge verlassen habt. Schafft mir meine Berge wieder, koste es, was es wolle.« Daraufhin war Fouqué in seine alte Stellung zurückgekehrt, wo er von einer dreifachen Übermacht der Österreicher angegriffen wurde. »Fest entschlossen, nicht zu kapitulieren, sondern sich bis aufs äußerste zu verteidigen, ließ er sich hier am 23. Juni mit seinen Truppen buchstäblich zusammenhauen.« Der König dankte ihm dies mit bösen Worten. Er hat den General auch nicht aus der Gefangenschaft gelöst. Dabei war dessen Schlappe die vorhersehbare Folge von Friedrichs falschem, in Unkenntnis der Lage getroffenem Befehl gewesen. Eingesehen hat der König das erst Jahre später, nicht zuletzt weil die Österreicher Fouqué als Helden, als Leonidas, ehrten. Friedrich hat den General nach der Entlassung aus der Gefangenschaft finanziell unterstützt und ihn nach Potsdam geladen. Und er hat sein Urteil korrigiert. In der für die Nachwelt bestimmten *Geschichte des Siebenjährigen Krieges* hat er Fouqués Handeln gelobt: »Die Niederlage konnte dem seit so lange festgegründeten Ruf des tapfern Offiziers in keiner Weise schaden, nein im Gegenteil dessen Glanz nur erhöhen.« Diese Wendung ist dem König von der Nachwelt hoch angerechnet worden, obgleich er die Verantwortung für die Niederlage nicht übernommen, sondern sie bei Fouqué belassen hat.

Auch gegenüber d'Argens und Algarotti war Friedrich um Wiedergutmachung bemüht und ebenso gegenüber Voltaire und Wilhelmine. Sie alle hatten sich von Friedrich abgewandt, weil er nur »wenig Empfindung für die einzelnen Wesen bewahrt« habe und der Name der Freundschaft »auf seinen Lippen zur Blasphemie, zur Profanation und zur noch hassenswerteren Verhöhnung« geworden sei, wie d'Argens sehr verletzt formuliert hat. Selbst Voltaire hat so gefühlt bei seinem Weggang, trotz seines robust-widerständigen Wesens. Das Wort von der Orange, die man auspreßt und wegwirft, ist ihm näher gegangen, als man allgemein annimmt; seine verschreckt-bitteren Briefe belegen das. Voltaires Auszug aus Friedrichs Reich erfolgte mit einem lauten Knall, der überall in Europa gehört worden ist. Und auch den Fortgang von Algarotti und des Marquis d'Argens hat man weithin wahrgenommen. Friedrich habe die Freunde verloren aus eigener Schuld, so sagte man in Paris und Venedig, bald auch in London und an allen europäischen Höfen. Der König hat später wohl selbst so gedacht. Das jedenfalls möchte man glauben. Dafür spricht, daß Friedrich die einstigen Vertrauten nach ihrem Tod ausgezeichnet hat, damit sie in der Welt Gedächtnis blieben. Solche Ehrbezeugungen waren freilich nicht ganz uneigennützig, trugen sie doch zugleich dazu bei, seinen Ruhm zu mehren.

Francesco Algarotti war der erste, dem solche posthume Ehrung zuteil wurde. Der Graf hatte den König im Februar 1753 verlassen, und Friedrich wußte sicher, daß Algarotti – auch wenn sie weiterhin in unregelmäßigen Abständen miteinander korrespondierten – nie wieder zu ihm zurückkehren würde: »der Graff Algarotti hatt Bey der Hoff-Stats-Cassa sein Tractment« – sein Gehalt – »die Zeit seines weg-seins nicht gehoben. es Beträgt sich Zusamen 3400 Taler. Man siehet aus diesen umständen, daß er nicht hatt wollen wieder-Komen«, hat Fredersdorf Friedrich am 26. Juni 1754 gemeldet. Friedrich hatte es geahnt und Algarotti längst den Unterhalt streichen lassen. Darüber hinaus ist der König allerdings nicht nachtragend gewesen, zurückhaltender wohl, kühler. Das Leichte, Liebenswürdige, Freundlich-Vertraute hat er in Briefen an Algarotti fortan vermieden. Vom »Schwan von Padua« war nicht mehr die Rede. »Übrigens …« oder »Hiermit bitte ich Gott, daß er Sie in seinen heiligen Schutz nehmen möge«, hieß es nun stereotyp. Friedrich hat auch immer seltener selbst zur Feder gegriffen und den Grafen nicht länger »Freund« nennen wollen.

Ob ihm bewußt geworden ist, daß er die Ursache für Algarottis Weggang war? Wahrscheinlich nicht. Bedauert hat er dessen Abwesenheit aber sehr wohl. Friedrichs große Geste nach Algarottis Tod läßt das vermuten. Dem Chevalier Lorenzo Guazzesi, der ihm von Algarottis Ableben am 3. Mai 1764 unterrichtet hatte, schrieb er: »In dem Wunsche, ein Zeichen des Gedenkens an die Hochachtung, die ich für Ihren Freund« – Friedrich schreibt nicht meinen Freund – »empfand, zu hinterlassen, bitte ich Sie, auf seinem Grabe einen Marmorstein mit der folgenden Inschrift zu errichten: HIC IACET OVIDII AEMULUS ET NEUTONI DISCIPULUS« – hier liegt Ovids Nebenbuhler und Newtons Schüler. Algarottis Bruder Bonomo bat, noch die Worte FRIDERICUS MAGNUS hinzusetzen zu dürfen, wogegen der König nichts einzuwenden hatte. Die Kosten für alle Arbeit wolle er übernehmen, versprach er dem Chevalier. Und er hat dieses Versprechen wohl auch gehalten, mit sehr günstigem Nebeneffekt, wie aus einem Schreiben Guazzesis vom 24. September 1764 an Voltaire hervorgeht. Darin heißt es, Friedrich lobend: »Da sehen Sie diese *rois-philosphes*, welche wahres Verdienst achten und das Andenken ihrer gelehrten Freunde zu ehren wissen.«

Daß man dergleichen von ihm sagte, war ganz im Sinne des Königs. Eine öffentliche Denkmalsetzung forderte solche Worte heraus, das wußte Friedrich, damit rechnete er, und das bezweckte er mit der Ehrung wohl auch. Ebenso sollte das Ehrenmal für d'Argens gleichzeitig öffentlich wirken *und* publik machen, wie sehr er den Marquis geschätzt hatte – trotz des Spotts, mit dem er diesen zu Lebzeiten verfolgt und verletzt hatte. Deshalb die aufklärerisch-provozierende und, wie sie zu Recht begriffen wurde, kirchenfeindliche Inschrift: ERRORIS INIMICUS, VERITATIS AMATOR – »Feind der Fehler, Liebhaber der Wahrheit«. Diese Worte hätten d'Argens sicher gefallen, ihn auch bewegt, weil sie sein Wesen und Wollen erfaßten. Die Formulierung sollte der Persönlichkeit des Geehrten gerecht werden und war von Friedrich genau überlegt worden. Man sollte merken, daß er versucht hatte, den Charakter des Marquis zu treffen und daß er dessen Art – obgleich man oft anderes dachte – respektierte und anerkannte. Solches vor der Welt und für die Nachwelt zu bekunden, war Friedrichs Form der Entschuldigung. Sie war ihm wichtig – doch für d'Argens kam sie zu spät.

Sie kam auch zu spät für die Generäle von Schwerin und Winterfeld wie für Seydlitz, deren Verdienste der König geschmälert hatte. Ihnen ließ er, um Vergebung bittend, wie man's wohl in der Armee verstand, zu deren Ruhm – wie dem seinen – auf dem Wilhelmplatz Standbilder errichten, Schwerin 1769, Winterfeld 1777 und Seydlitz 1784: »Was soll ich erst von so vielen großen Männern sagen, deren Verdiensten man Denkmäler auf öffentlichen Plätzen in Berlin errichtet hat?«, fragte er, den Sinn der Standbilder offenbarend, die auch seinem Lob galten, 1779 in seinen *Briefen über die Vaterlandsliebe.*

Friedrich hat alleine Voltaire zu Lebzeiten um Verzeihung gebeten. Er tat es zunächst auf seine ganz eigene, nämlich verschlüsselte Weise, indem er die Korrespondenz mit dem französischen Freigeist fortführte auch nach ihrem ernsten Streit von 1753 – sporadisch zwar, doch so als sei nichts gewesen. Auch dadurch, daß er weiterhin Voltaires Meinung hören wollte und seinen Ratschlag suchte, denn dessen bedurfte Friedrich nach wie vor. Mit solcher »Abbitte«, die nur halböffentlich erfolgte, war Voltaire jedoch nicht zufriedenzustellen. Er sei es erst, wenn der König sich auch öffentlich entschuldige, teilte er d'Alembert am 21. Juni 1770 mit: Friedrich »schuldet mir ohne Zweifel eine Wiedergutmachung als König, als Philosoph und als *homme de lettres*; es ist nicht an mir, ihn darum zu bitten.« D'Alembert übernahm diese Aufgabe, und Friedrich kam der Aufforderung nach. Er »entschuldigte« sich, symbolisch zwar, aber vor Pubikum, indem er auf eine Statue des Schriftstellers subskribierte, die Jean-Baptist Pigalle auf Initiative von Voltaires Verehrern gestalten sollte.

Voltaire war sichtlich gerührt und schrieb dem König, Ferney, 20. August 1770: »Sire, der Philosoph d'Alembert belehrt mich, daß ein großer Philosoph von der Sekte und Art des Marc Aurel, der Hüter und Förderer der Künste, freundlichst geruht hat, der Anatomie eine Aufmunterung zukommen zu lassen, indem er sich an die Spitze derer gestellt hat, die eine Subskription für ein Skelett begonnen haben; das Skelett besitzt eine alte, sehr empfindsame Seele, die von der Ehre, die Ew. Majestät ihm antun, durchdrungen ist.« Und am 12. Oktober des Jahres bekannte er ehrlich bewegt: »Ich habe Friedrich den Großen einen kurzen Augenblick lang nur flüchtig gesehen; ich bewundere ihn, ich bin ihm zugetan, ich bin von seinem Wohlwollen durchdrungen, solange ich lebe. Das ist das einzige, was ich sicher weiß.« Friedrich haben diese Worte wohlgetan, das kann man mit Gewißheit sagen. Er hatte durch sein einsichtig-nachgiebiges Verhalten eine Versöhnung mit dem selbstbewußt-sturen Philosophen erreicht, noch rechtzeitig, bevor Voltaire verstarb; das war ihm wichtig, denn er verehrte den Freigeist, er hat dies wohl – trotz mancher Verstimmung – immer getan.

Friedrich hat Voltaire auch nach dessen Tod verteidigt und hochgehalten, als dieser sich nicht mehr wehren konnte – um dessentwillen, nicht um seinetwillen, das hatte er 1778 nicht mehr nötig. In Frankreich hatte man angeordnet, über Voltaire nicht mehr zu reden und dem Théâtre Français verboten, dessen Stücke aufzuführen. D'Alembert informierte den König darüber: »Die Akademie hat bis jetzt noch nicht für Voltaire den Gottesdienst gehalten, den sie stets für ihre verstorbenen Mitglieder abhält.« Friedrichs Antwort auf die Anweisung, über Voltaire zu schweigen, war »eine der königlichsten und souveränsten seines Lebens«. Er ließ die in Paris verweigerte Messe in der Berliner Hedwigskathedrale lesen und verfaßte selbst die »Leichenrede« auf den großen Freigeist: »Während es in der Akadémie française zu Paris stumm« blieb, ließ »der König von Preußen in einer öffentlichen Sitzung seiner Akademie den Éloge de Voltaire« vortragen.

Voltaire hat Friedrich sich – dank eigener Einsicht – am Ende wieder verbunden fühlen können. Bei Wilhelmine ist ihm das zu seinem vielleicht größten Kummer nicht gelungen. Als Friedrich begriff, daß die Schwester von ihm mehr hören wollte als Konventionell-Oberflächliches, Persönliches nämlich, Anteilnehmendes, Brüderliches, war es zu spät. Aus Rodewitz, 12. Oktober 1758, schrieb er ihr endlich, wonach die Todkranke sich so sehr gesehnt hatte: »Ich bin so voll von Dir, von Deinen Gefahren und von meiner Dankbarkeit, daß Dein Bild stets in meinem Geiste herrscht und alle meine Gedanken auf sich lenkt, mag ich wachen oder träumen, Prosa oder Verse schreiben. Möge der Himmel mein tägliches Flehen für Deine Genesung erhören! Cothenius« – sein Leibarzt – »ist unterwegs. Ich werde ihn vergöttern, wenn er das Dasein rettet, das mir das liebste auf Erden ist, das ich schätze und verehre und dem ich angehören werde, bis ich meinen Leib den Elementen zurückgebe.« Doch dieser Brief hat Wilhelmine nicht mehr erreicht. Mit solcher Last mußte Friedrich nun leben. Er hat daran schwer getragen, er hat sich dann den Rest seiner Tage Vorwürfe gemacht, Wilhelmine diese Gefühle nicht eher offenbart zu haben.

1768, zehn Jahre nach Wilhelmines Tod, hat er der Schwester »einen der Freundschaft geweihten Tempel errichtet«, wie er Voltaire am 24. Oktober 1773 schrieb. Er habe ihn in einem Hain seines Gartens plaziert, unweit seiner Wohnung im Neuen Palais. In seinem Innern, im Hintergrund, die Statue Wilhelmines in Lebensgröße, »sitzend vorgestellt, den Kopf auf den linken Arm stützend, in der rechten Hand ein Buch und ein Maltheser-Hündchen unter dem Arm haltend«. Diese Arbeit der Brüder Räntz hat Friedrichs Beifall gefunden. Es war ein intimer Ort, geschaffen zu Wilhelmines Würdigung und Gedenken und nicht, um seinen Ruhm zu mehren. So hat er es deutlich gegenüber Voltaire zum Ausdruck gebracht, dem er erst fünf Jahre nach Beginn des Baus, was ganz ungewöhnlich war, berichtete: »Ich begebe mich häufig dorthin, um mich an Verlorenes und an einst genossenes Glück zu erinnern.«

Veränderung

Wenn der König seine Ansicht änderte, blieb das den Zeitgenossen weitgehend verborgen, weil er es nicht öffentlich und kaum merklich tat. Man hat von diesen Korrekturen erst nach seinem Tod erfahren aus der Erinnerungsliteratur derjenigen, die in seiner Nähe geweilt hatten. So 1804 aus den Aufzeichnungen des Dieudonné Thiébault. Der französische Gelehrte überliefert, daß der König eine zunächst geäußerte Meinung sogar vollständig widerrufen habe, nämlich die über den damals berühmten Schauspieler Le Kain. Prinz Heinrich hatte ihn aus Paris kommen lassen, nicht Friedrich, was diesem wohl wenig behagte. Nachdem der König Le Kain

241

zum ersten Mal gesehen und gehört hatte, erklärte er im kleinen Kreis beim Souper, daß der Franzose ein schlechter Schauspieler sei. Aber am nächsten Tag änderte er sein Urteil »ganz wesentlich«, und nach der dritten Vorstellung sogar »ganz und gar«. Friedrich: »Um sich in Dingen der Kunst ein richtiges Urteil zu bilden, genügt es nicht, aufmerksam hinzuschauen; man muß mehrere Male schauen. Die guten und richtigen Beobachtungen drängen sich einem nicht alle auf einmal auf, oder wenigstens fühlt man nicht immer gleich ihre Bedeutung. Das ist mir zu Bewußtsein gekommen, indem ich Le Kain spielen sah.« So Thiébault über dieses seltene Vorkommnis. Dabei hat Friedrich, anders als er immer beteuerte, in zwei Fällen seine Ansicht nicht nur geändert, sondern dies auch selbst festgehalten. Beide Male handelt es sich um wichtige, wesentliche Wendungen, die eine erfolgte auf militärischem, die andere auf politischem Gebiet.

Zum Militärischen zuerst. Friedrich hat seinen Sinneswandel hier – für seine Verhältnisse – sehr deutlich benannt, und zwar in seinen *Grundsätzen der Lagerkunst und Taktik* von 1770, eine wenig zitierte, weil wenig heroische, aber dafür um so einsichtsvollere Schrift, die auf Erfahrungen beruht. In ihr heißt es gleich zu Beginn: »Vor dem letzten Kriege« – gemeint ist der Siebenjährige – »habe ich meinen Generalen eine Instruktion gegeben« – die *Generalprinzipien des Krieges* von 1748 –, »die mir damals hinreichend erschien. Da der Feind aber eingesehen hat, welchen Schaden wir ihm in den ersten Kriegen« – dem Ersten und Zweiten Schlesischen Krieg – »zugefügt haben, so hat er seitdem seine Lagerkunst, Taktik und Artillerie vervollkommnet. Durch diese Fortschritte ist das Kriegführen komplizierter, schwieriger und gefährlicher geworden; denn nun haben wir nicht bloß mit Menschen zu kämpfen, sondern auch mit festen Stellungen und starker Artillerie, und die Vorsicht zu üben, die uns die Taktik lehrt. Schon das allein soll uns zum Studium dieser Teile der Kriegskunst veranlassen«– die in den *Generalprinzipien* sehr kurz gekommen sind, sollte man hier hinzusetzen –, »damit wir unseren alten Ruhm wahren und neuen hinzufügen« können. Die *Generalprinzipien* sind seit dem Siebenjährigen Krieg und den dort gewonnenen Erfahrungen nicht länger »hinreichend«, sollte das heißen; sie müssen verändert werden, ergänzt oder ersetzt durch neue Regeln; ich tue das hier, zeigt Friedrich an. Der oberste Grundsatz müsse nun lauten: »Wir müssen uns ... einprägen, daß wir künftig nur einen Artilleriekrieg zu führen und feste Stellungen anzugreifen haben.« Das erfordere im Angriff wie bei der Verteidigung eine gründliche Kenntnis des Terrains. Friedrich führt dazu aus: »Das Studium des Geländes, seiner Vorteile und Mängel und seine Benutzung ist für einen General von größter Bedeutung; denn alle Kriegsoperationen drehen sich um Stellungen, die er vorteilhaft besetzen oder mit möglichst geringen Verlusten angreifen muß ... Wer sich einbildet, ein General brauche nur Mut zu haben, der irrt sich sehr. Mut zu haben ist zwar eine wesentliche Eigenschaft für ihn, aber es müssen noch viele Kenntnisse hinzutreten.«

1748 hatte dies noch ganz anders geklungen. »Schlachten entscheiden das Schicksal der Staaten«, hatte Friedrich damals geschrieben. Er favorisiere »die Kühnheit eines Heerführers, der ... zur rechten Zeit eine Schlacht wagt; dann hat er alles zu hoffen.« Denn selbst bei einem Fehlschlag bliebe ihm »immer noch das Mittel der Defensive«. Nach dieser Devise hatte Friedrich im Ersten und Zweiten Schlesischen Krieg gehandelt und lange versucht, dies auch im Dritten zu tun, bis zur Torgauer Schlacht 1760. Von da an hat er es nie wieder gewagt, denn geübte Offiziere und Soldaten hatte er nun keine mehr. Seine Taktik hatte diese das Leben gekostet. Friedrich hat sich seinen Fehler eingestanden und riskante Schlachten fortan vermieden. Burkersdorf, die letzte, die er geschlagen hat, stand unter der Devise »Defensive im Gewandt der Offensive«, wie er selbst sagte. Nach dem Siebenjährigen Krieg hat Friedrich folgerichtig seine Festungen verstärkt und ebenso seinen Artilleriepark: »Seit es Mode geworden ist, die Feldlager mit Geschützen zu spicken und die Artillerie verschwenderisch zu gebrauchen«, so der König in seinem *Politischen Testament* von 1768, »können auch wir nicht umhin.« Den Bayerischen Erbfolgekrieg 1778/79 hat Friedrich ganz anders geführt, und zwar nach seinen Grundsätzen von 1770. Er hat feste Lager bezogen und Schlachten vermieden.

Seine Wendung im Bereich des Politischen? Das war die Zusammenarbeit mit Rußland nach dem Siebenjährigen Krieg. Das war neu und kam unerwartet. Noch 1752, im *Politischen Testament*, hatte Rußland in Friedrichs außenpolitischen Erwägungen keine Rolle gespielt. Vor und selbst noch während des Krieges hatte sich der König nur abfällig über das große Reich und seine Bewohner geäußert. »Man wird sagen, daß ich Unsinn rede, aber es will mir nicht in den Sinn, daß diese Russen Menschen sind«, bemerkte er gegenüber de Catt, Lübben, 5. September 1758. Und in den *Betrachtungen über die Taktik und einige Teile des Krieges* vom 27. Dezember desselben Jahres schrieb er: »Die Russen sind ebenso roh wie unfähig und verdienen deshalb überhaupt keine Erwähnung.« Die Zarin Elisabeth nannte er in einem Schreiben an den Marquis d'Argens, Landeshut, 13. Mai 1759, »die griechisch-orthodoxe Hure«. Und er nahm es hin, daß seine Soldaten nach der Schlacht bei Zorndorf die verwundeten Feinde füsilierten. »Die Dragoner töteten einen Haufen Russen in den Gräben durch Pistolenschüsse«, hat de Catt damals in seinem Tagebuch notiert. Am Ende des Krieges, nach dem Tod der Kaiserin Elisabeth und nach dem Hubertusburger Friedensschluß betrachtete Friedrich Rußland mit anderen Augen.

Der König suchte nun das Bündnis. »Er hatte keine Wahl, denn Frankreich und Österreich blieben feindlich, und er stand allein.« Schon am Tag der Unterzeichnung des Friedensvertrages unterbreitete der König Katharina II., die Rußland nun regierte, einen Vorschlag, Leipzig, 15. Februar 1763: Der König von Polen sei krank, habe er gehört, und hätte nicht lang mehr zu leben. Wie damit umgehen? Dessen müsse man sich vorsehen. Er sei bereit, alle Vorschläge von ihr zu erwägen, und wolle, der Einfachheit halber, gleich seine eigene Haltung ihr darlegen; keinen Habsburger auf dem polnischen Thron, lieber einen Piasten; der wäre uns beiden am gelegensten. Katharinas Antwort war ermutigend und richtungweisend: Sie sei einverstanden; keinen Österreicher, auch keinen Kandidaten von Frankreichs Gnaden, sondern einen Piasten, einen jüngeren aber; also möge Friedrich verhindern, daß sächsische Truppen nach Polen einrückten. Dies war die Basis: Einigung mit Rußland auf Kosten Polens; da konnte er nur gewinnen. Daß Rußland nun eine bedeutende Macht sei in Europa und eine Allianz mit ihm notwendig, an dieser Einsicht hat Friedrich bis zuletzt festgehalten – auch wenn er sein Mißtrauen gegen das Riesenreich nie verlor. »Es ist eine schreckliche Macht«, so an Prinz Heinrich, 8. März 1769; »eine Nation von Barbaren, ohne Anstrich von Menschlichkeit«, so an seinen Gesandten in St. Petersburg, am 29. Oktober 1774.

Ein letztes Einsehen?

Es ist das Große, das mich anzieht; wenn ich ein großes Ziel vor mir sehe, setze ich alle meine Kräfte dafür ein; die kleinen Sachen, die nicht irgendwelche Folgen haben, lasse ich liegen«, äußerte Friedrich gegenüber de Catt, Elsterwerder, 8. September 1758. Als Mann großer Taten, als ein Großer wollte Friedrich wahrgenommen werden von den Zeitgenossen wie von der Nachwelt. Auf dieses Ziel war all sein Handeln gerichtet. Setzt man das voraus, ergibt sich in seinem Reden und Handeln kein Widerspruch, im Gegenteil: Alles greift ineinander, alles ordnet sich seinem unbedingten Wollen unter, als Friedrich der Große in die Geschichte einzugehen. Doch würde er dieses Ziel, das höchste Ziel seines Lebens, erreichen? »Denkt man ... an die Ewigkeit, so wird ... alles fragwürdig«, hatte ihm zuletzt noch Voltaire geschrieben, auch zu bedenken gegeben: »Alles, was uns umgibt, gehört in das Reich des Zweifels, und der Zweifel ist ein unangenehmer Zustand.« Und dann hatte er gefragt: »Ist der Ruhm nur eine Illusion?« Friedrich hoffte und wünschte, daß es nicht so sei und der Ruhm ewig währen möge, und zugleich wußte er, daß man nicht sicher sein konnte und Bedenken berechtigt waren, denn wahr bleibt immerdar:

»Rauch ist alles ird'sche Wesen,
Wie des Dampfes Säule weht,
Schwinden alle Erdengrößen,
Nur die Götter bleiben stet.«

DANK

*D*as Buch beruht auf den Leistungen unzähliger Friedrich-Forscher; ihren Einsichten schulde ich großen Dank. Besonders danke ich aber Andreas Kossert, Reinhard Alings, Heike Borggreve, Alessa Haecker, Alfred Hagemann, Ute Koch und Frauke Mankartz für Zuspruch; Ralf Zimmer, Frank Müller, Thomas Köstlin, Hartmut Dorgerloh für hilfreiche Hinweise; Nadja Geißler für wertvolle Anregungen und die Erstellung des Registers; Henriette Graf für die großzügige Überlassung von Abschriften aus dem Haus-, Hof- und Staatsarchiv Wien; Franziska Windt für wichtige Ratschläge und Exzerpte aus dem Archivio di Stato di Torino; Ullrich Sachse, Andreas Pečar und Michael Kaiser für die kritische Durchsicht des Manuskripts und die Diskussion verschiedener Fragen; Tobias Winstel für sein Vertrauen und Ditta Ahmadi sehr herzlich für die vielen guten Gespräche, für Vorschläge und die intensive Lektüre und Verbesserung des Textes.

Jürgen Luh
Berlin, im August 2011

ANMERKUNGEN

Die Zahlenangaben beziehen sich auf die Seiten. Nicht nachgewiesen werden Einzelheiten und Ereignisse, die man in jeder besseren Biographie über Friedrich den Großen verzeichnet findet.

9 *Meine Jugend*: Hein, Briefe, S. 187.
Der Ehrgeiz: Werke, 2, S. 6; Œuvres, 2, S. 55f.
den historischen Blick: Fest, S. 35.
das nicht ganz ernst nehmen: Haffner, S. 118.

10 *eitel ... nur schöner Schein*: Baetke, S. 157.
In seiner Jugend: Oppeln-Bronikowski, Gespräche, S. 141.
Ich glaube: Volz, Spiegel, 1, S. 80.

11 *Ich fing an zu lesen ... Ich schlief*: de Catt, S. 129.

12 *Das Bild*: Bratuscheck, S. 28; siehe auch Volz, Berney, S. 193.
Lektüre ... Stundenplan: Berney, S. 64 und S. 97f.; Bratuscheck, S. 24.
Beispiele: Zu Friedrich und die Antike siehe Sachse, S. 140 – 144 und S. 198 – 213.

13 *Ich schreite*: Werke, 7, S. 198.
Bisweilen kommen: Bardong, S. 39.
Man müßte: Volz, Friedrich – Wilhelmine, 1, S. 208.
Sei mein Cicero: Baetke, S. 136.
Ein Regiment soll: Hersch, S. 56; Koser/Droysen, 1, S. 48.

14 *In demselben sprach ... Friedrichs Aufmerksamkeit*: Bratuscheck, S. 23.
wenigstens ihrer allgemeinen Tendenz: Zeller, S. 48.

15 *daß Friedrich*: Zeller, S. 48.
seine Individualität: Aretin, S. 34.
daß sie für sein Alter: Bratuscheck, S. 23.
Bossuet und Basnage: de Catt, S. 135; siehe auch Burke, S. 18f.

16 *Er wäre*: Lehmann, S. 480.
die Frage vom Particularismo: Lehmann, S. 481f.
Er stellt sich so ... Solche eigenartigen Ansichten: Volz, Spiegel, 1, S. 13.

17 *die königliche Willensmeinung*: Volz, Spiegel, 1, S. 13; Lehmann, S. 484.

18 *geglaubt, der Kronprinz würde*: Kloosterhuis, S. 63.
in aller Ruhe: Koser, Geschichte, 1, S. 41; siehe auch Hinrichs, Kronprinzenprozeß; S. 78f.

19 *Friedrich habe Wilhelmine*: Volz, Spiegel, 1, S. 27.

20 *Der Odem eines Gottes*: Werke, 10, S. 151ff.; Œuvres, 11, S. 85ff.

21 *allzu starke Lust*: Volz, Spiegel, 1, S. 25.
Er ist der Schüler: Lavisse, Jugend, 2. Tl., S. 52.

Seine außerpolitische Literatur: Gundolf, S. 2.

Darf man sie: Spranger, S. 25.

22 *Ich liebe die Verse:* Volz, Friedrich – Wilhelmine, 1, S. 427.

23 *mit dem Streben:* Kunisch, S. 70.

Was früher Euch: Koser, Tagebuch, S. 224; Volz, Friedrich – Wilhelmine, 1, S. 230, Anm. 1.

Prinz Eugen beginnt: Volz, Friedrich – Wilhelmine, 1, S. 231.

24 *verlief unrühmlich:* Œuvres, 16, S. 131f.; Schieder, Prinz Eugen, S. 270.

Dann ist man: Volz, Friedrich – Wilhelmine, 1, S. 487f.

Die großen Menschen: Droysen, Briefwechsel Kronprinz, S. 180; die Übersetzung des französischen Originals von Schieder, Prinz Eugen, S. 271f.

25 *Ich habe der Poesie:* de Catt, S. 80.

Ich liebe die Poesie: Mönch, Briefwechsel, S. 198.

ein unbekümmertes Schaffen: Volz, Schreibtisch, S. 8.

26 *Er wäre ein großer Poet geworden:* Förster, Friedrich Wilhelm I., 1, S. 75.

nicht von ihm hingeworfen: Volz, Schreibtisch, S. 9f.

Reimlexikon: de Catt, S. 43.

mühsamer Läuterungsprozeß: Volz, Schreibtisch, S. 10.

erstreckte sich auf alles: Volz, Schreibtisch, S. 17.

Ich benutze das Vertrauen: Werke, 9, S. VI.

Dilettanten: Volz, Poesien, S. 14.

27 *Ich verbrachte … Wir lasen:* Volz, Friedrich – Wilhelmine, 2, S. 318 und S. 320.

Ein jeder Dichter: Werke, 10, S. 93.

Dieser Feldzug: Volz, Friedrich – Wilhelmine, 1, S. 224.

Die Franzosen: Volz, Friedrich – Wilhelmine, 1, S. 234.

28 *Als er mit:* Volz, Spiegel, 1, S. 82.

Ich habe ihn: Kannengießer, S. 35; gekürzt bei Volz, Friedrich – Wilhelmine, 1, S. 297f.

Die Frauen werden … Ich lese und: Volz, Friedrich – Wilhelmine, 1, S. 296 und S. 297.

29 *gestehe ich Ihnen:* Baetke, S. 61.

Unrecht des Mars … Sein mit einer: Volz, Spiegel, 1, S. 68.

Dem »alten Major«: Poseck, Kronprinzessin, S. 353f.

30 *Oberst Camas kam:* Baetke, S. 10.

auf Ordnung und Haushaltung: Becher, S. 9.

Ich tummle mich … Morgen gehe ich: Becher, S. 13.

Wir stecken hier: Baetke, S. 108.

31 *mehr und mehr der Beschäftigung:* Volz, Friedrich – Wilhelmine, 1, S. 39.

schrieb viel und gut … Philosoph, der sich: Lavisse, Jugend, 2. Tl., S. 57.

Das ging so: Der Briefwechsel in Œuvres, 25, S. 297 – 501.

für seine Studien: Koser, Geschichte, 1, S. 117.

bemerkte M. zu seinem Ärger: Büchner, S. 71.

32 *Mit diesem übersandte:* Œuvres, 16, S. 249.

Sie verstehen oder Sie ahnen: Baetke, S. 93.

Fréderic le philosophe: Volz, Friedrich – Wilhelmine, 1, S. 65.

Mein lieber: Baetke, S. 98; Œuvres, 16, S. 250f.

33 *erwarte gegenwärtig … Ich lese Wolffs Werk:* Baetke, S. 93 und S. 94.

der liebenswürdige Dolmetscher: Baetke, S. 105.

Wenn die Philosophie: Œuvres, 16, S. 308; Übersetzung von Koser, Geschichte, 1, S. 119.

hoch über allem: Volz, Friedrich – Wilhelmine, 1, S. 313, S. 314 und S. 317.

Schließlich war er: Zeller, S. 7f.

Ich studiere Wolff: Baetke, S. 94 und S. 95.

34 *Ich fahre fort:* Baetke, S. 99.

Es war ein vergröberter: Mittenzwei, Ansichten, S. 14.

Du bringst mich: Volz, Friedrich – Wilhelmine, 1, S. 331 – 335.

35 *Ihre Dichtungen:* Kannengießer, S. 40f.

36 *daß Sie mich nicht ausschließen werden:* Kannengießer, S. 38.

Die Vorliebe für Philosophie: Kannengießer, S. 38.

mit den philosophischen: Mönch, S. 23.

37 *Für das Büchlein:* Missenharter, S. 63f.

Von der Metaphysik: Der König, S. 71.

Ein wahrhaft guter König … Wenn Sie ihre gute Anlage: Missenharter, S. 62.

38 *der tugendhafteste:* Missenharter, S. 68.

lassen Sie es nicht: Hinterlassene Werke, 12, S. 13f.

Fontenelle darauf: Œuvres, 16, S. 195.

Wenn die Könige … Das war: Lavisse, Jugend, 2. Tl., S. 57, Anm. 1.

39 *ein Prinz:* Œuvres, 16, S. 232.

dem wissenschaftlichen Verkehr: Bischoff, S. 168. Zu Bischoffs Band ist heranzuziehen: Lucchesini. Dieser Band bietet den Abdruck des vollständigen und chronologisch richtig geordneten italienischen Originals des Tagebuchs.

Einen Brief von Voltaire: Lavisse, Jugend, 2. Tl., S. 58.

Ich schicke Ihnen: Büchner, S. 104f.

40 *Wir Fürsten:* Gaxotte, S. 164.

Ich müßte schurkisch wie ein Jesuit: Pleschinski, S. 203.

soll dreizehnhundert Taler: Winter, Denkwürdigkeiten, 1, S. 222.

Voltaire hat soeben: Baetke, S. 216f.

Ich brauche ihn noch … La Mettrie: Missenharter, S. 95, S. 96 und S. 100.

41 *wie er erstmals:* Volz, Friedrich – Wilhelmine, 1, S. 205; Gaxotte, S. 157; Volz, Spiegel, 1, S. 65.

Denn Friedrich bekam: Schieder, S. 478f.

Fahren Sie fort: Hersch, S. 53.

Friedrich der Große … Es gibt Kleinigkeiten: Pleschinski, S. 242f.; Koser/Droysen, 2, S. 134.

42 *anonyme Macht der Geschichte:* Schieder, S. 473.

Ludwig war ein … Ich bin durch nichts: Hersch, S. 25.

43 *Was können Sie verlangen:* Koser/Droysen, 2, S. 117; Kannengießer, S. 105.

Das ist Großmut: Koser/Droysen, 2, S. 119.

Während ich abwarte: Pleschinski, S. 237.

44 *allergnädigste Zufriedenheit:* Volz, Spiegel, 1, S. 210.

un misérable: Koser/Droysen, 2, S. 124.

Kein so süßes Los: Pleschinski, S. 239.

Mein Alexander: Koser/Droysen, 2, S. 128.

Sie bereiten mir: Koser/Droysen, 2, S. 129.

45 *Wenn ich Katholik wäre … das Götzenbild … Ich sehe mit:* Der König, S. 70 und S. 73.

Friedrichs vorangegangene Betrachtungen: Werke, 1, S. 226–244.

46 *Plänemacher … Ränkeschmieder:* So Friedrichs Küstriner »Aufpasser« Hille und Wolden nach Mittenzwei, Friedrich II., S. 27.

außenpolitisches Programm: Mittenzwei, Friedrich II., S. 27.

Wer lehre: Huch, S. 243f. Zusammenfassung des Antimachiavell, S. 244.

47 *Damit hatte Friedrich:* Huch, S. 244f.

Ich weiß noch nicht: Schirmacher, S. 46f.

Hätte Karl der Zwölfte: Missenharter, S. 71f.

48 *Sehr gern gebe ich zu:* Förster, Briefwechsel, S. 18.

Inbegriff des höchsten Ansehens: Schieder, S. 136.

49 *L'homme est fait:* Krieger, S. 179.

Lebt wohl: Œuvres, 22, S. 4; Winter, Denkwürdigkeiten, 1, S. 196.

nämlich fürs erste: Œuvres, 22, S. 11; Winter, Denkwürdigkeiten, 1, S. 199.

50 *Ich glaube:* Œuvres, 17, S. 48; Winter, Denkwürdigkeiten, 1, S. 214f.

Eine Lumperei: Förster, Briefwechsel, S. 19.

Das Ganze ist: Baetke, S. 134.

Alles begünstigt: Baetke, S. 135.

Ich liebe den Krieg: Baetke, S. 137.

Die Augmentation: Petersdorff, S. 86.

51 *Diese Expedition:* Kannengießer, S. 90.

Mit einem Wort … Welch ein Ruhm: So im Antimachiavell, Werke, 7, S. 43 und S. 49; siehe auch Aretin, S. 9.

Meine Herren: Koser, Geschichte, 1, S. 253.

der junge König: Winter, 1, S. 233; siehe auch Volz, Friedrich Wilhelm I., S. 66 und S. 67.

52 *dem Nordstaat … wie ein Befreier:* Heinrich, S. 32.

Die Rechtsfrage: Der König, S. 111.

Weil ich ersehe: P.C., 1, S. 89; Winter, Denkwürdigkeiten, 1, S. 216.

sensationellen Verbrechen: Gooch, S. 23.

preußische Staatsräson: Heinrich, S. 32.

Appelle, Frieden zu halten: Siehe Baetke, S. 135 und S. 155.

53 *Krieg zerstöre die Künste:* Baetke, S. 162.

Wenn man im Vorteil … Ich bin mit: P.C., 1, S. 84; Winter, Denkwürdigkeiten, 1, S. 215f.

Ich denke meinen Schlag: Der König, S. 112.

empfindlich für den Ruhm: Winter, Denkwürdigkeiten, 1, S. 119.

die Eroberung Schlesiens: Werke, 2, S. 272.

Ich habe mit entfalteten Fahnen: P.C., 1, S. 147; Winter, Denkwürdigkeiten, 1,
S. 228.

54 *Erzähle mir viel:* Baetke, S. 134.

Lieber Jordan: Baetke, S. 135.

Erzählen Sie mir: Baetke, S. 153.

Berlin ist voll ... Mein Barbier: Der König, S. 114f.

55 *Jetzt ist Glogau:* Baetke, S.138.

Wer hätte gedacht: Baetke, S.150.

Ich melde: Winter, Denkwürdigkeiten, 1, S. 232; Baetke, S. 136.

Ich gestehe Ihnen: Staatsschriften, S. XVI.

56 *Acht zu geben ... bis ans Ende:* Staatsschriften, S. XVI und S. 324.

Die Acten ergeben: Staatsschriften, S. XVI, Anm. +.

die Wahrheit: Werke, 2, S. 272.

Wir erwarten binnen kurzem: Förster, Briefwechsel, S. 35f.

57 *Der König verließ ... Diesen Abend:* Droysen, Kriegsberichte, 1876, S. 307 und
S. 312.

Gedruckt wurde: Siehe Droysen, Kriegsberichte, 1876, S. 307.

über die Vorgänge im Felde: Droysen, Kriegsberichte, 1876, S. 306.

Sie werden jetzt sicher: Baetke, S. 152.

58 *Der Bericht, welchen:* Förster, Briefwechsel, S. 47.

Sollet Ihr: P.C., 1, S. 221; Winter, Denkwürdigkeiten, 1, S. 241.

Lettre d'un officier: Droysen, Kriegsberichte, 1876, S. 327 – 330.

Dies wäre nicht so: Droysen, Kriegsberichte, 1876, S. 328.

Obwohl man ihm Mangel: Gooch, S. 27.

59 *Zu meiner Genugtuung:* Volz, Friedrich – Wilhelmine, 2, S. 38.

Man glaubt die Österreicher: Pleschinski, S. 223.

Das ist ein Narr: Gooch, S. 27; Pleschinski, S. 224.

Die mährische Kampagne: Siehe Wagner, passim. Sein Resümee, S. 86, lautet:
»So hat Friedrich selbst das Misslingen des Feldzuges in Mähren verursacht.«

60 *Wie der König:* Werke, 2, S. 190.

keine andere nachweisbare: Schieder, S. 473; siehe dazu Luh, Wille, <5>;
Kaiser, <20> – <35>.

Daß Friedrich selbst: Dies gegen Schieder, S. 478f.

Denn der Einzug: Lippe, S. 6 – 10.

61 *versamleten sich ... formirten vor:* Beschreibung Ankunft.

Die vereinigten Deutschen ... Auf Anordnung des: Beschreibung Einzug.

von Seiner Königl.: Blindow, S. 60.

62 *Vivat Friedrich der Große:* Schieder, S. 478.

Lob und Danck-Tag: Tag.

Man muß diesen Salomo: Missenharter, S. 88.

großer König: Missenharter, S. 90.

63 *von den Enden:* Werke, 6, S. 247.

64 *Er war gegen früher:* Zabeler, 1. Tl., 2. Abt., S. 239f.

im Lager des Prinzen Heinrich: Luh, Heinrich, S. 543 – 546.

die frische Farbe: Zabeler, 1. Tl., 2. Abt., S. VI.

65 *Zwischenfall ... Mißgeschick ... Ich war gerade:* Volz, Friedrich – Wilhelmine, 2, S. 354.

Unsere Lage ist: Volz, Friedrich – Wilhelmine, 2, S. 356.

Der 18. Juni ... Das österreichische Heer: Volz, Friedrich – Wilhelmine, 2, S. 356.

Nur Du, liebster Bruder: Volz, Friedrich – Wilhelmine, 2, S. 367.

Unser Aufenthalt allhier: Zabeler, 1. Tl., 2. Abt., S. 254.

66 *Der König hat es:* Volz, Spiegel, 2, S. 30.

Ich weiß, daß man: Volz, Spiegel, 2, S. 30.

67 *so lange als möglich:* Anekdoten, S. 3.

Die schlechte Kriegführung: Volz, Friedrich – Wilhelmine, 2, S. 365.

Das alles hat mich: Volz, Friedrich – Wilhelmine, 2, S. 367.

68 *Sie haben durch Ihre Œuvres,* 26, S. 141.

jemanden gefunden: Zabeler, 1. Tl., 2. Abt., S. 252.

kann Dir nicht verhehlen: Volz, Spiegel, 2, S. 34.

69 *Wenn er früher Meldung ... Ich schwöre Ihnen:* Schumann, S. 141 und S. 145.

Sein Leben lang: GStA PK, BPH, Rep. 52, F II. Nr. 127.

die Schlacht bei Kolin: Bischoff, S. 164 und S. 206 (Zitat).

Er stritt mir sofort: Oppeln-Bronikowski, Gespräche, S. 141.

70 *Nie hat ein Feldherr ... Die Schlacht bei Kolin:* Volz, Spiegel, 2, S. 43.

Die Menschheit ist mir: Volz, Friedrich – Wilhelmine, 2, S. 360.

Am meisten Mut: Volz, Friedrich – Wilhelmine, 2, S. 368.

71 *Wer dem Unglück:* Volz, Friedrich – Wilhelmine, 2, S. 356.

Ich schildere Dir: Volz, Friedrich – Wilhelmine, 2, S. 361f.

Während die Protestanten: Volz, Friedrich – Wilhelmine, 2, S. 351.

Meine Aufgabe ist hart: Volz, Friedrich – Wilhelmine, 2, S. 369.

Warum kann ich: Volz, Friedrich – Wilhelmine, 2, S. 370.

72 *Der Ausweg aus meinem Kummer:* Schumann, S. 85. Schumann datiert den Brief Leitmeritz, Juni 1757, wohl weil Kolin darin vorkommt. Friedrich lagerte aber noch im Juli in Leitmeritz, sein nächster Brief an den Marquis ist datiert: 19. Juli 1757. Es ist deshalb wahrscheinlich, daß der undatierte Brief zusammen mit oder kurz nach dem an Wilhelmine geschriebenen vom 1. Juli entstand.

Mein lieber Marquis: Schumann, S. 85f.

Ich bin weit entfernt: Volz, Friedrich – Wilhelmine, 2, S. 375, Anm. 2.

73 *Sie lieben den Ruhm ... wäre nichts anderes ... Märtyrer ... Sie müssen sich:* Missenharter, S. 119 – 121.

74 *An Standhaftigkeit:* Schumann, S. 141 und S. 152.

Im Namen Ihres Volkes: Schumann, S. 142f. und S. 167.

In der That: Lobrede, S. 17.

75 *Durch Gott geleitet:* Lobrede, S. 20.

Ihro Majestät sprechen: Portrait, S. 20.

welches nicht den zeitgenössischen: Füssel, <22>.

Das ganze Leben ... Die Tücke[n]: Grösse, S. 7 und S. 8.

Wer trägt die Krieges=Last: Gelegenheit.

76 *Durch Tugend sind wir ... Wird wohl jemals:* Grösse, S. 9.

77 *der schwatzhafte Thieriot*: Hersch, S. 161. Friedrich war bewußt, daß der Inhalt seiner Briefe sich rasch verbreitete – er rechnete damit!

Ich ginge mit: Schirmacher, S. 39 und S. 41.

Er erzählte davon: Schirmacher, S. 47 und S. 49f.

las er ganz Paris vor: Orieux, S. 224.

sie haben es überliefert: Bischoff, S. 195.

78 *ersten Brief*: Missenharter, S. 62f.

Es kann sein ... wieviel Beispielhaftes ... Für ganze Jahrhunderte ... Über den Guten: Pleschinski, S. 77f.

79 *Erörterung einiger Fragen*: Siehe dazu Haintz, S. 11ff.; Leithäuser, Nr. 14 und Nr. 161; Krieger, S. 215: (Suhm?) Daß Friedrich eine Abschrift von Vocke-rodts Manuskript an Voltaire gesandt hat, geht aus dessen Brief, Cirey, 20. Dezember 1737, hervor, siehe Pleschinski, S. 79.

In dieser Darstellung ... Zusammentreffen glücklicher ... ein verständiger ... trügerischer Schleier ... Nun ist er: Kannengießer, S. 56f.

Ich gebe zu: Hersch, S. 147f.

81 *Wenn ein Mann*: Hersch, S. 165.

Voltaire anzutragen: Koser/Droysen, 2, S. 152; Werke, 1, S. VII.

82 *nach Cäsars Vorbild*: Werke, 2, S. 13.

Ich halte mich: Förster, Briefwechsel, S. 164.

Alles, was die oberflächliche: P.C., 2, S. 270; Kannengießer, S. 120.

Ich arbeite an: P.C., 2, S. 292; Droysen, Beiträge, 2, S. 19.

Sie haben mich: Koser/Droysen, 2, S. 159; Pleschinski, S. 259f.

83 *Akten aus dem Archiv*: Posner, S. 313f.

in wie weit ... Wenn aber diese Thätigkeit: Posner, S. 208.

Da mein Buch: Werke, 2, S. 13 (Geschichte meiner Zeit von 1775, Vorrede).

84 *rückhaltlos und ganz laut*: Werke, 2, S. 13.

Niemals forderte er: Posner, S. 211.

An den Rand seines Exemplars: Siehe die Abschriften der Randbemerkungen des Prinzen Heinrich durch den Bibliothekar der Königlichen Bibliothek, Friedländer: Staatsbibliothek zu Berlin Preußischer Kulturbesitz, Ms. Bo-russ. Quart. 270. 1833 ließ König Friedrich Wilhelm III. die von Heinrich annotierten beiden Bände aus der königlichen Bibliothek entfernen. Sie wurden im Archiv dem Nachlaß des Prinzen beigefügt, damit sie weniger leicht benutzt werden konnten. Die Bände 1 und 2 der Œuvres posthumes befanden sich beim Tod des Prinzen Heinrich in seinem Schreibtisch in Rheinsberg; sie sind von einer königlichen Kommission verbrannt worden (!); siehe Prinz Heinrich, S. 96. Die Abschriften haben sich auch erhalten in GStA PK, BPH, Rep. 52, F II. Nr. 127.

Für alles: Werke, 2, S. 13.

85 *Du wärest mit mir einig ... Er sprach von*: Oppeln-Bronikowski, Gespräche, S. 126.

als veritables ... nicht als ... als Geschichte ... eine Einwirkung: Muhlack, S. 34 und S. 36, siehe auch S. 39.

Viele haben Geschichte: Werke, 2, S. 1.

86 *In der Überzeugung ... Gehen diese großen ... Ja, man kann:* Werke, 2, S. 1.
   Da ich zur Nachwelt: Werke, 2, S. 2.
87 *Meine Memoiren:* Werke, 1, S. XI.
   Im ganzen ... nicht selten: Volz, Spiegel, 3, S. 106 und S. 99.
   beinahe auch wortgleich: Schmidt, S. 21.
   Nur um den Sinn: Werke, 1, S. Xf.
88 *aufgeschrieben, konsequent und lückenlos:* Werke, 1, S. 1 – 222; 3 und 4; 5,
   S. 3 – 82, S. 83 – 98 und S. 99 – 150.
   Glücklich derjenige ... Erfahrung führt: Baetke, S. 192.
   Marc Aurel: Werke, 7, S. 91.
89 *Ich glaube nicht:* Volz, Friedrich – Wilhelmine, 2, S. 153.
   Glücklich, wer: Schumann, S. 228.
   würdiger Erbe ... deutscher Marc Aurel ... Rival ... Sie müssen ... Am Ende ...
   Divine: Koser/Droysen, 1, S. 55, S. 155, S. 254, S. 306, S. 312; 2, S. 19; Hersch,
   S. 63, S. 188, S. 295 und S. 357f.
90 *Ich stecke bis ... glaube nicht ... Ich lese die:* Volz, Friedrich – Wilhelmine, 2,
   S. 153, S. 157 und S. 238.
91 *Das Unglück:* Kannengießer, S. 232f.
   Wann nehmen diese ... Sehen Sie wie ich: de Catt, S. 72, S. 76, S. 109 und S. 110.
   Ich schwöre Ihnen: Droysen, Briefwechsel, S. 27.
92 *Was mich betrifft:* Droysen, Briefwechsel, S. 44.
   wenn man schlecht: Schumann, S. 301.
   Ich halte mich: Baetke, S. 336.
93 *1761 vollendet:* Œuvres, 12, S. 181 – 189.
   Das Bild: Droysen, Briefwechsel, S. 28.
   Egal in welchem Zustand: Pleschinski, S. 415.
   Nie war ein König: Volz, Spiegel, 2, S. 193.
94 *hat sich kein Mensch gefunden:* Kannengießer, S. 299.
   eine genaue Vorstellung ... Diese Skizze ... wir wünschten: Werke, 7, S. 236f.
   in Friedrichs Äußerungen: Aretin, S. 106f.
95 *daß auch ein Fürst:* Werke, 7, S. 237.
   Unser Feldzug: Baetke, S. 324.
   Alexander der Große: Kannengießer, S. 308.
96 *falsch verstandenes Verlangen:* Volz, Juliane, S. 61.
   in seiner Jugend: Oppeln-Bronikowski, Gespräche, S. 141.
   im folgenden Brief bekannt: Baetke, S. 325.
97 *große Vorliebe ... schmeichle mir:* Schirmacher, S. 223f.
   Ihre Dialogues: Koser/Droysen, 3, S. 175; Pleschinski, S. 445.
   Marc-Aurèle-Julien: Koser/Droysen, 3, S. 322.
   in sich die Weisheit: Retzow, 2, S. 456.
98 *habe ich den Grund:* Œuvres, 22, S. 11f.; Winter, Denkwürdigkeiten, 1,
   S. 199.
99 *die im eigenen Lande:* Kunisch, S. 290.
100 *für Friedrich:* Aretin, S. 110.
   Vorstellungen zu verwirklichen: Kunisch, S. 252.

Die Grotte der Göttin: Fénelon, S. 6f. Zum Telemach als Bezugspunkt siehe Vogtherr, Sammler, S. 7.

101 *Nein, nein ... stimmten vier:* Fénelon, S. 7f.

Verhältnis der Kunstwerke ... Es ist ... zur Linken: Vogtherr, Königtum, S. 203f.

102 *Daß ihm diese Verbindung:* Dazu Vogtherr, Lusthaus, S. 154 – 156.

sich angelegen sein: Voltaire, Memoiren, S. 23.

Sammlung antiker Skulpturen: Siehe Dostert, S. 75 – 78.

Für Charlottenburg: Vogtherr, Sammler, S. 3.

bin ich hier: Missenharter, S. 88.

103 *Es gibt eigentlich:* Biskup, <13>, <14> und <28>.

auf allen Wegen: Voltaire, Memoiren, S. 23, siehe auch S. 141.

Lassen Sie nicht außer acht: Koser/Droysen, 1, S. 159; Pleschinski, S. 437.

104 *tiefen Unkenntnis:* Volz, Friedrich – Wilhelmine, 2, S. 318.

In Sanssouci lasse ich: Volz, Friedrich – Wilhelmine, 2, S. 294.

eine ziemlich reichhaltige Sammlung ... Wie Du siehst ... Ich wundere mich nicht: Volz, Friedrich – Wilhelmine, 2, S. 318 und S. 319

105 *habe ich fast hundert:* Volz, Friedrich – Wilhelmine, 2, S. 321.

Dieses Sanssouci ist: Schmidt-Lötzen, Nachträge, 1, S. 409.

Unzufrieden mit ... Gegenwärtig läßt: Volz, Spiegel, 2, S. 209.

106 *Fanfaronnade:* Bischoff, S. 185.

entschlossen haben: Drescher, S. 24.

den niemand für möglich ... in keinerlei: Heinz, S. 16; siehe auch Manger, 2, S. 254.

daß alles durchaus: Manger, 3, S. 547.

107 *Alles kündiget ... Die Schönheiten:* Schmidt-Lötzen, Nachträge, 2, S. 154; siehe auch Millenet, S. 20.

daß er selbst Formen und Dekors: Wittwer, S. 48f. und S. 74.

108 *sich selbst über die Bildersprache ... ist es kaum vorstellbar ... denn wessen Initialen:* Windt, <10>, <53> und <59>.

109 *Antwort ... hielten die Königinnen ... im Jahr 1763 ... Die Hängung:* Windt, <14> und <31>.

110 *an dieser Seite ... Nach Beendigung:* Kania, S. 93.

In der Figur Apollos: Drescher, S. 274.

antiker Tempelart: Nicolai, S. 1231.

Friederichs Ruhe benahmset: HHStA, Staatskanzlei, Diplomatische Korrespondenz, Preußen, Kt. 51, fol. 134.

111 *Von des Lebens:* Schiller, Das Siegesfest.

113 *spendete reiches Lob:* Bischoff, S. 239.

Meine wohlüberlegten Grundsätze: Zitiert bei Hegemann, S. 280.

dem Vorwurfe eines: Garve, 1, S. 145; siehe auch die Aussage des Kammerhusaren Schöning bei Volz, Anekdoten, S. 227: »Der König konnte sich von allen losmachen, und niemand hatte sich wohl je so unentbehrlich gemacht, daß er ihn vermocht hätte, einen einmal gefaßten Entschluß zu verändern.«

kriegerischen Geschäfte: Garve, 1, S. 152f.

114 *Beschämend:* Oppeln-Bronikowski, Baumeister, S. 139.
115 *Man will das Herz:* Volz, Spiegel, 1, S. 32.
   Die ganz unterthänige Form: Œuvres, 27,3, S. X.
   die Schule der ... Meine Jugend: Œuvres, 18, S. 181; 19, S. 202.
   Ich bin mein ganzes Leben: Bardong, S. 41.
   Ich darf niemals: Baetke, S. 77.
116 *aus tiefster Seele:* Koser, Geschichte, 1, S. 17f.; Hegemann, S. 171.
   Der humane Leser: Œuvres, 27,3, S. XI.
   Die harte Schule: Norbert, S. 13f.
   Der Kronprinz ... Die Absicht des Königs: Förster, Friedrich Wilhelm I., 2,
   Urkundenbuch, S. 43.
117 *kann hiebei versichern:* Œuvres, 27,3, S. 9.
118 *eigensinniger, böser Kopf:* Œuvres, 27,3, S. 10.
   Mein Vater glaubte: de Catt, S. 111f.
   bei allem Widerwillen ... den militärischen Dienst: Kunisch, S. 22.
119 *der Justizmord:* Valentin, S. 25.
   Weder der Prozeß ... Gewiß wurde ... Aber er hat sich: Berney, S. 20.
   politische Tragweite: Berney, S. 19.
120 *Es war in ihm:* Spranger, S. 17.
   Der König behielt: Valentin, S. 26.
   Was ein Mensch ... Er habe ... Er könne nicht ... Sein Leben: Hinrichs,
   Kronprinzenprozeß, S. 106; Berney, S. 20.
   Ich ahne nicht: Volz, Friedrich – Wilhelmine, 1, S. 68.
121 *bis ins Detail:* Norbert, S. 33.
   Insel der Kalypso: Volz, Spiegel, 1, S. 54.
   Ich verstehe nicht genug: Kannengießer, S. 25.
   Die hohe Politik ... Er glaubt: Volz, Spiegel, 1, S. 21.
   Er werde: Berney, S. 22.
122 *Er wird die Arbeit:* Volz, Spiegel, 1, S. 21.
   fälschlicherweise eine intime Affäre: Schwerin, S. 121 – 130.
   Erstens wird eine Herde: Kannengießer, S. 12f.
123 *Der Gefangene:* Volz, Friedrich – Wilhelmine, 1, S. 69.
   nichts Lieberes: Kannengießer, S. 16f.; siehe auch Volz, Friedrich – Wilhelmine,
   1, S. 84: »Heirat heißt Freiheit«.
   *Kaufpreis für die Freiheit ... nicht verpflichten ... genug gelitten ... Ich hoffe
   nicht:* Kannengießer, S. 18 und S. 24.
124 *Ich werde sie sitzen lassen:* Volz, Spiegel, 1, S. 46.
   Ich werde mein Wort halten: Kannengießer, S. 25.
   Ich besitze noch nicht einmal ... Zwischen uns: Volz, Friedrich – Wilhelmine, 1,
   S. 89 und S. 102.
   eine dumme Person ... stummer Häßlichkeit: Kannengießer, S. 14 und S. 15.
   Die Prinzessin hat: Volz, Friedrich – Wilhelmine, 1, S. 89.
125 *Stockschläge:* Kannengießer, S. 23.
   Ich kann wohl sagen ... Stets bedaure ich: Volz, Spiegel, 1, S. 65; Hegemann,
   S. 404f.; siehe auch Poseck, Kronprinzessin, S. 365.

Ich müßte der: Journal Secret, S. 147f.; Hegemann, S. 402.

126 *Ich teile das Schicksal:* Gaxotte, S. 156.

Ich war niemals: Journal Secret, S. 147; Kittsteiner, S. 38f.

Auch das steht: Journal Secret, S. 148.

127 *Ich beklage die Toten:* Volz, Ehedrama, S. 47.

Wenn mein zimperlicher: Volz, Briefwechsel, S. 78; siehe auch Poseck, Rokoko, S. 18

Sie hat es nur einmal: Schmidt-Lötzen, S. 358.

Man weiß dies alles: Hagemann, passim.

128 *Ich lasse die gnädige Frau:* Kannengießer, S. 24.

Weg zur Versöhnung: Siehe Benninghoven, S. 30 – 39.

Zu den privaten Lageberichten: Kittsteiner, S. 15.

129 *Die Nachrichten:* Volz, Friedrich – Wilhelmine, 1, S. 238.

er starb: Hein, Briefe, 1, S. 177f.

Von denen ihm ehemals … Ich will: Volz, Spiegel, 1, S. 114.

daß man ihn festgenommen … Er fragte seine Schwester: de Catt, S. 151.

130 *ja er hat ihn geradezu:* de Catt, S. 12.

131 *Blindlings hinstürmende Wut:* Werke, 9, S. 12ff.

133 *Wie er sagt:* Oppeln-Bronikowski, Gespräche, S. 223.

Wie glücklich man ist: Baetke, S. 62.

Er lernte sehr schwer … Seine Königliche Hoheit: Zitiert in Hegemann, S. 87.

134 *Der Kronprinz sei so unwissend:* Volz, Spiegel, 1, S. 13.

Man hatte »viel Mühe«: Berney, S. 8.

Wenn es auf methodischen Unterricht: Zitiert in Hegemann, S. 81.

mit bibliographischer Sachkunde: Krieger, S. 172f.; Berney, S. 16.

Wäre ich in meiner frühesten Jugend: Œuvres, 17, S. 279.

135 *bereits früh erkennbare:* Heinrich, S. 217.

Die Réfugiés, die seine Lehrer waren: Lavisse, Jugend, 2. Tl., S. 65.

Welche Handschriften … In einem barbarisch: Förster, Friedrich Wilhelm I., S. XVI; Hegemann, S. 82.

136 *Was mich betrifft:* Baetke, S. 112.

Der Bericht: Baetke, S. 67.

Ich bin mehr denn je: Baetke, S. 173; Krieger, S. 169f.

Jordan, mein Kritiker: Freie Übersetzung von Friedrich von Oppeln-Bronikowski in Lavisse, 2. Tl., S. 67; das französische Original an Jordan vom 9. Mai 1739 in Œuvres, 17, S. 55. Dieser Anfang des Gedichts fehlt (!) in Werke, 10, S. 48. Siehe auch Häseler, S. 95ff.

Friedrich bezeichnete: So gegenüber Camas in Baetke, S. 79.

137 *Der junge Hausherr:* Norbert, S. 79.

Er könne nicht sagen: Baetke, S. 71 und S. 79.

138 *Er arbeitet ernstlich:* Volz, Spiegel, 1, S. 81.

Der König sprach … studiert wie ein Vieh: Bischoff, S. 168 und S. 170.

Er erzählte mir: de Catt, S. 69.

139 *Im Laufe:* Berney, S. 58

Ich zähle zu den: Baetke, S. 101.

Ich beschäftige mich: Baetke, S. 67.

Ich habe von allem: de Catt, S. 129.

In der Blüte: Krieger, S. 169.

140 *Aus anderen Aufzeichnungen ... Alle Werke:* Krieger, S. 186.

Mein lieber Duhan: Baetke, 179f.

Ich lese Racine ... Er las die ganze: de Catt, S. 31.

141 *las mir den dritten Gesang ... Die haben der Jugend ... fast die ganze Rolle ...*
einer Tragödie, die: de Catt, S. 66, S. 74, S. 79 und S. 80.

142 *seine Augen:* Dantal, S. 1.

143 *Man kann nicht:* Schumann, S. 223.

Eure Majestät: Schumann, S. 226.

144 *Schlesien wurde:* Valentin, S. 64f.

Sollten aber alle: Winter, Denkwürdigkeiten, 1, S. 364.

145 *dann müßte die übliche ... Er rechnete:* Valentin, S. 70 und S. 67.

Nach Ablauf: P.C., 7, S. 142f.; P.C., 8, S. 410; Koser, Geschichte, 2, S. 315.

Du hältst es also: P.C., 9, S. 351.

146 *Sein Heer umfaßte ... General-Liste:* Jany, 2, S. 180 und S. 196; 3, S. 13.

Die Artillerieoffiziere ... Im letzten Kriege: Friedrich, Testamente, S. 93.

Deshalb vermehrte er die Zahl: Staatsbibliothek zu Berlin PK, Ms. Boruss.
Quart. 219, Bl. 5.

147 *Mit den letzten ... Wir haben ... Ich lasse sie jetzt ... Ich hoffe:* Friedrich,
Testamente, S. 150f. und S. 166.

welches allein: Beaulieu-Marconnay, S. 32.

Sind diese Festungen: Friedrich, Testamente, S. 167.

148 *Fortgang der Arbeiten:* Dazu Luh, Kriegskunst, S. 117 – 119.

die wichtigste Beschäftigung ... Während vor 1763: Pfeiffer, S. 70 und S. 32.

149 *Nach der Besitznahme:* Noël, S. 28.

hat Ernst Pfeiffer ... Bei einem: Pfeiffer, S. 50 – 52 und S. 73f.

150 *Seit die Welt Waffen ... über alle Taktiken:* Volz, Spiegel, 2, S. 284.

als eine schwere ... Das Gefühl ... obwohl die: Ritter, S. 225.

151 *So blieb ... dem Emporkömmling:* Ritter, S. 226 und S. 229.

Seit den Verbindungen: Bardong, S. 527.

152 *Konvenienz ... Solchen Versuchungen:* Ritter, S. 237f.

In dem ich nun ... indem er die Streitigkeiten: Bardong, S. 527.

153 *an den Grenzen ... dem Pack ... Mit einem Wort:* Bardong, S. 529 und S. 531.

müsse Bündnisse: Bardong, S. 528 und S. 529.

Diese Politik: Ritter, S. 239.

Warum sollten wir: Bardong, S. 533.

So hatte der König: Peters, S. 6f.

154 *einzig in der Absicht ... Ein Bund ... den Kaiser ... Der Vorteil ... Wenn er:*
Werke, 5, S. 157f.

155 *von denen man:* Schieder, S. 279.

Der Fürstenbund sollte: Ritter, S. 241.

nicht die gewöhnliche: Oppeln-Bronikowski, Gespräche, S. 260.

Ich habe von meiner: Hinterlassene Werke, 9, S. 332.

von Frankreich herübergekommen: Seidel, S. 19.

156 *Watteausche Formenwelt ... waltete die Grazie ... pedantischen Militarismus:*
Seidel, S. 20, S. 21 und S. 20f.

Die Augen sind: Volz, Friedrich – Wilhelmine, 2, S. 315.

da das vergangene ... Colbert bewog: Voltaire, S. 394 und S. 397.

157 *Hauptwerke von:* Vogtherr, Sammler, S. 4.

Es wird lange ... Und was die ... einen Tintoretto: Volz, Friedrich – Wilhelmine, 2, S. 307, S. 310 und S. 321.

allen zeitgenössischen Malern: Werke, 8, S. 223.

158 *Mehrmalen kam ... Sehr umständlich ... einige bedeutende Arien ... mit den*
Tönen: Oppeln-Bronikowski, Gespräche, S. 163.

Auf die moderne Musik: Oppeln-Bronikowski, Gespräche, S. 217.

159 *Mit heftigen Ausdrücken:* Oppeln-Bronikowski, Gespräche, S. 164 und S. 165.

den Entstehungsprozeß: Terne, <26>.

Deshalb hat er: Henzel, S. 59.

160 *Dreißig Jahr ... Das große Beispiel:* Volz, Spiegel, 3, S. 42 und S. 88.

Die Zeiteinteilung: Volz, Spiegel, 2, S. 209.

Der König sprach: Bischoff, S. 168.

Das Gespräch umfaßte: Oppeln-Bronikowski, Gespräche, S. 221.

Von den Naturwissenschaften: Bischoff, S. 209.

161 *Der König behauptet ... Die Rede kam:* Bischoff, S. 231, S. 235 und S. 251.

in seinem verschabten: Mandelkow, S. 375.

in Uniform und Stiefeln: Casanova, S. 80.

die Uniform des: Preuß, 1, S. 422f.

war er mit einem: Bischoff, S. 169.

Goethe hat: Mandelkow, S. 253.

162 *Alles soll sein:* Siedler, S. 23.

der konservative Zug: Giersberg, S. 131ff.

Spürte er eigentlich: Siedler, S. 37f.

163 *Habe ich ein Pferd:* Bischoff, S. 186.

Ohngeachtet Euch: Stadelmann, S. 357f.

öffnete der König: Koser, Leben, S. 57.

164 *Während des Karnevals ... Nun Ihre Landsleute:* Oppeln-Bronikowski,
Gespräche, S. 266f.

165 *Wer weiß ... aber sie werden ... Die Möglichkeit ... im allgemeinen ... Kunst*
und ... Und wem ... Ich unterließ es: Oppeln-Bronikowski, Gespräche, S. 267f.

166 *Der König entwickelte:* Hegemann, Fridericus, S. 83.

Unerschöpflich mannigfach ... Wenn ich mich nicht: Oppeln-Bronikowski,
Gespräche, S. 194f.

Dieselbe Gesellschaft ... Kein großer Unterschied ... Das Gespräch: Bischoff,
S. 162, auch S. 163, S. 188, S. 196 u. ö.

Auch andere Zeugen: Carl Wilhelm Ferdinand, S. 45; Bischoff, S. 203.

169 *Wenn das Publikum ... Wie er in:* Steinmetz, S. 145.

170 *Wenn man es:* de Catt, S. 76.

Wie viele Züge: Werke, 8, S. 51.

171 *ohne große geistige Interessen:* Mittenzwei, Friedrich II., S. 18.
Ich bin in der: Wilhelmine von Bayreuth, 1, S. 96.

172 *kränker als er war:* Wilhelmine von Bayreuth, 1, S. 96.
den glänzendsten Thron ... *der Ruhm des Königs:* Volz, Spiegel, 1, S. 37.

173 *Ich stellte ihm* ... *der König von Preußen:* Volz, Spiegel, 1, S. 48 und S. 100.
Es darf niemand ... *war aber niemand:* Wolff, S. 714.
Obwohl er gelegentlich: Easum, S. 348, Anm. 12.

174 *daß die Fürsten:* Koser, Geschichte, 3, S. 435.
Auch der Jesuit: Oppeln-Bronikowski, Gespräche, S. 142.
stillschweigend als unlöslich ... *So sehr:* Koser, Geschichte, 3, S. 436.

175 *Spricht er vom Bürger:* Schwenke, S. 18.
Er verhehlt seine Verachtung: Volz, Spiegel, 1, S. 32.
weil sie schließlich doch: Schwenke, S. 26.
Grad der Vollkommenheit: Werke, 5, S. 71.

176 *viele Züge an diesem König:* Fontius, S. 27.
Ich bin seit 4 Wochen ... *Zu meiner* ... *Drei bis vier* ... *Ich habe:* Œuvres, 18,
S. 193f.; Oppeln-Bronikowski, Gespräche, S. 238f.

177 *Ich merke wohl:* Volz, Spiegel, 1, S. 48.

178 *Essentielle Schnitzer* ... *vieles von* ... *Alles rühret:* Volz, Spiegel, 1, S. 111.

179 *etwas zu singen* ... *der König* ... *nicht, daß in diesem Fall:* Volz, Spiegel, 1, S. 112.

180 *Er ist empfindlich* ... *Wie immer* ... *Das ist feige* ... *schlecht* ... *Er las* ... *Dann
las er:* de Catt, S. 138.
Ich habe den traurigsten Eingriff: de Catt, S. 80.

181 *Finck hätte vorsichtiger:* de Catt, S. 157.
zurückgehen müssen: Werke, 4, S. 24 und S. 25.
Wenn mein Plan nicht gelingt: de Catt, S. 130.
Sein eigenes Wissen: Easum, S. 171.

182 *Sie werden sehen* ... *Er hat ihm* ... *Sie wollen es:* Schüßler, S. 387.
im Sinne eines allgemeinen: Kunisch, S. 298.

183 *nichts weiter als ein:* Rubbel, S. 5.
die Sache mit dem Arnold: Nach Kunisch, S. 296.
in Ansehung der: Oppeln-Bronikowski, Gespräche, S. 192.

184 *in einem Wagen:* Oppeln-Bronikowski, Gespräche, S. 191.
Auch die unwichtigsten Dinge ... *Da er:* Volz, Spiegel, 2, S. 242.

185 *Soll ein Fürst:* Friedrich, Testament, S. 52.
sanftmütig aus Trägheit: Werke, 2, S. 37.
Der schwache König: Friedrich, Testament, S. 61.
Der König hielt alles: Heinrich, S. 250.
Kein Departement: Hinrichs, König, S. 84.
ein Theaterstück: Gooch, S. 79.
Der Kronprinz: Volz, Spiegel, 1, S. 52.

186 *Es ist eine Notwendigkeit* ... *Etwas Streitsucht:* Baetke, S. 73.
Dafür haben ihn: Dazu Fontius, S. 25.

187 *Nun, nun:* Oppeln-Bronikowski, Gespräche, S. 238.
Mit meiner Antwort: Oppeln-Bronikowski, Gespräche, S. 244.

wenn irgend ein Gegenstand: Oppeln-Bronikowski, Gespräche, S. 274.

eine Art von Eigensinn ... Knobelsdorff: Manger, 3, S. 546f.

188 *allzu jaloux ... Der Geheime Staatsrat:* Volz, Spiegel, 1, S. 112f.

Man mußte ihn ... Aus den ersten: Oppeln-Bronikowski, Gespräche, S. 149.

189 *der König kam:* Oppeln-Bronikowski, Gespräche, S. 150.

Da er alle Menschen: Volz, Spiegel, 1, S. 52.

Denn alles andere: Fontius, S. 13.

190 *Wir sind den Franzosen ... Was die Deutschen:* Koser/Droysen, 1, S. 71f.;
Pleschinski, S. 68f.

191 *Ludwig XIV., der nach:* Werke, 8, S. 233.

Die Orientierung des Preußenkönigs: Fontius, S. 13.

192 *ich glaube nicht:* Volz, Friedrich – Wilhelmine, 2, S. 104f.

Unsere biederen Deutschen: Werke, 8, S. 307.

Und auch die beiden folgenden Briefstellen: Werke, 8, S. 311f.

193 *Für einen Deutschen ... wenn etwas ... Christoph Martin Wieland:* Aretin,
S. 110.

194 *Geschmack wird sich:* Werke, 8, S. 310.

Eine Sprache verdient ... Sie werden mich auslachen: Werke, 8, S. 311.

Die Vokale schmeicheln: Steinmetz, S. 77.

195 *in eigentümlicher ... dieser an Borniertheit ... Den von allen:* Kunisch, S. 457ff.

das gelobte Land: Steinmetz, S. 99.

196 *Es hilft wenig:* Steiner, S. 28.

durch greisenhafte: Gundolf, S. 19.

Er überhäufte: Werke, 8, S. 233.

Er las die Autoren ... Sein Interesse ... strafte er: Petersilka, S. 57.

197 *prallten an dem ... nicht zu weit hergeholt:* Petersilka, S. 54.

198 *guten Gesellschaft:* Friedrich, Testament, S. 144.

jedoch nur schwach: Steinmetz, S. 63.

nachdem er in vierzig: Zitiert bei Steiner, S. 42.

199 *der würdig ist:* Friedrich, Testament, S. 139.

Ich möchte ... Mir scheint: Friedrich, Testamente, S. 241–243.

200 *damit er ... Vom sechsten ... sondern ihn ... Es ist dann ... ihm klare Vorstellungen:* Friedrich, Testament, S. 141f., S. 143 und S. 145f.

201 *Wird der Prinz:* Friedrich, Testamente, S. 244.

Nur sporadisch ... An den Treffen ... Friedrichs Mißfallen: Bringmann, S. 87.

202 *Ich wage zu behaupten:* Friedrich, Testament, S. 148.

Maximen und Erwartungen: Kunisch, Kontinuität, S. 18.

203 *Über den Erbprinzen:* HHStA, Diplomatische Korrespondenz, Preußen,
Kt. 48, fol. 210v.

Ungeschickt in allem: P.C., 30, S. 265; Bringmann, S. 100.

Der verdrießliche: Im englischen Original bei Bringmann, S. 101.

Als einfacher Privatmann: Zitiert bei Schumann, S. 13.

204 *Er sucht sogleich:* Volz, Spiegel, 1, S. 48.

Neigung, die Fehler ... zärtliche Zuneigung: Volz, Spiegel, 1, S. 81 und S. 83.

seine Menschenverachtung: Oppeln-Bronikowski, Baumeister, S. 140.

205 *Er gehörte zu den Opfern … Als Quintus:* Koser, Geschichte, 4, S. 182 und
S. 183.
206 *von Gicht … gleichmütig, beherrscht:* Poseck, Kronprinzessin, S. 352.
Kummer zu ertragen: Kannengießer, S. 352.
Der König war krank: de Catt, S. 30.
Gestern ist Rothenburg: Volz, Friedrich – Wilhelmine, 2, S. 214.
207 *Sich Selbst umb das Leben:* Richter, S. 186.
dem Freundschaftskult der Aufklärung … Doch trotz aller Nähe: Berger/
Wassermann, S. 8.
Weil für Friedrich: Berger/Wassermann, S. 11.
208 *Bevor wir noch:* Volz, Friedrich – Wilhelmine, 1, S. 172.
Damit ich an Geister: Berger/Wassermann, S. 32.
Voltaire steht … Dein Briefwechsel mit: Volz, Friedrich – Wilhelmine, 1, S. 348f.
Die Paysanne parvenue: Berger/Wassermann S. 74.
Fantasie … so viele schöne Dinge … Du wirst Italien: Volz, Friedrich – Wilhel-
mine, 2, S. 301ff.
209 *Genre des familiär-vertrauten Briefes:* Berger/Wassermann, S. 11.
210 *Ich gebe Dir mein Ehrenwort:* Volz, Friedrich – Wilhelmine, 2, S. 433.
O Du, die Du mir … Da ich schon: Volz, Friedrich – Wilhelmine, 2, S. 437f.
Ich höre … Wenn ich Dich … Ich werde Mittel: Volz, Friedrich – Wilhelmine,
2, S. 438.
211 *Du schiltst mich:* Volz, Friedrich – Wilhelmine, 2, S. 441.
Wonach ich … Wenn Du … Nein ohne: Volz, Friedrich – Wilhelmine, 2,
S. 442.
Wenn ein Mittel: Richter, S. 184.
Deine unartige Krankheit: Richter, S. 263.
Wohr heüte: Richter, S. 281.
212 *Damit Du siehst:* Volz, Friedrich – Wilhelmine, 2, S. 442f.
Da ich meinen Eifer: Volz, Friedrich – Wilhelmine, 2, S. 448.
enges Freundschaftsverhältnis … Der König liebte den Marquis: Büchner, S. 292f.
213 *Je älter:* Büchner, S. 293.
Werde ich die Ehre haben: Büchner, S. 294.
gefoppt: Büchner, S. 293.
Ich denke, Sire: Œuvres, 19, S. 393; Büchner, S. 304.
Wie die Zeitungen sagen: Œuvres, 19, S. 396 und S. 397; Büchner, S. 305 und
S. 306.
214 *fand wieder:* Büchner, S. 307.
Sire, da … Ich verlasse: Œuvres, 19, S. 421; Büchner, S. 307.
215 *Sie verlangen … Ich habe Sie … Mein Herr … Zu den:* Œuvres, 19, S. 422f.;
Büchner, S.308.
besitzen: Förster, Briefwechsel, S. 56.
über nichts als: Zitiert bei Hagemann, Lichtenau, S. 17.
216 *Sire:* Wehinger, S. 84.
Dieser große Fürst: Oppeln-Bronikowski, Gespräche, S. 130.
üppige Eß- und Trinkgewohnheiten: Neumann, S. 236.

Steiget sie in den Leib: Büsching, S. 273.

217 *für einen Heilkundigen hielt:* Baetke, S. 72 und S. 114.

er sondere von jeder Schüssel: Zimmermann, S. 68.

Engbrüstig ... Mein Leib: Zimmermann, S. 24 und S. 25.

einen Geruch hatte: Büsching, S. 273.

mußten nach: Büsching, S. 10.

Saft von ausgepreßtem Knoblauch: Zimmermann, S. 72.

218 *ganzen Teller:* Zimmermann, S. 72.

Noch an der Tafel ... war eben: Thiébault, S. 93 und S. 91.

Dieses einem Menschen: Tod Friedrichs, S. 13.

Im Essen: Büsching, S. 10.

täglich mehr: Selle, S. 140.

219 *den von der Natur ... seinem starken Appetit ... Allein in der Nacht:* Büsching, S. 275f.

verlangte beständig ... es stellte sich ... aber schwer zu verstehen: Selle, S. 146; Büsching, S. 276f.

222 *doch keiner:* Oppeln-Bronikowski, Gespräche, S. 166.

223 *mit Namen Mara:* Archivio die Stato di Torino, Archivio di Corte, Materie politiche per rapporto all'estero, Lettere ministri, Prussica, 1.

Er hatte einige ... Du erschreckst mich ... Ich glaube: Mara, S. 44 und S. 45.

224 *Ein Publikum:* Reichardt, Tl. 1, S. 147f.

Der König fing ... Ich antwortete hierauf ... wie ich es gewünscht: Oppeln-Bronikowski, Gespräche, S. 268.

225 *Die Sicherung dieses ... mit dem Zusatz:* Archenholz, S. 167.

226 *Seinen Kopf ... Der mangelnde Besitz ... Der König aber ... Wenn die Österreicher:* Archenholz, S. 167 – 169.

Es war finster: Archenholtz, S. 1771.

An den Lord Marschall: Das Gedicht französisch und vollständig in Œuvres, 12, S. 94 – 101; die deutsche Übersetzung, um zwei Strophen gekürzt, in Werke, 10, S. 154 – 160.

231 *Warum er sich ... ohne dabei:* Pečar, <45>.

Es war fast: Easum, S. 147.

seine Dispositionen zur Schlacht ... und wir haben Ursache zu glauben ... daß Friedrich II.: Retzow, 2, S. 102 und S. 103.

232 *vollkommen ... unter anderen Unständen:* Retzow, 2, S. 109f.

Ich habe den Feind: Easum, S. 149f.; P.C., 18, S. 481.

233 *führenden Offiziere ... auf verschlüsselte Art:* Pečar, <45>.

Selbstvergewisserung: Kunisch, Aufklärung, S. 954; Pečar, <39> – <46>.

Trost und Hoffnung: Schieder, S. 409.

er trotz einer: Kunisch, Aufklärung, S. 954.

Zu meiner eigenen ... die Ursachen seines: Friedrich, Réflexions, S. 549 und S. 551.

234 *Wer einen Helden ... in vieler ... Man muß ... Hierbei muß ... Körperkraft ... Vielleicht verwöhnte ... Zu meiner Belehrung:* Friedrich, Réflexions, S. 551, S. 553, S. 557, S. 563 und S. 567.

235 *Unser Held hätte ... Es war ein ... Karl ... Die Russen ... schwerer Fehler ...*
   ebensoviel Mäßigung ... Aber, wird man sagen ... Ach nein: Friedrich, Réflexions, S. 571, S. 575, S. 577, S. 579, S. 583 und S. 587.

236 *Ich danks:* Fouqué, S. 374.
   Fest entschlossen: Droysen, Briefwechsel, S. 53
   Die Niederlage konnte: Werke, 4, S. 39f.
   Diese Wendung: Siehe zum Beispiel Droysen, Briefwechsel, S. 54.
   wenig Empfindung: Büchner, S. 309f.

237 *der Graff Algarotti:* Richter, S. 296.
   In dem Wunsche: Büchner, S. 309.

238 *FRIDERICUS MAGNUS:* Förster, Briefwechsel, S. X.
   Da sehen Sie: Förster, Briefwechsel, S. 166.

239 *Was soll ich erst:* Werke, 4, S. 293.
   schuldet mir ohne Zweifel: Koser/Droysen, 3, S. 186, Anm. 1.
   Sire, der Philosoph: Koser/Droysen, 3, S. 186; Schirmacher, S. 221.
   Ich habe Friedrich den Großen: Missenharter, S. 286.

240 *Die Akademie hat:* Mönch, S. 403.
   Eine der königlichsten ... Während es in: Mönch, S. 404.
   Ich bin so voll: Volz, Friedrich – Wilhelmine, 2, S. 448.

241 *einen der Freundschaft:* Koser/Droysen, 3, S. 277; Pleschinski, S. 489.
   sitzend vorgestellt: Oesterreich, S. 50f.
   Ich begebe mich häufig: Koser/Droysen, 3, S. 277; Pleschinski, S. 490.

242 *schlechter Schauspieler ... ganz und gar ... Um sich in:* Oppeln-Bronikowski, Gespräche, S. 260f.
   Vor dem letzten Kriege ... zugefügt haben ... damit wir unseren: Werke, 6, S. 127.

243 *Wir müssen uns ... Das Studium des Geländes:* Werke, 6, S. 127f.
   Schlachten entscheiden: Werke, 6, S. 75.
   Die Kühnheit eines Heerführers ... immer noch das Mittel: Werke, 6, S. 9.
   Seit es Mode: Friedrich, Testamente, S. 150.

244 *Man wird sagen:* de Catt, S. 68.
   Die Russen sind: Werke, 6, S. 118.
   die griechisch-orthodoxe Hure: Schumann, S. 134.
   Die Dragoner töteten: de Catt, S. 65.
   Er hatte keine Wahl: Gooch, S. 80; zu Friedrich und Rußland: Stribny, passim; Mediger, S. 109 – 136; Althoff, S. 33 – 39, S. 49 – 55 und S. 183 – 265.
   Er sei bereit: P.C., 22, S. 524f.
   Katharinas Antwort: Gooch, S. 81.

245 *Es ist eine schreckliche Macht:* P.C., 28, S. 169.
   eine Nation von Barbaren: P.C., 36, S. 109.
   Es ist das Große: de Catt, S. 70.
   Denkt man ... Ist der Ruhm: So am 12. Oktober 1770, in Koser/Droysen, 3, S. 191; Missenharter, S. 286f.
   Rauch ist alles: Schiller, Das Siegesfest.

BIBLIOGRAPHIE

Ungedruckte Quellen

Archivio di Stato di Torino
   Archivio di Corte, Materie politiche per rapporto all'estero, Lettere ministri, Prussica, I
Geheimes Staatsarchiv Preußischer Kulturbesitz
   BPH, Rep. 52, F II. Nr. 127
Haus-, Hof- und Staatsarchiv Wien
   Staatskanzlei, Diplomatische Korrespondenz, Preußen, Kt. 48 und Kt. 51
Staatsbibliothek zu Berlin Preußischer Kulturbesitz
   Ms. Boruss. Quart. 219 und Quart. 270

Gedruckte Quellen

Anekdoten zur Erläuterung der Brandenburgischen Geschichte, und des letzteren Krieges, o. O. 1769
Archenholz, Johann Wilhelm von: Geschichte des siebenjährigen Krieges in Deutschland von 1756 bis 1763, in: Aufklärung und Kriegserfahrung. Klassische Zeitzeugen zum Siebenjährigen Krieg, hrsg. v. Johannes Kunisch, Frankfurt a. M. 1996 (= Bibliothek der Geschichte und Politik, 9), S. 9 – 513 [Archenholz]
Aufklärung und Kriegserfahrung. Klassische Zeitzeugen zum Siebenjährigen Krieg, hrsg. v. Johannes Kunisch, Frankfurt a. M. 1996 (= Bibliothek der Geschichte und Politik, 9) [Kunisch, Aufklärung]
Bagatellen aus Berlin. Briefe Friedrichs II. an Wilhelmine von Bayreuth. Aus dem Französischen übersetzt, hrsg. v. Günter Berger und Julia Wassermann, Berlin 2011 [Berger/Wassermann]
Beschreibung des Triumphirenden Einzuges welchen Seine Königliche Majestät von Preußen Friedrich der Grosse am 28. Dec. 1745. in Dero Residentz-Stadt Berlin gehalten haben. Nebst dem am selbigen Tage und am Friedens-Feste angestellten Illuminationen wie auch einer Nachricht von den öffentlichen Freudens-Bekundungen der Stadt Potsdam, Berlin [1746] [Beschreibung Einzug]
Beschreibung derer bey Seiner Kön. Majest. in Preußen Ankunft aus Dresden angestellten Freudens-Bezeugung und ILLUMINATION. [1746] [Beschreibung Ankunft]
Briefe Friedrichs des Großen. In deutscher Übersetzung, hrsg. v. Max Hein, Deutsch v. Friedrich von Oppeln-Bronikowski und Eberhard König, 2 Bde., Berlin 1914 [Hein, Briefe]

Briefe Friedrichs des Großen an seine Freunde, hrsg. v. Meta Baetke, Jena 1942 [Baetke]

Die Briefe Friedrichs des Großen an seinen vormaligen Kammerdiener Fredersdorf, hrsg. u. erschlossen v. Johannes Richter, Berlin 1926 [Richter]

Dreihundert ausgewählte Briefe Friedrichs des Großen. Zusammengestellt bezw. übersetzt u. erläutert v. Adolf Kannengießer, Leipzig o.J. [ca. 1908] [Kannengießer]

Aus dem Briefwechsel Voltaire – Friedrich der Große, hrsg., vorgestellt u. übersetzt v. Hans Pleschinski, Zürich 1992 [Pleschinski]

Briefwechsel Friedrichs des Großen mit seinem Bruder Prinz August Wilhelm, hrsg. u. eingeleitet v. Gustav Bertold Volz, Deutsch v. Friedrich von Oppeln-Bronikowski, Leipzig 1927 [Volz, Briefwechsel]

Der Briefwechsel Friedrichs des Großen mit der Gräfin Camas und dem Baron Fouqué. Ausgewählt u. übersetzt v. Hans Droysen aus seinem Nachlaß im Geheimen Staatsarchiv, Köln, Berlin 1967 (= Veröff. a. d. Archiven Preußischer Kulturbesitz, 1) [Droysen, Briefwechsel]

Briefwechsel Friedrichs des Großen mit Voltaire, hrsg. v. Reinhold Koser/Hans Droysen, 3 Tle., Leipzig 1908 – 1911 (= Publikationen aus den K. Preußischen Staatsarchiven, 81, 82, 86) [Koser/Droysen]

Büsching, Anton Friedrich: Charakter Friedrichs des zweyten, Königs von Preußen, Halle 1788

Casanova, Giacomo, Chevalier de Seingalt, Geschichte meines Lebens, hrsg. u. eingeleitet v. Erich Loos, erstmals nach der Urfassung ins Deutsche übersetzt v. Heinz Sauter, Bd. 10, Frankfurt a. M., München, 1966

De Catt, Henri: Die Tagebücher, 1758 – 1760, hrsg. v. Paul Harting, München, Berlin 1986

Politische Correspondenz Friedrich's des Großen, hrsg. v. der Preußischen Akademie der Wissenschaften, Bde. 1 – 46: Berlin 1879 – 1939, Bd. 47: Berlin 2003 [P.C.]

Dantal, Charles: Mittheilungen über Friedrich den Großen aus den Jahren 1784 – 1786 vornehmlich in Bezug auf die Lectüre desselben. Von einem seiner Vorleser, Berlin 1843

Droysen, Hans: Der Briefwechsel zwischen Kronprinz Friedrich von Preußen und Fürst Joseph Wenzel von Liechtenstein. Nach den Originalen mitgeteilt, in: Forschungen zur Brandenburgischen und Preußischen Geschichte 19 (1906), 157 – 185 [Droysen, Briefwechsel Kronprinz]

Droysen, Johann Gustav: Kriegsberichte Friedrichs des Großen aus den schlesischen Kriegen, in: Beiheft zum Militair-Wochenblatt 1875, S. 237 – 268; 1876, S. 305 – 364; 1877, S. 85 – 212 [Droysen, Kriegsberichte]

Friedrich der Große, hrsg. v. Otto Bardong, Darmstadt 1982 (= Ausgewählte Quellen zur deutschen Geschichte der Neuzeit, 22) [Bardong]

Friedrich der Große. Denkwürdigkeiten aus seinem Leben, nach seinen Schriften, seinem Briefwechsel und den Berichten seiner Zeitgenossen zusammengestellt v. Franz Eyssenhardt, 2. Auflage: Neubearbeitet u. ergänzt v. Georg Winter, 2 Bde., Leipzig 1910 [Winter, Denkwürdigkeiten]

Friedrich der Große: Gespräche mit Henri de Catt. Vollständige Ausgabe, hrsg.

und übersetzt v. Willy Schüßler, unveränderter photomechanischer Nachdruck der zuletzt 1955 erschienenen Ausgabe, München 1981 [Schüßler]

Friedrich der Große als Kronprinz im Briefwechsel mit Voltaire. Deutsche Bearbeitung mit Vorwort, Erläuterungen u. Inhaltsübersicht v. Heinrich Hersch, Halle an der Saale o.J. [Hersch]

Friedrich der Große: Mein lieber Marquis! Sein Briefwechsel mit Jean-Baptiste d'Argens während des Siebenjährigen Krieges. Ausgewählt, kommentiert u. mit einer Einführung versehen v. Hans Schumann, Zürich 1985 [Schumann]

Friedrich der Große: Das Politische Testament von 1752. Aus dem Französischen übertragen v. Friedrich von Oppeln-Bronikowski. Mit einem Nachwort v. Eckhart Most, Stuttgart 1983 [Friedrich, Testament]

Friedrich der Große: Die Politischen Testamente. Uebersetzt v. Friedrich von Oppeln-Bronikowski. Mit einer Einführung v. Gustav Berthold Volz, 2. Aufl., München 1936 [Friedrich, Testamente]

Friedrich der Große: Réflexions sur les talents militaires et sur le caractère de Charles XII, Roi de Suède – Betrachtungen über die militärischen Talente und den Charakter Karls XII., Königs von Schweden, in: Aufklärung und Kriegserfahrung. Klassische Zeitzeugen zum Siebenjährigen Krieg, hrsg. v. Johannes Kunisch, Frankfurt a.M. 1996 (– Bibliothek der Geschichte und Politik, 9), S. 547 – 587 [Friedrich, Réflexions]

Friedrich der Große im Spiegel seiner Zeit, 3 Bde., hrsg. v. Gustav Berthold Volz, Berlin o.J. [Volz, Spiegel]

Friedrich der Große und Wilhelmine von Baireuth, hrsg. u. eingeleitet v. Gustav Berthold Volz, Deutsch v. Friedrich von Oppeln-Bronikowski, Bd. 1: Jugendbriefe 1728–1740, Leipzig 1924, Bd. 2: Briefe der Königszeit, Leipzig 1926 [Volz, Friedrich – Wilhelmine]

Friedrich II., König von Preußen, und die deutsche Literatur des 18. Jahrhunderts. Texte und Dokumente, hrsg. v. Horst Steinmetz, Stuttgart 1985 [Steinmetz]

Friedrich II. von Preußen, Schriften und Briefe, Übersetzung v. Herbert Kühn, hrsg. v. Ingrid Mittenzwei, Anmerkungen u. Register v. Joachim Kundler, Leipzig 1987

Friedrichs des Zweiten, Königes von Preußen, Briefwechsel mit dem Grafen Algarotti. Ein Nachtrag zu Friedrichs des Großen hinterlassenen Werken. Aus dem Französischen u. Italienischen übersetzt v. Friedrich Förster, Berlin 1837 [Förster, Briefwechsel]

Garve, Christian: Fragmente zur Schilderung des Geistes, des Charakters, und der Regierung Friedrichs des Zweyten, 2 Tle., Breslau 1801 (zuerst Breslau 1798)

Bey Gelegenheit des von Seiner Königlichen Majestät in Preussen allergnädigst angeordneten allgemeinen Danckfestes wegen des den 15. Febr. 1763 zwischen Höchstgedachter Sr. Majestät und zwischen denen Höfen zu Wien und zu Dresden geschlossenen Friedens hat die Pflicht der Freude des Lobes und der Danckbarkeit gegen GOTT und den König in geziemender treugehorsamster Devotion hiemit abgestattet Allerhöchst Sr. Königl. Majestät allerunterthänigst getreuester Diener PETRUS JANSSEN D. und Prof. der Gottesgelahrtheit und Kirchen-Geschichte aus DERO Universität zu Duisburg am Rhein, O.O. 1763 [Gelegenheit]

Gespräche Friedrichs des Großen, hrsg. v. Friedrich von Oppeln-Bronikowski u. Gustav Berthold Volz, Berlin 1919 [Oppeln-Bronikowski, Gespräche]

Gespräche Friedrich's des Großen mit H. de Catt und dem Marchese Lucchesini. Kritisch festgestellte Auswahl, in deutscher Übersetzung hrsg. v. Fritz Bischoff, Leipzig 1885 [Bischoff]

Goethes Briefe und Briefe an Goethe. Hamburger Ausgabe, hrsg. v. Karl Robert Mandelkow unter Mitarbeit v. Bodo Morawe, Goethes Briefe, Bd. 1, 4. Aufl., München 1988 [Mandelkow]

Die wahre Grösse eines Helden wurde in einer Rede, welche an dem feierlichen hohen Geburtsfeste Friederichs des Grossen, in der gerechten und vollkommenen Freymäurer=Loge Philadelphia zu den drey goldnen Armen gehalten wurde, geschildert von dem Bruder Redner. Im Jahr der Freymäurer 5763. den 24ten Jenner, Halle im Magdeburgischen, bey Carl Hermann Hemmerde, 1763 [Grösse]

Journal Secret du Baron de Seckendorff, Conseiller Aulique, Cavalier d'Ambassade auprès du Maréchal Compte de Seckendorff à Berlin. Depuis 1734 jusq'a la Fin de l'Année 1748, Tübingen 1811

Der König. Friedrich der Große in seinen Briefen und Erlassen sowie zeitgenössischen Briefen und Anekdoten. Mit biographischen Verbindungen v. Gustav Mendelssohn Bartholdy, Ebenhausen bei München 1932 [Der König]

Der allgegenwärtige König. Friedrich der Große im Kabinett und auf Inspektionsreisen. Nach teils unveröffentlichten Quellen bearb. u. hrsg. v. Carl Hinrichs, 2. Aufl., Berlin 1942 [Hinrichs, König]

Lobrede auf Den König, welche den 24. Jenners 1758. an Seiner Majestät Geburtstage, auf dem Königlichen Joachimsthalischen Gymnasio gehalten worden, von J. G. Sulzer, Mitglied der Königlichen Academie der Wissenschaften und Professor der Mathematik, Berlin 1758 [Lobrede]

Manger, Heinrich Ludwig: Baugeschichte von Potsdam, besonders unter der Regierung König Friedrichs des Zweiten, 3 Bde., Berlin, Stettin 1789 – 1790, Nachdr. Leipzig 1987

Mara, Gertrud Elisabeth: Es war mir nicht genug, bloß Sängerin zu heißen, in: Göttliche Stimmen. Lebensberichte berühmter Sängerinnen. Von Gertrud Elisabeth Mara bis Maria Callas, hrsg. v. Eva Rieger u. Monica Steegmann, Frankfurt a.M., Leipzig 2002, S. 29 – 73

[Millenet, Peter Heinrich]: Kritische Anmerkungen den Zustand der Baukunst in Berlin und Potsdam betreffend, Berlin 1776, Nachdr. o.O. 1994

Mönch, Walter: Voltaires Briefwechsel mit Friedrich dem Grossen und Katharina II., Berlin 1944 [Mönch, Briefwechsel]

Nicolai, Friedrich: Beschreibung der Königlichen Residenzstädte Berlin und Potsdam, aller daselbst befindlicher Merkwürdigkeiten, und der umliegenden Gegend, 3., völlig umgearbeitete Auflage, Berlin 1786, Facsimile Berlin 1980

Oesterreich, Matthias: Beschreibung und Erklärung der Grupen, Statüen, ganzen und halben Brust-Stücke, Basreliefs, …, Berlin 1775, Nachdr. Potsdam 1990

Œuvres de Frédéric le Grand, 30 Bde., ergänzt um eine »Table chronologique générale des ouvrages de Frédéric le Grand et Catalogue raisonné des écrits, qui lui sont attribués«, Berlin 1846 – 1857 [Œuvres]

Accurates Portrait Friederichs des Grösten Königs in Preußen. Oder Beantwortung der Frage: Was der König in Preußen vor ein Herr sey? O.O. 1759 [Portrait]

Reichardt, Johann Friedrich: Briefe eines aufmerksamen Reisenden die Musik betreffend. An seine Freunde geschrieben, 2 Tle., 1. Tl.: Frankfurt a.M., Leipzig 1774, 2. Tl., Frankfurt a.M., Breslau 1776

Schlesiens freudvolles Danckopfer vor die unsterbliche Großmuth ihres Lorbeerreichen Friedensstifters mit allerunterthänigster Ehrfurcht wiederholet durch Ludwig Wilhelm von Langnau und Wandritsch Königl. Preuß. Oberamts= Regierungs= und Ober=Consitorial.Rath., o.O. [1746] [Dankopfer]

Schmidt-Lötzen, Karl Eduard: Dreißig Jahre am Hofe Friedrichs des Großen. Aus den Tagbüchern des Reichsgrafen Ernst Ahasverus Heinrich von Lehndorff, Kammerherr der Königin Elisabeth Christine von Preußen, Gotha 1907

Schmidt-Lötzen, Karl Eduard: Dreißig Jahre am Hofe Friedrichs des Großen. Aus den Tagbüchern des Reichsgrafen Ernst Ahasverus Heinrich von Lehndorff, Kammerherr der Königin Elisabeth Christine von Preußen, Nachträge, Bd. 1, Gotha 1910; Bd. 2, Gotha 1913 [Nachträge]

Dort bin ich ohne Sorgen. Krankheit und Sterben Friedrichs des Großen, aufgeschrieben von seinem Leibarzt Christian Gottlieb Selle, hrsg. u. mit kommentierenden Texten versehen v. Detlef Rüster, Berlin 1993 [= Selle]

Preußische Staatsschriften aus der Regierungszeit König Friedrichs II., hrsg. v. Johann Gustav Droysen/Max Duncker, Bd. 1, Berlin 1877 [Staatsschriften]

Stadelmann, Rudolph: Preussens Könige in ihrer Thätigkeit für die Landescultur, 2. Tl.: Friedrich der Grosse, Leipzig 1882 (= Publicationen aus den K. Preussischen Staatsarchiven, 11)

Den Tag Des neu=erlebten Frieden-Festes, suchte Als einen neuen Wunder= und neuen Lob=und Danck=Tag, Wegen des Von Sr. Königl. Majest. In Preussen, mit Ihro Kayserl. Auch Ungarn und Böheim Königlichen Majestät, wie auch mit des Königes von Pohlen und Chur=Fürstens zu Sachsen Königl. Majestät, Den 25. December verstrichenen Jahres glücklich geschlossenen Und den 12. Januar 1746. Oeffentlich in Breslau verkündigten Friedens, Nach Allerhöchst=verordnetem Friedens=Texte … vorzustellen …; Johann David Raschke, Breslau [1746] [Tag]

Tagebuch des Kronprinzen Friedrich aus dem Rheinfeldzuge 1734. Mitgeteilt v. Reinhold Koser, in: Forschungen zur Brandenburgischen und Preußischen Geschichte 4 (1891), S. 217 – 226 [Koser, Tagebuch]

Das Tagebuch des Marchese Lucchesini (1780 – 1782). Gespräche mit Friedrich dem Großen, hrsg. v. Friedrich von Oppeln-Bronikowski u. Gustav Berthold Volz, München 1926 (= Romanische Bücherei, 5) [Lucchesini]

Thiébault, Dieudonné: Friedrich der Große und sein Hof, Berlin 2005

Der Tod Friedrichs des Großen. Letzte Stunden und feierliche Beisetzung des Preußenkönigs. Bericht eines Augenzeugen, Berlin 2006 [Tod Friedrichs]

Vockerodt, Johann Gotthilf: Considérations sur la Russie sous Pierre le Grand envoyées en 1737 à Voltaire par le prince royal de Prusse depuis le roi Frédéric II., Berlin 1791

Voltaire: Über den König von Preußen. Memoiren, hrsg. u. übersetzt v. Anneliese Botond, Frankfurt a. M. 1967 (= Insel-Bücherei, 892) [Voltaire, Memoiren]

Voltaire in seinen schönsten Briefen. Ausgewählt, übersetzt u. kommentiert v. Hermann Missenharter, Stuttgart 1953 [Missenharter]

Voltaires Briefwechsel. Ausgewählt u. übertragen v. Käthe Schirmacher, Leipzig 1908 [Schirmacher]

Waquet, Françoise: Le Prince et son Lecteur. Avec l'édition de Charles Dantal Les délassement littéraires ou heures de lecture de Frédéric II, Paris 2000 (= Histoire du Livres et des Bibliothèques, 2)

Die Werke Friedrichs des Großen. In deutscher Übersetzung, 10 Bde., hrsg. v. Gustav Berthold Volz, Deutsch v. Friedrich von Oppeln-Bronikowski u. a., Berlin 1913 [Werke]

Hinterlassene Werke Friedrichs II. Königs von Preußen, 15 Bde., Berlin 1789 [Hinterlassene Werke]

Wilhelmine von Bayreuth: Memoiren der Markgräfin Wilhelmine von Bayreuth, Schwester Friedrichs des Großen. Nach der eigenhändigen Niederschrift, 2 Bde., Leipzig 1927

Wolff, Christian: Brief an Ernst Christoph von Manteuffel, in: Sinn und Form 62 (2010), S. 713 – 714

Zabeler, Karl (Hg.): Militärischer Nachlaß des Königlich Preußischen Generallieutnants, Gouverneurs von Königsberg und General-Inspekteurs der Ostpreußischen Infanterie, Victor Amadäus, Grafen Henckel von Donnersmarck, 4 Tle., Zerbst 1846

Zimmermann, Johann Georg: Ueber Friedrich den Grossen und meine Unterredungen mit Ihm kurz vor seinem Tode, Wien, Ofen, 1788

Literatur

Althoff, Frank: Untersuchungen zum Gleichgewicht der Mächte in der Außenpolitik Friedrichs des Großen nach dem Siebenjährigen Krieg (1763 – 1786), Berlin 1995 (= Quellen und Forschungen zur Brandenburgischen und Preußischen Geschichte, 10)

Aretin, Karl Otmar von: Friedrich der Große. Größe und Grenzen des Preußenkönigs. Bilder und Gegenbilder, Freiburg, Basel,Wien, 1985

Beaulieu-Marconnay, Carl von: Der Hubertusburger Friede. Nach archivalischen Quellen, Leipzig 1871

Becher, Paul: Der Kronprinz Friedrich als Regiments-Chef in Neu Ruppin von 1732 – 1740, Berlin 1892

Benninghoven, Friedrich/Börsch-Supan, Helmut/Gundermann, Iselin: Friedrich der Große. Ausstellung des Geheimen Staatsarchivs Preußischer Kulturbesitz anläßlich des 200. Todestages König Friedrichs II. von Preußen, Berlin 1986

Berney, Arnold: Friedrich der Große. Entwicklungsgeschichte eines Staatsmannes, Tübingen 1934

Bielfeld, Jakob Friedrich von: Friedrich der Große und sein Hof, oder So war es vor 100 Jahren. In vertrauten Briefen geschrieben von 1738 – 1760, 2 Tle., Breslau 1838

Biskup, Thomas: Preußischer Pomp, in: Friedrich 300 – Colloquien, Friedrich der Große und der Hof URL: http://www.perspectivia.net/content/publikationen/friedrich300-colloquien/friedrich-hof/Biskup_Pomp <21.11.2010>

Blindow, Ulrich: Berliner geschriebene Zeitungen des 18. Jahrhunderts, Phil. Diss. Berlin 1939, Würzburg 1939

Bratuscheck, Ernst: Die Erziehung Friedrichs des Großen. Aus dem Nachlaß. Mit einem Vorwort v. Prof. Dr. Ed.[uard] Mätzner, Berlin 1885

Bringmann, Wilhelm: Preußen unter Friedrich Wilhelm II. (1786 – 1797), Frankfurt a. M. u. a. 2001

Büchner, Gerhard/Dittrich, Georg: Friedrich der Große in seiner Zeit. Rheinsberg und Sanssouci. Geselligkeit und Freundschaft, Leipzig o. J.

Burke, Peter: Eleganz und Haltung. Die Vielfalt der Kulturgeschichte. Über Selbstbeherrschung, Schabernack, Zensur, den Karneval in Rio und andere menschliche Gewohnheiten, Berlin 1998

Carl Wilhelm Ferdinand, Herzog zu Braunschweig und Lüneburg. Ein biographisches Gemälde dieses Fürsten, Tübingen 1809

Dohm, Christian Wilhelm: Denkwürdigkeiten meiner Zeit oder Beiträge zur Geschichte vom letzten Viertel des achtzehnten und vom Anfang des neunzehnten Jahrhunderts 1778 bis 1806, 5 Bde., Lemgo, Hannover 1814 – 1819

Dostert, Astrid: Die Sammlung Polignac, in: Saskia Hüneke u. a., Antiken I. Kurfürstliche und königliche Erwerbungen für die Schlösser und Gärten Brandenburg-Preußens vom 17. bis zum 19. Jahrhundert. Bestandskataloge der Kunstsammlungen, Berlin 2009, S. 75 – 327

Drescher, Horst/Badstübner-Gröger, Sibylle: Das Neue Palais in Potsdam. Beiträge zum Spätstil der friderizianischen Architektur und Bauplastik, Berlin 1991

Droysen, Hans: Beiträge zu einer Bibliographie der prosaischen Schriften Friedrichs des Großen, 2 Tle., Berlin 1904/1905 (= Wissenschaftliche Beilage zum Jahresbericht des Königstädtischen Gymnasiums zu Berlin, Ostern 1904/Ostern 1905) [Droysen, Beiträge]

Easum, Chester Verne: Prinz Heinrich von Preußen. Bruder Friedrichs des Großen, Göttingen, Berlin, Frankfurt a. M. 1958

Fénelon, François de Salignac de la Mothe: Die Abenteuer des Telemach, Stuttgart 1984

Fernow, Ludwig: Das Buch vom alten Fritz. Geschichte Friedrichs des Großen der Jugend erzählt, 4. Aufl., Erfurt o. J.

Fest, Joachim: Begegnungen. Über nahe und ferne Freunde, Reinbek bei Hamburg, 2006

Fontius, Martin: Der Ort des »Roi philosophe« in der Aufklärung, in: ders.: Friedrich II. und die europäische Aufklärung, Berlin 1999 (= Forschungen zur Brandenburgischen und Preußischen Geschichte, NF, Beiheft 4), S. 9 – 27

Förster, Friedrich: Friedrich Wilhelm I. König von Preussen, 3 Bde., Potsdam 1834 – 1835 [Förster, Friedrich Wilhelm I.]

Fouqué, Friedrich de la Motte: Lebensbeschreibung des Königl. Preuß. Generals der Infanterie Heinrich August Baron de la Motte Fouqué, Berlin 1824

Füssel, Marian: Militärische Größe, in: Friedrich 300 – Colloquien, Friedrich und die historische Größe, URL:http://www.perspectivia.net/content/publikationen/friedrich300-colloquien/friedrich-groesse/fuessel_militaer<04.10.2010>

Gaxotte, Pierre: Friedrich der Große, Frankfurt a.M., Berlin 1986

Giersberg, Hans Joachim: Friedrich als Bauherr. Studien zur Architektur des 18. Jahrhunderts in Berlin und Potsdam, Berlin 1986

Gooch, George Peabody: Friedrich der Große. Herrscher. Schriftsteller. Mensch, Göttingen 1951

Gundolf, Friedrich: Friedrichs des Großen Schrift über die deutsche Literatur, Zürich 1947

Haffner, Sebastian: Preußen ohne Legende, Gütersloh 1979

Hagemann, Alfred P.: Der König, die Königin und der preußische Hof, in: Friedrich 300 – Colloquien, Friedrich der Große und der Hof, URL: http://www.perspectivia.net/content/publikationen/friedrich300-colloquien/friedrich-hof/Hagemann_Zeitung<13.10.2010>

Hagemann, Alfred P.: Wilhelmine von Lichtenau (1753 – 1820). Von der Mätresse zur Mäzenin, Köln, Weimar, Wien 2007

Haintz, Otto: Peter der Große, Friedrich der Große und Voltaire. Zur Entstehungsgeschichte von Voltaires »Histoire de l'empire de Russie sous Pierre le Grand«, Mainz 1961 (= Akademie der Wissenschaften und der Literatur; Abhandlungen der Geistes- und Sozialwissenschaftlichen Klasse, 1961, 5)

Häseler, Jens: Ein Wanderer zwischen den Welten. Charles Etienne Jordan (1700 – 1745), Sigmaringen 1993 (= Beihefte der Francia, 28)

Hegemann, Werner: Fridericus oder Das Königsopfer, Hellerau 1926 [Hegemann, Fridericus]

Hegemann, Werner: Das Jugendbuch vom Großen König oder Kronprinz Friedrichs Kampf um die Freiheit, Hellerau 1930 [Hegemann]

Hein, Max: Friedrich der Große, 3 Bde., Bielefeld, Leipzig 1912 (= Velhagen & Klasings Volksbücher, 35 – 37) [Hein, Friedrich]

Heinrich, Gerd: Friedrich II. von Preußen. Leistung und Leben eines großen Königs, Berlin 2009

Heinz, Stefan: Das Neue Palais von Sanssouci, Berlin 2000

Henzel, Christoph: Die Schatulle Friedrichs II. von Preußen und die Hofmusik (Teil 1), in: Jahrbuch des Staatlichen Instituts für Musikforschung Preußischer Kulturbesitz 1999

Hinrichs, Carl: Der Kronprinzenprozeß. Friedrich und Katte, Hamburg 1936 [Hinrichs, Kronprinzenprozeß]

Huch, Ricarda: Untergang des Römischen Reichs Deutscher Nation. Mit einem Nachwort v. Gordon Craig, Zürich 1988 (= Deutsche Geschichte, 3)

Jany, Curt: Geschichte der Preußischen Armee vom 15. Jahrhundert bis 1914, 3 Bde., 2., ergänzte Aufl. Osnabrück 1967

Kaiser, Michael: Friedrichs Beiname »der Große« In: Friedrich 300 – Colloquien, Friedrich und die historische Größe URL: http://www.perspectivia.net/content/publikationen/friedrich300-colloquien/friedrich-groesse/kaiser_beiname <08.01.2011>

Kania, I Ians: Gesammelte Studien zur Kunst- und Kulturgeschichte Potsdams 2, Nr. VII: Der geheime Sinn der Giebelfeld-Bilder am Neuen Palais, in: Mitteilungen des Vereins für die Geschichte Potsdams, N.F. 6 (1928), S. 92 – 94

Kittsteiner, Heinz Dieter: Das Komma von Sans, Souci. Ein Forschungsbericht mit Fußnoten, Heidelberg 2001

Kloosterhuis, Jürgen: Katte. Ordre und Kriegsartikel. Aktenanalytische und militärhistorische Aspekte einer »facheusen« Geschichte, Berlin 2006

Koser, Reinhold: Geschichte Friedrichs des Großen, 4 Bde., Bd. 1 u. 2 in 6. u. 7. Aufl., Bd. 3 u. 4 in 4. u. 5. Aufl., Stuttgart, Berlin 1913, 1914, 1921 u. 1925 [Koser, Geschichte]

Koser, Reinhold: Aus dem Leben Friedrichs des Großen. Denkwürdige Worte des Königs mit kurzer Erzählung seiner Taten, Stuttgart, Berlin 1912 [Koser, Leben]

Krieger, Bogdan: Lektüre und Bibliotheken Friedrichs des Großen, in: Hohenzollern-Jahrbuch 15 (1911), S. 168 – 244

Kunisch, Johannes: Friedrich der Große. Der König und seine Zeit, München 2004 [Kunisch]

Kunisch, Johannes: Friedrich der Große, Friedrich Wilhelm II. und das Problem der dynastischen Kontinuität im Haus Hohenzollern, in: Persönlichkeiten im Umkreis Friedrichs des Großen, hrsg. v. dems., Köln, Wien 1988 (= Neue Forschungen zur Brandenburg-Preußischen Geschichte, 9), S. 1 – 27 [Kunisch, Kontinuität]

Lavisse, Ernest: Die Jugend Friedrichs des Großen 1712 – 1740, Verdeutschung v. Friedrich von Oppeln-Bronikowski. Mit einer Einführung v. Gustav Berthold Volz, Berlin 1919 [Lavisse, Jugend]

Lehmann, Max: Friedrich der Große und die Prädestination, in: Historische Zeitschrift 67 (1891), S. 475 – 485

Leithäuser, Gustav: Verzeichniss sämmtlicher Ausgaben und Uebersetzungen der Werke Friedrichs des Grossen, Königs von Preußen, mit einem Vorwort neu hrsg. v. Gerhard Knoll, Osnabrück 2001

Lippe, Ernst Graf von: Friedensverkündigung und Friedensfeier (1742), in: Jahrbücher für die Deutsche Armee und Marine 25 (1877), S. 1 – 17

Luh, Jürgen: Friedrichs Wille zur Größe, in: Friedrich 300 – Colloquien, Friedrich und die historische Größe URL: http://www.perspectivia.net/content/publikationen/friedrich300-colloquien/friedrich-groesse/luh_wille <08.01.2011> [Luh, Wille]

Luh, Jürgen: Frondeur, Feldherr, Diplomat – Das Bild des Prinzen Heinrich in Wissenschaft und Öffentlichkeit des späten 19. und 20. Jahrhunderts, in: Prinz Heinrich von Preußen. Ein Europäer in Rheinsberg, hrsg. v. der Generaldirektion der Stiftung Preußische Schlösser und Gärten Berlin-Brandenburg, München, Berlin 2002, S. 543 – 546 [Luh, Heinrich]

Luh, Jürgen: Kriegskunst in Europa 1650 – 1800, Köln, Weimar, Wien 2004 [Luh, Kriegskunst]

Mediger, Walther: Friedrich der Große und Rußland, in: Friedrich der Große in seiner Zeit, hrsg. v. Oswald Hauser, Köln, Wien, 1987 (= Neue Forschungen zur Brandenburg-Preußischen Geschichte, 8), S. 109 – 136

Mittenzwei, Ingrid: Die philosophischen Ansichten Friedrichs II., in: Friedrich II. von Preußen: Schriften und Briefe, hrsg. v. Ingrid Mittenzwei, Übersetzung v. Herbert Kühn, Anmerkungen u. Register v. Joachim Kundler, Leipzig 1985, S. 7 – 57 [Mittenzwei, Ansichten]

Mittenzwei, Ingrid: Friedrich II. von Preußen. Biographie, 3., überarbeitete Aufl., Köln 1983 [Mittenzwei, Friedrich II.]

Mönch, Walter: Voltaire und Friedrich der Große. Das Drama einer denkwürdigen Freundschaft. Eine Studie zur Literatur, Politik und Philosophie des XVIII. Jahrhunderts, Stuttgart, Berlin 1943 [Mönch]

Muhlack, Ulrich: Geschichte und Geschichtsschreibung bei Voltaire und Friedrich dem Großen, in: Persönlichkeiten im Umkreis Friedrichs des Großen, hrsg. v. Johannes Kunisch, Köln, Wien 1988 (= Neue Forschungen zur Brandenburg-Preußischen Geschichte, 9), S. 29 – 57

Neumann, Hans-Joachim: Friedrich der Große – ein medizinhistorischer Beitrag über seine Krankheiten und seine Ärzte, in: Mitteilungen des Vereins für die Geschichte Berlins 93 (1997), S. 230 – 243

Noël, E.: Friedrichs des Großen Tages- und Jahreseinteilung, Charlottenburg 1906

Norbert, Willy: Friedrich des Großen Rheinsberger Jahre, Berlin 1911

Oppeln-Bronikowski, Friedrich von: Der Baumeister des preußischen Staates. Leben und Wirken des Soldatenkönigs Friedrich Wilhelms I., Jena 1934 [Oppeln-Bronikowski, Baumeister]

Orieux, Jean: Das Leben des Voltaire, Frankfurt a.M. 1985

Pečar, Andreas: Friedrich der Große als Autor, in: Friedrich 300 – Colloquien, Friedrich der Große – eine perspektivische Bestandsaufnahme, URL:ttp://www.perspectivia.net/content/publikationen/friedrich300-colloquien/friedrich-bestandsaufnahme/pecar_autor<12.04.2011>

Peters, Erwin: Die Orientpolitik Friedrichs des Grossen nach dem Frieden von Teschen (1779 – 1786), Halle 1914 (= Historische Studien, 4)

Petersdorff, Herman von: Friedericus Rex. Ein Heldenleben, Nordhausen am Harz 1902

Petersilka, Corina: Zur Zweisprachigkeit Friedrichs II., in: Geist und Macht. Friedrich der Große im Kontext der europäischen Kulturgeschichte, hrsg. v. Brunhilde Wehinger, Berlin 2005, S. 51 – 59

Pfeiffer, Ernst: Die Revuereisen Friedrichs des Großen besonders die Schlesischen nach 1763 und der Zustand Schlesiens von 1763 – 1786, Berlin 1904 (= Historische Studien, 44)

Poseck, Ernst: Die Kronprinzessin. Elisabeth Christine. Gemahlin Friedrichs des Großen, 6. durchgesehene u. erweiterte Aufl., Stuttgart 1952 [Poseck, Kronprinzessin]

Poseck, Ernst: Preußisches Rokoko, Berlin 1940 [Poseck, Rokoko]

Posner, Max: Zur literarischen Tätigkeit Friedrichs des Grossen. Erörterungen und Actenstücke, in: Miscellaneen zur Geschichte König Friedrichs des Grossen. Hrsg. auf Veranlassung u. mit Unterstützung der Königlich Preußischen Archiv-Verwaltung, Berlin 1878

Preuß, Johann David Erdmann: Friedrich der Große. Eine Lebensgeschichte, 4 Bde. u. 5 Urkundenbücher, Berlin 1832–1834

Prinz Heinrich von Preußen. Ein Europäer in Rheinsberg, hrsg. v. der Generaldirektion der Stiftung Preußische Schlösser und Gärten Berlin-Brandenburg, München, Berlin 2002 [Prinz Heinrich]

Retzow, Friedrich August von: Charakteristik der wichtigsten Ereignisse des siebenjährigen Krieges, in Rücksicht auf Ursachen und Wirkungen, 2 Bde., 2., mit Zusätzen vermehrte Auflage, Berlin 1804

Ritter, Gerhard: Friedrich der Große. Ein historisches Profil, Nachdruck der 3. Aufl., Düsseldorf 1978

Rubbel, Fritz: Zum Müller-Arnold-Prozeß, in: Erlebnisse der verhafteten Kammergerichts- und Regierungsräte auf der Festung Spandau im Jahre 1780. Auszüge aus dem Tagebuch des Rats Neumann (Ein Beitrag zum Müller-Arnold-Prozeß), Berlin 1973

Sachse, Ullrich: Cäsar in Sanssouci. Die Politik Friedrichs des Großen und die Antike, München 2008

Schieder, Theodor: Friedrich der Große. Ein Königtum der Widersprüche, Frankfurt a. M., Berlin, Wien 1983 [Schieder]

Schieder, Theodor: Prinz Eugen und Friedrich der Große im gegenseitigen Bilde, in: Historische Zeitschrift 156 (1937), S. 263–283 [Schieder, Prinz Eugen]

Schmidt, Michael Ignaz: Neuere Geschichte der Deutschen. Fortgesetzt v. Joseph Milbiller. 13. Bd.: Kaiser Karl VII. Vom Jahr 1740 bis 1745, Ulm/Wien 1804

Schwenke, Elsbeth: Friedrich der Große und der Adel, Diss., Berlin 1911

Schwerin, Ulrich Graf von: Friedrich der Große und die Frau von Wreech. Eine historische Studie mit familiengeschichtlichem Einschlag, Berlin 1929

Seidel, Paul: Friedrich der Große und die bildende Kunst, Leipzig, Berlin 1922

Siedler, Wolf Jobst: Auf der Pfaueninsel. Spaziergänge in Preußens Arkadien, 2. Aufl., München 2007

Spranger, Eduard: Der Philosoph von Sanssouci, Heidelberg 1962

Steiner, Uwe: Die Sprache der Gefühle. Der Literaturbegriff Friedrichs des Großen im historischen Kontext, in: Geist und Macht. Friedrich der Große im Kontext der europäischen Kulturgeschichte, hrsg. v. Brunhilde Wehinger, Berlin 2005, S. 23–49

Stribny, Wolfgang: Die Rußlandpolitik Friedrichs des Großen 1764–1786, Würzburg 1966 (= Beihefte z. Jahrbuch der Albertus-Universität Königsberg/Pr., 26)

Terne, Claudia: Friedrich II. von Preußen und die Hofoper In: Friedrich 300 – Colloquien, Friedrich der Große und der Hof URL: http://www.perspectivia.net/content/publikationen/friedrich300-colloquien/friedrich-hof/Terne_Hofoper<23.01.2011>

Valentin, Veit: Friedrich der Große. Mit vielen zum größten Teil bisher unveröffentlichten Bildern aus der Zeit, Berlin 1927

Vogtherr, Christoph Martin: Friedrich II. als Sammler von Fêtes Galantes. Zur Geschichte der Sammlung im 18. Jahrhundert, in: Christoph Martin Vogtherr u. a., Französische Gemälde I. Watteau, Pater, Lancret, Lajouë. Bestandskataloge der Kunstsammlungen, Berlin 2011, S. 3 – 20 [Vogtherr, Sammler]

Vogtherr, Christoph Martin: Königtum und Libertinage. Das Audienz- und Speisezimmer im Schloss Sanssouci, in: Geist und Macht. Friedrich der Große im Kontext der europäischen Kulturgeschichte, hrsg. v. Brunhilde Wehinger, Berlin 2005, S. 201 – 210 [Vogtherr, Königtum]

Vogtherr, Christoph Martin: Lusthaus ohne Liebe. Darstellungen der Liebe in Schloß und Park Sanssouci, in: Forschungen zur Brandenburgischen und Preußischen Geschichte, N. F. 14 (2004), S. 147 – 169 [Vogtherr, Lusthaus]

Voltaire, François-Marie: Das Zeitalter Ludwigs XIV., München o. J.

Volz, Gustav Berthold: Die friderizianischen Anekdoten, in: ders., Friedrich der Große. Bilder aus seiner Zeit, Berlin 1928, S. 224 – 234 [Volz, Anekdoten]

Volz, Gustav Berthold: Arnold Berney, Friedrich der Große, in: Forschungen zur Brandenburgischen und Preußischen Geschichte 47 (1935), S. 192 – 198 [Volz, Berney]

Volz, Gustav Berthold: Aus den Briefen an die Königin Juliane von Dänemark, in: ders., Aus der Welt Friedrichs des Großen, Dresden 1922, S. 27 – 62 [Volz, Juliane]

Volz, Gustav Berthold: Friedrich der Große am Schreibtisch, in: Hohenzollern-Jahrbuch 13 (1909), S. 1 – 56 [Volz, Schreibtisch]

Volz, Gustav Berthold: Friedrich Wilhelm I. und die preußischen Erbansprüche auf Schlesien, in: Forschungen zur Brandenburgischen und Preußischen Geschichte 30 (1918), S. 55 – 67 [Volz, Friedrich Wilhelm I.]

Volz, Gustav Berthold: Friedrichs Ehedrama, in: ders., Friedrich der Große. Bilder aus seiner Zeit, Berlin 1928, S. 36 – 53 [Volz, Ehedrama]

Volz, Gustav Berthold: Aus den Poesien Friedrichs des Großen. Deutsche Übersetzungen, in: Hohenzollern-Jahrbuch 16 (1912), S. 13 – 19 [Volz, Poesien]

Wagner, Ferdinand Bernhardt: Der Mährische Feldzug Friedrichs II. 1741/42, Diss. Marburg 1890

Wehinger, Brunhilde: »Mon cher Algarotti«. Zur Korrespondenz zwischen Friedrich dem Großen und dem Grafen Algarotti, in: Francesco Algarotti. Ein philosophischer Hofmann im Jahrhundert der Aufklärung, hrsg. v. Hans Schumacher u. Brunhilde Wehinger, Saarbrücken 2009 (= Aufklärung und Moderne, 16), S. 71 – 97

Windt, Franziska: Künstlerische Inszenierung von Größe, in: Friedrich 300 – Colloquien, Friedrich und die historische Größe URL: http://www.perspectivia. net/content/publikationen/friedrich300-colloquien/friedrich-groesse/windt_ inszenierung<28. 11. 2010>

Winter, Georg: Friedrich der Große, 2 Bde., Berlin 1907

Wittwer, Samuel: »hat der König von Preußen die schleunige Verfertigung verschiedener Bestellungen ernstlich begehret« – Friedrich der Große und das Meißener Porzellan, in: Keramos 208 (2010), S. 17 – 80

Zeller, Eduard: Friedrich der Große als Philosoph, Berlin 1886

PERSONENREGISTER

ZU DEN BILDERN

8 Potsdam, Neues Palais, Marmorsaal, Detail der Decke: Ein Schild mit den Initialen FR, die Friedrich, um bescheiden zu wirken, mit einem Tuch hat übermalen lassen, wird von zwei Genien in den Olymp gehoben.
Stiftung Preußische Schlösser und Gärten, Photo Peter Cürlis

112 Potsdam, Neues Palais, Einblick in die Bibliothek Friedrichs: Die gebundenen Bände der Bibliothek zeigen das S für Sanssouci = Neues Palais. Der Band mit dem V stammt aus der Bibliothek in Schloß Sanssouci.
Stiftung Preußische Schlösser und Gärten, Photo Wolfgang Pfauder

168 Potsdam, Neues Palais: Blick durch die Kolonnade auf die Ehrenhofseite, die westliche Seite des eigenwilligen Neuen Palais.
Stiftung Preußische Schlösser und Gärten

220 Potsdam, Neues Palais, Blick auf eine Tür des Tressenzimmers im Unteren Fürstenquartier: Der Stoff ist zur Restaurierung abgenommen. Wohl nichts übersteht die Zeit unbeschadet.
Stiftung Preußische Schlösser und Gärten, Photo Stephanie Kloss